本书为北京高等教育本科教学改革项目"新文经贸组织全球胜任力培养的大学外语课程体系与教学模式研究"成果

中国情境下
财经高校外语人才
全球胜任力培养研究

经贸服务地方，语言传播中国，文化融通世界

刘重霄 ◎ 著

首都经济贸易大学出版社
Capital University of Economics and Business Press
·北 京·

图书在版编目（CIP）数据

中国情境下财经高校外语人才全球胜任力培养研究 /
刘重霄著. -- 北京 ： 首都经济贸易大学出版社，2024.
12. -- ISBN 978-7-5638-3811-0

Ⅰ．H3-4

中国国家版本馆 CIP 数据核字第 2024K5T387 号

中国情境下财经高校外语人才全球胜任力培养研究

ZHONGGUO QINGJING XIA CAIJING GAOXIAO WAIYU RENCAI
QUANQIU SHENGRENLI PEIYANG YANJIU

刘重霄　著

责任编辑	薛晓红
封面设计	砚祥志远·激光照排 TEL：010-65976003
出版发行	首都经济贸易大学出版社
地　　址	北京市朝阳区红庙（邮编 100026）
电　　话	（010）65976483　65065761　65071505（传真）
网　　址	https://sjmcb.cueb.edu.cn
经　　销	全国新华书店
照　　排	北京砚祥志远激光照排技术有限公司
印　　刷	北京九州迅驰传媒文化有限公司
成品尺寸	170 毫米×240 毫米　1/16
字　　数	348 千字
印　　张	24.25
版　　次	2024 年 12 月第 1 版
印　　次	2024 年 12 月第 1 次印刷
书　　号	ISBN 978-7-5638-3811-0
定　　价	85.00 元

前　　言

本人作为一名教育者和教育研究者，在首都经济贸易大学工作了 20 余年，见证了学校外语教学改革发展的历程。这一历程可分为四个阶段：

第一阶段：基础建设。2001 年，学校将外语教学与其他公共教学分离，成立了外语教学部。外语教学部的主要工作是规范日常教学，如集体备课、日常教学安排、教学运转、教学检查、教学评测以及反馈等。在此之前，学校顺利通过了教育部本科教学评估，学校的外语教学得到了专家的认可。当时学校东、西两个校区（现在称为东校区和校本部）基本处于各自独立开展教学活动的状态，教师数量较少，教学内容和形式也相对简单，教学活动较为规律和规范。

第二阶段：改革实验。2003 年，学校申请获批了英语本科专业，成立了外语系，英语（经贸英语）专业开始招生。该阶段完成了两校区英语教学部门的实质性合并、基于计算机的大学英语自主学习试点改革、分级教学和英语专业初步建设等任务。2004 年，教育部启动了全国高校大学英语计算机辅助学习的英语教学改革，学校作为试点学校之一，有 6 个英语教学班作为试点参与改革实验。实验教学使学生接触到了新型教学模式，为后续深入改革奠定了基础。同时，为了适应时代发展和教学改革需要，学校决定 8 个班级率先更换英语教材《大学英语》（全新版）。外语系组建团队进行校际学习交流，如到北京大学、首都师范大学等高校听课，到上海外国语大学、广东外语外贸大学等外地高校参加英语教学改革研讨会。为了配合学校英语专业建设和提升外语教师的教学和科研水平，学院组织教师编写了《成人教育新时代综合英语教程》1~3 册及配套的教师用书 1~3 册，该系列丛书荣获了 2008

年校级教学成果奖二等奖。英语（经贸英语）专业在师资建设、课程设置、实践基地打造以及专业特色提炼等方面系统协调，统筹推进。

第三阶段：全面启动并深入推进专业建设和教学改革。首先，以英语专业学科基础课综合英语课程建设为引领，进行了强调过程性评价的考试评价体系改革，过程性评价占比从以前的20%提高到50%，进而带动课堂教学模式改革。其次，组织创建"英语沙龙"学生实践团队，组织学生参加全国大学生英语竞赛、英语话剧比赛、英语演讲竞赛、英语配音大赛、国际商务谈判大赛、"亚马逊杯"全国大学生英语辩论赛等专业赛事，组织学生到国家博物馆进行"地中海文明展"的参观学习（第二课堂实践教学活动）。再次，进行了综合英语、笔译等校级精品课程，《经贸翻译综合教程》等校级精品教材的建设，获批了校级教学成果奖一等奖1项、二等奖2项。最后，在大学英语教学方面，加大了各类实验班、国际班的建设力度，进而形成并推出了一批定位精准、特色鲜明的大学英语教学模式。该阶段召开了多次教学研讨会，邀请学界专家到校莅临指导和开展前沿讲座，修订了英语专业人才培养方案，改革了大学英语教学模式，出版了教学改革论文集，成功申报并获批外国语言文学一级学科硕士点和商务英语专业。

2012年，学校启动了综合改革，大学英语作为综合改革的重要组成部分，开始了包括晚自习英语辅导，"分级、分段、分类"教学模式改革，翻转课堂教学模式尝试，开通网络视频课、微课程和慕课等内容的建设，英语教学改革全面铺开。建设了语音、语法、词汇、口语、翻译、跨文化交际和英语国家概况7门网络视频课程，雅思、托福2门微课程，以及"财经英语看世界"慕课（最初名称为"大学财经英语"），引领了学校课程建设新潮流。特别是慕课"财经英语看世界"经过了初建期、拓展期和升华期3个建设阶段，在中国大学MOOC开课，截至目前已经开设了11期，反馈良好。

该阶段学校还开启了翻转课堂教学改革先河。鉴于翻转课堂教学模式的异质文化特征、对原有教学模式形成的冲击和产生的深刻影响，学院组织教师进行了广泛的调研。首先，外语系派出5批教师分别奔赴深圳、广州（一队），上海、江苏（二队），四川、重庆（三队），天津、山东（四队），以及北京的对外经济贸易大学、北京语言大学（五队）进行调研。其次，鼓励广大项目参与教师外出开会学习。利用暑假期间各种培训和会议较为集中的机会，鼓励教师参加外语教学与研究出版社、上海外语教育出版社、高等教育出版社以及各类专业协会组织的学术会议数十场，了解改革前沿。最后，外语系主导召开了3次有影响力的成果交流会，与同行交流交换意见，20余所高校的教师参加了翻转课堂教学研讨，反馈良好。邀请清华大学、北京交通大学、北京第二外国语学院、高等教育出版社、《中国电化教育》杂志社等单位专家到校交流探讨。

在专业建设方面，英语（经贸翻译）专业开设卓越班，强调高精尖人才培养；商务英语与学校优势学科进行了融合，强调商务实践、校本特色。在国际化人才培养和海外合作院校开发建设、实践教学体系建设、实践基地建设等方面，均有了较大程度的提升。与高等教育出版社签订了合作协议，成为其数字化课程建设基地。成功申报并获批翻译专业硕士学位点和法语专业。

第四阶段：以思政育人、专业育才为基础，定位服务北京的特色化英语教学改革目标。在坚持大学英语原有"分级、分段、分类"教学改革的基础上，注重课程思政建设，加大线上线下混合课程建设，强化服务北京、突出经贸的区域化英语教学；在商务英语专业建设方面，依据商务英语专业国标和教学指南，明确了课程思政育人主线，增加了区域化课程模块，明晰了服务北京"四个中心"建设和京津冀一体化建设的专业发展定位。商务英语选修课、大学英语模块化课程、商务英语"四位一体、三维生态、二元融合"的教学模式荣获北京市教学成果二等奖。2020年，商务英语专业获批北京市一流专业；2022年，商务英语专业获批国家级一流专业建设点。

在教学改革方面，形成了基于学生需求、多元化、线上线下相结合的模块化课程设置，促进了教师、学生、社会三向互动的全人培养模式和主体体系、辅助体系、保障体系、测评反馈体系四大培养体系相辅相成的人才培养体系的建设。

以此为基础，强调专业型国际化拔尖创新人才培养，在新文科理念指导下，基于"人类命运共同体"和"一带一路"倡议发展的需要，提出了"新文科背景下基于国际经贸组织全球胜任力培养"的人才培养模式改革设想，通过3个阶段4个学期，开设17门选择性必修课程，分为线上、线下、实践3个类别以及语言能力、中西文化对比、全球胜任力3个模块，打造本硕博一体化联动的辅导辅助机制，在服务国家战略发展的同时培养能在国际经贸组织中任职的全球胜任力人才。经过几年的研究和建设，不仅丰富了全球胜任力的内涵，还完成了课程和实践体系的基本建设，全球胜任力人才培养已经初见成效。

目 录

CONTENTS

第一部分　校本大学英语"三位一体"模式建构与实践　/ 1

　　一、理论模式与实践体系　/ 1

　　二、理论模式建构的依据　/ 12

　　三、理论模式建构的内容　/ 62

　　四、实践体系建构　/ 77

　　五、建构成效　/ 124

第二部分　四位一体、三维生态、二元融合：商务英语课程育人模式

　　　　　建构与实践　/ 127

　　一、研究概述：模式建构与实践体系　/ 127

　　二、探索与调研：课程育人改革的依据与支撑　/ 138

　　三、系统化建构：四位一体、三维生态、二元融合　/ 140

　　四、课程育人成效与社会效应：强我、利他、协同、共生　/ 181

　　五、建设成果评价与论证　/ 185

第三部分　五位一体，三向驱动，二元支撑：中国情境下北京财经高校

　　　　　外语人才全球胜任力培养的体系建构与实践　/ 192

　　一、理论模式及实践体系概述　/ 192

　　二、研究设计与论证　/ 198

三、研究的数据分析与讨论 / 210

四、问题的解决策略 / 240

五、研究的推广应用效果 / 370

参考文献 / 372

第一部分　校本大学英语"三位一体"模式建构与实践

一、理论模式与实践体系

（一）背景：大学英语教学面临的问题

大学英语的主体需求分析缺位、课程设置趋同、授课模式单一、评价机制僵化、教学手段老化，导致了大学英语教学与现实脱离，英语人才培养虚化、同质化。为了扭转这种局面，本项目拟解决以下问题：

1. "以学生为主体"的大学英语教学理念仅停留在口号层面，理论与实践"两张皮"，缺乏二者结合的校本模式。

2. 大学英语教学过于注重应试型语言技能训练，忽视学生的语言应用能力和人文素质培养，亟须构建能力与素质提升的教学模式与体系。

3. 长期以来主要依赖外在社会力量进行教学资源建设和教学内容更新，忽略了校本力量能动性的开发与利用，社会协同效应有待提升。

（二）解决问题的思路：理论探索、模式构建及相关实践

针对这些问题，本项目开展了以下工作：

1. 研究形成了"三位一体"模式构建的三大依据。

调研依据：选取了首都经济贸易大学5 692名本科生和1 383名毕业生进行了问卷调查和电话访谈，发现了大学英语教学存在的问题，结合其他

高校调研结果，提出了校本大学英语建设的解决思路。

理论依据：建构主义是当代重要的学习理论，其强调学生主体性、学习建构的能动性、建构内容的多元化及学习环境的价值。该理论有助于扭转大学英语教学以教师为中心、"费时低效"的局面。

政策依据：《国家中长期教育改革和发展规划纲要》（2010—2020 年）等政策文件规定了人才培养目标、外语能力要求、大学英语发展规划，能够指导大学英语教学改革和建设。

2. 结合学校特色和人才培养定位，以建构主义为指导，开展了"三位一体"实践培养：学生分级、教学分段、课程分类（参见图 1.1）。

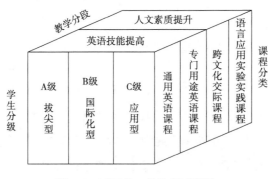

图 1.1　"三位一体"模式架构

（1）学生分级。基于对差异性学习主体的需求分析，结合特色化校本人才培养目标，将学生分为 A 级（拔尖型，10%）、B 级（国际化型，25%）、C 级（应用型，65%），因材施教，分别进行大学英语教学。分级教学符合人本教育理念。自项目实施以来，A 级学生引领了英语创新学习，尝试了翻转课堂、辩论课堂及慕课课程等新型学习模式，英语技能和创新思维提升显著，大学英语四级考试一次性通过率达 100%，高级别英语竞赛参与及获奖率达 40%。B 级学生通过强化语言技能培训和模拟跨文化环境浸染，跨文化交际能力得到有效提升，98% 的学生达到学校设定的口语标准，学生出国交流、深造率达 30.5%。C 级学生通过进一步夯实语言基础，开展相关专业英语学习，96% 以上的学生能够达到《大学英语教学指南》中的基础目标。

（2）教学分段。依据学习建构的同化、顺应、平衡过程，基于学生的语言学习规律和全人发展需求，将大学英语教学分为英语技能提高和人文素质提升两个阶段。英语技能提高阶段从"基础性""模拟性""应用性"3个教学层次出发，建立并完善由"语言技能""模拟交际""综合实践"3个教学模块组成的多元化、递进式、理论与实践结合的教学体系（参见图1.2）。该体系体现了对学生进行通用英语能力培养、专项技能培养、专业能力培养和跨文化交际能力培养的阶段进程（参见图1.3）。

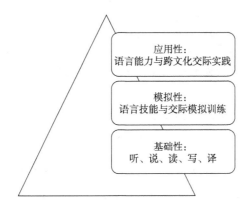

图1.2 英语技能提高的教学层次体系

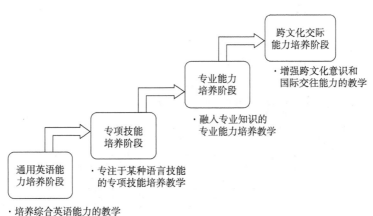

图1.3 英语技能提高的教学运行模式

3

人文素质提升阶段强调学生的全人素质培养。本项目将人文素质解构为知识、能力、思维和品格 4 个维度，具体包括如图 1.4 所示的 16 个方面。

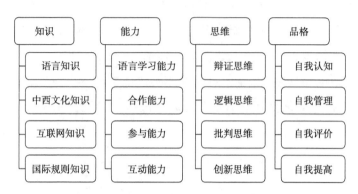

图 1.4　人文素质提升的内容体系

在人文素质提升阶段，以知识和能力的增长、思维和品格的提升为目标，通过教师输出、学生输入、学生输出的第一课堂（互动教学课堂）体系，形成内生机制；通过学生输出、教师输出、教师成长的第二课堂（自主学习课堂）体系，形成动力机制；通过学生输出、社会输入、社会反馈的第三课堂（语言实践课堂）体系，形成外生辅助机制。3 种机制互相作用，形成人文素质提升的有机模式（参见图 1.5）。

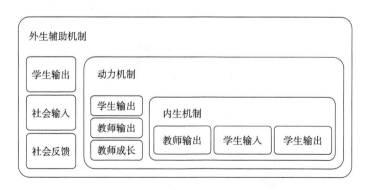

图 1.5　人文素质提升的有机模式

分段教学结合了英语的工具性与人文性，在理论上形成了递进式英语能力教学体系和生态性人文素质教学模式，符合人才成长规律。基于该理论成果，发表了《大学英语课堂教学调查研究》等近 10 篇论文；在实践中开展了北京市 TEP 应用能力提高项目和首都经济贸易大学 HSP 人文素质提升项目，参与学生达 1 400 人次/学期，参与教师（包括研究生助教）达 60 人次/学期。分段教学提高了课堂活跃度，80%以上的学生能够参与课堂讨论；增强了教师职业认同度和责任感，近 75% 的教师参与了课外辅导。

（3）课程分类。学习主体的学习情感特殊性和先前经验独特性决定了大学英语课程应具有多样性特征。本成果的课程体系包括线上课程和线下课程两大类别，必修课、限选课和任选课 3 个层次，通用英语类、专门用途英语类、跨文化交际类和语言应用实验实践类 4 个模块（参见图 1.6）。从人才培养的共性与个性、能力与素质、语言与文化、自主与互动等不同层面构建了课程平台。分类教学通过学校因势设课、教师自主开课、线上线下建课、学生自由选课，适应多元化的人才培养。分类教学符合人性发展特征。课程分类激发了教师的创新能力，30 余人次教师参加了课程建设调研，教师开新课率达到 100%，11 名教师进行了慕课、微课、网络视频课程的开发与建设，并以课程为依托编写了 6 部教材；明晰了教师的专业发展与研究方向，近几年获批高级别科研项目 6 项；增加了学生课程学习选择的范围和机会，学生自主选课率达 100%，网络自主学习率达 100%。

3. 充分利用校本资源，在"三位一体"建构实践中形成了多元化内容学习系统、自主性能动建构系统、匹配性环境保障系统和模式运行质量监督系统四大系统（参见图 1.7）。

（1）多元化内容学习系统——课程体系、教材体系、教学模式体系和测评体系。

课程设置提供了多元化内容建构的情景框架，包括 10 门提升语言能力和人文素质的课程，6 门财经类高校特色的专门用途英语课程，10 门校

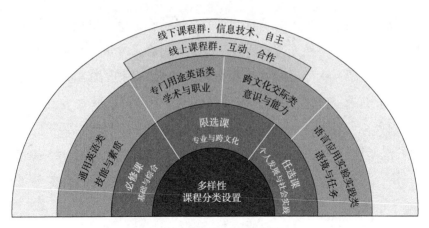

图 1.6　多样性课程分类设置

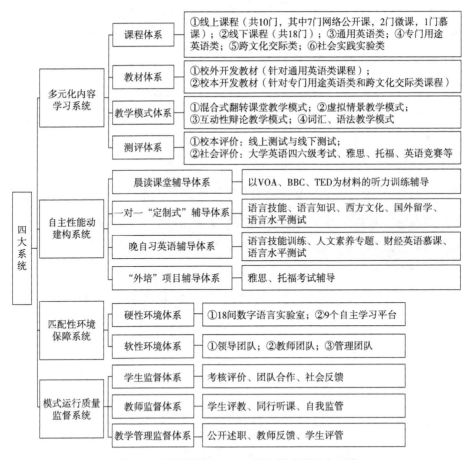

图 1.7　大学英语"三位一体"模式的四大系统

本开发线上课程，2门校本社会实验实践课程（参见表1.1）。该课程的设置实现了大学英语课程体系建设的校本化、个性化、多元化和现代化。

表1.1　校本大学英语课程体系

	大学英语必修课	大学英语限定性选修课		大学英语任意性选修课	
				线上	线下
改革前课程4门	通用英语课程	专门用途英语类课程	跨文化交际类课程	网络课程	语言应用实验实践类
	英语听说	商务英语口语	中西文化对比	网络视频公开课（7门）语音	英语国际论坛
	英语阅读	商务英语	跨文化研究	词汇	社会志愿服务
改革期间增加的课程24门	英语写作	经贸翻译	英美小说	英美文化	
	英语综合	外贸函电	英美文化	跨文化交际	
	翻译	金融英语	国际化考试（雅思、托福）	影视口语	
		管理英语		中英翻译	
				英美概况	
				微课（2门）雅思听力与口语	
				雅思写作与阅读	
				慕课（1门）大学财经英语	

（修读课程）

教材内容决定了多元化内容建构的内涵。根据不同的课程类型，选用权威的大学英语教材（保证与国家教学大纲一致）和校本开发教材（保证人才培养的校本特色）。

协作交流是语言学习建构的主要形式。本成果在进一步改善被动、静态的词汇、语法教学模式的基础上，引进和创建了以协作交流为特征的混合式翻转课堂教学模式、虚拟情景教学模式、互动性辩论教学模式，实现课堂协作交流效率的最大化。

评价是检验多元化内容建构效果的主要手段。本项目的评价体系由校本评价和社会评价构成。校本评价包括线上测试和线下测试两种形式、过程性评价和终结性评价两大部分。社会考试及调研评价作为辅助机制，完善了整体评价体系。

（2）自主性能动建构系统——晨读课堂辅导体系、一对一"定制式"辅导体系、晚自习英语辅导体系和"外培"项目辅导体系。

基于学校改革规划和人才培养思路，成功开发并实施了凸显人文情怀的自主性能动建构机制。该机制以"师生合作打造语言辅导平台、学生团队实施辅导"的模式，提升学生的语言学习能动性。其中，晨读课堂辅导已经持续10余年，近两年建设了14G的数据资源库，开发了配套的辅导教材；晚自习英语辅导已实施3年多，建立了英语自主学习平台，并形成了校、院、系三级共管，教师、助教、志愿者三方合作的协同机制；一对一"定制式"辅导和"外培"项目的雅思、托福辅导实施不足2年，但项目化、输入驱动、动态提升的辅导模式基本形成。

（3）匹配性环境保障系统——软性环境体系和硬性环境体系。

内在机制形成和外在环境建设，都有赖于人的因素和物的因素。前者包括领导团队（主导）、教师团队（主体）、技术团队（服务）和志愿者团队（辅助）；后者包括学校获批的市级语言试验教学示范中心的硬件设施（18间语言实验室）和软件平台（9个英语自主学习平台，其中4个为校本开发）（参见表1.2）。匹配性环境保障体系实现了教学资源的查询检索、访问浏览、自定义上传、个性收藏以及互动交流，满足了教师线上辅导和学生自主学习的需要。

表1.2　硬性设施保障体系

教学示范中心			
硬件设施	软件平台		
	平台名称		网址
10间数字语言实验室	外国语学院多媒体资源平台		
1间自主学习实训室	"商务英语案例教学"课程资源平台		
1间情景模拟实训室	"人文素养培育"网络通识课资源平台		http://media.cueb.edu.cn/master_stat ion.aspx
1间同声传译实验室	"大学财经英语"慕课资源库		
1间外语测评中心	"晨读视听资源平台"		
1间多语种实训室	FIF口、笔试测试系统		http://etest.cueb.edu.cn
1间翻译实验室	空中英语教师资源平台		http://219.224.71.3/
1间服务器机房	新视野视听说平台		http://219.224.69.18
1间监控室	句酷作文批改网		http://pigai.org

（表左侧标注：校本开发）

（4）模式运行质量监督系统——学生监督体系、教师监督体系和教学管理监督体系。

该环节以教学监督政策和社会资源为基础，由针对学生的监督（考核评价、团队合作、社会反馈）、针对教师的监督（学生评教、同行听课、自我监管）和针对教学管理的监督（公开述职、教师反馈、学生评管）3个维度、9个方面组成。从"教""学""管"3个方面，通过"他评""共建""自律"，保证模式运行效果。项目实施以来，督导和同行听课达30人次/学期，学生、教师座谈会1~2次/学期，社会调查（问卷、访谈）1次/年，并开展多次集体备课、教学研讨、培训活动。近几年大学英语教师学评教平均成绩达到90.8，10%的教师人次进入全校年度前30名；加大了课程形成性评价占比（70%），课程考试一次通过率达93%；实施了程序化、任务式教学管理改革，降低了教学事故发生率。

（三）理论在实践中的升华与发展

建构主义理论以学习主体的先前经验独特性和学习情感特殊性为基础，根据心理机能和认知规律，通过多元化内容设计和匹配性环境建设，实现主体能动性学习建构。本研究将建构主义与校本大学英语教学实践相结合，做出创新性贡献，体现在3个方面。

1. 理论实践模式创新——"三位一体"。依据主体先前经验独特性，实施分级教学；遵循主体能动性认知规律，采取分段培养；顺应主体学习目的与动机的多样性，进行分类指导。在该模式下，学生实现了语言能力与人文素质的能动建构。

建构主义的学习者主体、能动建构、多元内容和匹配性环境是"三位一体"模式的理论基础。该模式充分考虑了学生英语基础的差异性、学习目标的多元性、学习建构的能动性、英语教育的本质以及实施英语教育的校本环境。"分级、分段和分类"以学生为主体，从根本上改变了传统的大学英语教师中心模式；将大学英语视为英语人才培养的有机体系，突破了单纯的课程教学论；在教学设计上实现了工具性和人文性的结合，弥补了大学英语教学人文性的不足；强调学生对课堂教学和校本环境建设的能动参与，在行动中实现能力与素质的培养。

2. 模式建构方式创新——信息化。从模式的理论设计到具体内容建构，都渗透着信息化理念，实现了现代教育技术与大学英语教学的深度融合。

从模式设计的基础调研、理论框架搭建，到4个系统、13个体系的内容建构，无论工具层面，还是内容本身，都融入了现代教育技术。调查问卷（7 075份）、网络课程（10门）、教学模式（3种）、评价体系（多元化）及试验教学示范中心等都以现代教育技术为支撑和载体。

3. 环境建构视角创新——校本化。打破大学英语"千校一面"的大一统教学局面，立足校本人才培养，挖掘校本资源，打造大学英语校本环境。

校本视角避免了拘泥于全国大纲的刻板化教学。项目基于7 075份校本调查样本的数据分析，根据财经类高校人才对英语能力和人文素质的需求，发挥师生专长，建设了"大学财经英语"慕课、《外贸英语函电》教材、辩论式教学模式、晨读课堂、晚自习英语辅导体系等多元化校本环境，促进了学生能动学习建构。

（四）应用：效果与推广

1. 以点带面，深化了复合型人才培养内容，推动了学校综合改革。基于该项目理论研究和实践成果，学校制定了《本科生公共英语改革方案（草案）》，强化了非英语专业学生的英语应用能力和人文素质培养，推动了学校综合改革的进程，改善了学校外语学习环境，为复合型人才培养探索了可资借鉴的路径。

2. 师生能力与素质得到有效提升。项目实施以来，举办了24场人文讲座，师生2 000余人次参加；晨读辅导学生32 500人次，晚自习辅导学生约 9 500 人次,一对一"定制式"辅导 268 人次,"外培"项目辅导 96 人次。虽然改革不以应试为目标,但学生的课程考试、社会考试及竞赛成绩均有提高。以 2013 级学生为例,大学英语Ⅰ的通过率提高了 19%,大学英语Ⅱ的通过率提高了 46%,大学英语Ⅲ的通过率提高了 28%,"外培"托福、雅思考试通过率达 60%。学生参加各类英语竞赛达 1 079 人次,获得国家级英语竞赛奖项 10 余项(如韩××同学在首届全国阅读大赛中获得二等奖、我校获全国高校 2015 国际商务英语谈判精英赛团体二等奖等)。每年数百名学生参加国际交流英语志愿者服务、对外文化传播及非洲等国家英语援教项目。学生通过引领翻转课堂等教学模式改革,参与网络课程建设,提高了自身的英语能力与素质。

教学相长,通过参与该项目建设,学校英语教师教学、科研能力与素质得以提升,新建课程 24 门,"大学财经英语"慕课上线中国大学慕课网并荣获高等教育出版社优秀课程奖,7 门课程获批精品网络视频课,2 门课程获批微课建设项目并荣获校级特等教学成果奖,近 4 年学评教平均成绩为 90.8,10 名教师进入全校学评教前 30 名,获批高级别科研项目 3 项,出版论文集 3 部,2 名教师荣获校级优秀教师,6 名教师获得"爱岗敬业模范"荣誉称号。

3. 产生了社会协同效应。通过与企业、出版社、高校进行合作,实现了多赢效应。与外研讯飞(企业原有名称)等 6 家教育技术企业(其中一家为该项目培育的我校在读学生成立的慕课录制公司)在题库、课程、竞赛、培训等方面进行共建,与高等教育出版社联合建立了网络课程建设基地,与首都经济贸易大学出版社联合开发教材,与北方工业大学合作进行口语考试。以上合作创新了人才培养和课程建设的形式与内容,促进了社会发展。

4. 研究成果得到了同行及社会的广泛关注。举办了"外语慕课、翻转课堂经验分享"会,北京大学等 13 所院校的教师参会;受北京大学英语教研会邀请介绍教改经验,18 所高校的英语教学负责人参加交流;与美国

Embassy Teaching Fellows 联合举办了 4 次教学研讨与观摩活动；举行"大学财经英语"慕课建设成果发布及研讨，5 所高校、杂志社专家到会。清华大学、北京交通大学、北京第二外国语学院的专家教授对该项目研究及取得的成果给予了很高的评价。海南大学等 24 所国内高校来校调研英语教改。相关建设内容在《光明日报》《中国教育报》《首经贸校报》及 *GLOBAL TIMES* 等媒体发表。

二、理论模式建构的依据

（一）政策依据

该项目基于《国家中长期教育改革和发展规划纲要（2010—2020年）》、《关于全面提高高等教育质量的若干意见》、高等学校大学外语教学指导委员会《大学英语教学指南》及《首都经济贸易大学本科生公共英语改革方案（草案）》等政策文件的精神内涵和指导思想开展研究。下面是结合本研究出台的学校英语教学改革方案。

首都经济贸易大学本科生公共英语改革方案

为适应高等教育国际化和经济社会发展的需求，进一步深化我校本科生公共英语教学改革，提高公共英语教学质量，根据《国家中长期教育改革和发展规划纲要（2010—2020 年)》和教育部《关于全面提高高等教育质量的若干意见》等文件精神，结合首都经济贸易大学人才培养目标要求，特制订本方案。

一、指导思想与改革目标

以教育部《大学英语教学指南》为指导，以提高学生大学公共英语应用能力为目标，坚持科学的公共英语教学改革观，正确认识公共英语课程的工具性（功能）和人文性（作用），通过改革教学模式、重构课程体系、更新教学内容、完善教学方法与手段和改革测评体系，全面提升大学英语教育教学质量，更加适应国家经济社会发展对综合素养人才的要求。

二、基本原则

1. 以学生为本，满足学生多元发展需求。

2. 以应用能力为导向，强调学生语言应用及跨文化交际能力的培养。

3. 坚持系统性，全面推进公共英语教学改革。

三、改革内容

1. 建立分段、分类、分级教学体系。

公共英语教学分为两个阶段：一年级以通用英语类课程为主，夯实学生语言基础；二年级提供多类应用性课程，强调实践应用能力培养，满足学生个性化、多元化需求。

一年级公共英语教学分为 A、B、C 三级：A 级侧重拔尖创新人才培养；B 级侧重国际化人才培养；C 级侧重复合型、应用型人才培养。

二年级实行分类教学。将课程体系划分为专门用途英语类、跨文化交际类、外教口语实践类以及社会化考试培训类等。其中，专门用途英语类课程包括视听说、商务英语、英语应用文写作、经贸翻译等，跨文化交际类课程包括跨文化交际、英美社会与文化等。

2. 完善教学方法与手段。

推进学生自主学习能力的培养，促使学生从"被动学习"向"主动学习"转变；采用任务式、合作式、项目式、互动式等教学方法，使教学活动实现由"教"向"学"的转变；开发以翻转课堂为主的线上网络教学和线下面授教学相结合的英语教学手段。

3. 丰富教学资源。

充分利用现代信息技术，引进一批网络视频课程，开发一批具有本校特色的微课、慕课等课程；进一步完善大学英语信息化教学平台，为全校师生提供丰富多样、数量充足的英语自主学习资源。

4. 重构测评体系。

课程考核注重应用能力测试，强调过程考核，强化听说能力培养。在公共英语学习的最后一学期，统一组织英语水平综合测试，口试和笔试各占 50%，作为该学期的期末总评成绩。口试考核小组由校外教师、外教及校内教师组成，校内教师实行交叉、回避制度，以保证考试的客观、公平、公正。

四、保障措施

为了保证大学英语教学改革的顺利实施，需要采取以下保障措施：

1. 在学校层面成立以主管教学副校长、教务处长、外语系主任为主要成员的领导小组，负责公共英语改革方案的制定与实施，协调实施过程中出现的各类问题。

2. 学校划拨出专门的引导经费，用于支持公共英语教学模式、课程体系、教学内容、教学方法与手段及测评体系构建等改革。

3. 加强语言实验中心建设，为改革提供必要的人员、设备和技术支持。

此方案自 2015 级开始实施。其他语种参照实施。

首都经济贸易大学本科生公共英语改革方案实施细则（草案）

为适应高等教育国际化和经济社会发展的需求，进一步深化我校大学英语教学改革，提高大学英语教学质量，根据《国家中长期教育改革和发展规划纲要（2010—2020 年)》和教育部《关于全面提高高等教育质量的若干意见》等文件精神，经研究决定自 2015 级开始在普通本科中开展基于应用能力培养的大学英语教学改革工作，特制定如下实施方案：

一、指导思想

以教育部颁布的《大学英语教学指南》为指导，以提高大学英语教育教学质量为目标，紧紧围绕应用型人才培养的核心内容，以学生英语交际与应用能力培养为改革着力点，摆脱传统应试教学模式的束缚，提高学生的听、说、写、译等英语实用能力；以现代教育技术为支撑，建设大学英语信息化教学平台，丰富教学和学习资源；通过国内外培训，进一步提高大学英语教师的教学与研究水平，全面提升大学英语教育教学质量。

二、改革目标

通过改革教学模式、重构课程体系、更新教学内容、完善教学方法与手段及改革测评体系，建立以信息化教学为支撑、具有财经院校应用型人才培养特色的校本大学英语教学体系，进一步提高学生的英语应用能力与综合水平。

以"学校的办学目标、院系人才培养的目标和学生个性化发展的需求"为依据，充分考虑通用英语与专门用途英语、跨文化交际教学的关系，必修课与选修课之间的衔接，结合课堂教学与学生自主学习，学生线上学习与线下学习，科学分配形成性评价与终结性评价的比例。

以学生的有效跨文化交际能力培养为核心，着力提高学生的听力、口语、写作、翻译等语言应用能力和学术英语交流能力，进一步提高学生的中西人文素养，适应国际化背景下社会和经济发展的需要。

三、改革内容

1. 实行分级教学，进行教学模式改革。

大学英语分 A 级、B 级、C 级三个级别进行教学，A 级主要面向英语起点较高的学生（特色班），B 级主要面向国际化培养的学生（国际班、实验班），C 级针对英语水平一般的学生（普通班）。新生入学后学校组织大学英语分级考试，根据考试成绩将学生分为 A、B、C 三个级别，逐步推行小班教学。积极引进外教，以凸显外教在英语应用能力、英语思维培养和语言文化氛围构建方面的作用。

2. 实行模块教学，重构课程体系。

大学英语课程体系由通用英语课程、专门用途英语课程、跨文化交际课程以及外教口语实践教学课程构成。

根据学校培养方案要求，学生需在两学年内修读 14 个学分（注：B级国际班、实验班为 12 个学分）的大学英语课程。A 级学生第一、第二

15

学期修读 8 个学分的通用英语课程，第三、第四学期从专门用途英语课程模块或跨文化交际课程模块中至少修读 6 个学分的外教课程；B 级学生第一学期修读 6 个学分的通用英语课程，第二学期从专门用途英语课程模块或跨文化交际课程模块中至少修读 6 个学分的课程；C 级学生第一、第二学期修读 8 个学分的通用英语课程，第三、第四学期从专门用途英语课程模块或跨文化交际课程模块中至少修读 6 个学分的课程。在完成必需课程体系基础上，学生可以根据自身需要选修跨文化交际课程。

进一步充实实践教学环节，推行外教口语实践教学课程。响应学校国际化建设和学生实践能力提高的需求，在学生实践教学体系中开设 1 学分、2 课时的外教口语实践教学课程供学生选修，以此拓展学生国际化视野，增强学生语言应用能力。

通用英语课程属于大学英语必修课，该模块包括英语综合与英语听说两门课程；专门用途英语属于大学英语选修课，该模块包括商务英语、商务英语口语、交际英语、生活技能英语、高级英语视听说、经贸翻译、英语演讲与辩论、英语应用文写作等课程；跨文化交际课程属于大学英语选修课，该模块包括跨文化交际、英美文化欣赏、英美短篇小说、国际考试技能培训、社会考试技能培训等课程；外教口语实践课程属于由学院自主安排实施的实践教学选修课，该模块主要包括基础口语、语音等课程。（具体课程及修读学分要求见附件）

3. 以学生实际应用重点，进行教学内容改革。

A 级别的通用英语课程教学将注重学生较高层次语言应用能力的拓展训练，满足具有拔尖创新潜质的高水平学生参与国际学术交流的需要；专门用途英语课程教学将面对学生的特殊职业需求，帮助学生利用语言提高专业学习、工作的能力，特别是在专业领域用英语进行交流的能力；跨文化交际课程教学将进一步增强学生的跨文化意识，拓展国际视野，提升学生的语言综合应用能力和跨文化交际能力。

B 级别的通用英语课程教学将强调听、说、读、写、译技能的进一步提升，兼顾语法、词汇、篇章、语用知识的提高；专门用途英语课程教学将注重对学生相关专业英语应用能力的培养，使学生较好地掌握通用学术英语和一定职业英语知识，培养学生用英语进行专业交流的能力；跨文化交际课程教学将提升学生的中外文化知识和跨文化意识，提高跨文化交际的能力。

C级别的通用英语课程教学将重点突出听、说、读、写、译基本技能的培养和语言基本知识的学习；专门用途英语课程教学在培养学生语言技能的同时，帮助学生了解和掌握与专业和学术交流相关的基本英语表达；跨文化交际课程教学将引入中西文化相关的基础知识，增加学生对中外文化的了解，培养学生中外文化差异意识。

对于以上教学内容，大学英语教学将以大量的课下阅读为依托，将课堂交流等作为教学重点，最大限度地调动学生主动参与课堂学习的积极性，提升学生对自己学习能力的自信心。

4. 积极利用现代教育技术，完善教学方法与手段。

充分利用现代信息技术，开展以微课、慕课和翻转课堂为主的线上网络教学和线下面授教学相结合的英语教学模式；建设大学英语信息化教学平台，为全校师生提供丰富多样、数量充足的英语自主学习资源。线下面授课程分为通用英语教学、专门用途英语教学和跨文化交际教学，教学过程中融入相关的专业知识。线上网络教学包括社会开发的平台课程（空中英语、新视野视听说、作文批改网等）和校本开发的慕课（大学财经英语、网络视频公开课等）。

5. 全国大学英语四级考试成绩与学位脱钩，改革测评体系。

大学英语教学应该摆脱传统的应试教育模式的束缚，创造一种基于实用能力培养的校本测评体系。

大学英语的校本测评体系由校本课程考试和英语竞赛综合而成，校本课程考试是以教学内容为主的学期考试，英语竞赛指教务处颁布的学科竞赛中所认定的竞赛。

学生必须通过校本课程考试（达到60分及以上）才能获得毕业所要

求的课程学分；英语竞赛成绩将体现在期末课程考试中。英语竞赛根据教务处颁布的标准级别，经本人申请，获得国家级竞赛奖项的，在课程考试和水平考试综合成绩的基础上加 10 分；获得省部级竞赛奖项的，在课程考试和水平考试综合成绩的基础上加 7 分；获得局级竞赛奖项的，在课程考试和水平考试综合成绩的基础上加 4 分；获得校级竞赛奖项的，在课程考试和水平考试综合成绩的基础上加 2 分。获得市级及以上奖项的学生，可以申请课程免修不免考。

通用英语课程考试由笔试和听说测试两种方式构成，其中笔试部分逐步推行机考，听说测试的测评成绩体系分为 A（相当于 95 分）、B（80分）、C（65 分）、D（50 分）、E（35 分）五个级别。模块课程根据课程教学大纲确定考试形式及内容。在大学英语课程最后一学期，统一组织口语测试，测试成绩占该学期大学英语总评成绩的 50%。

四、保障措施

为了保证大学英语教学改革的顺利实施，需要以下保障措施：

1. 在学校层面成立改革方案设计与实施协调项目组，负责大学英语改革整体方案的研究与制定，协调实施过程中涉及的学校各部门间的相关问题。

2. 设立专项资金和教学改革研究立项，用于教学模式、课程体系、教学内容、教学方法与手段及测评体系的改革。

3. 完善首都经济贸易大学语言实验中心的人员配置，为改革提供可靠的信息技术支撑。

4. 成立听说、朗读、写作、翻译、测试、信息化建设的教学模块项目组，针对教学改革过程中的具体问题进行研究。

五、此方案自 2015 级开始实施。

教务处　外语系

2015 年 9 月 9 日

（附件略。）

（二）理论依据

1. 需求分析理论。

束定芳、陈素燕（2009）认为，需求分析在我国的外语教学理论研究中是个薄弱环节，目前我国外语教育中人才需求分析缺位。王银泉（2013）指出，我国外语教学没有做好需求分析和差异分析，没有根据市场需求来"量体裁衣"，以致外语教学长期以来远离社会实际需求，未能顺应社会经济发展对各种外语人才的需要。文秋芳（2012）建议，大学英语应该关注学生发展的需求、社会发展的需求和学科发展的需求3个方面的变化以及应对策略。邓联健（2015）研究发现，大学英语课程之所以面临生存危机，最根本的原因是它没能随学生入学英语水平的变化和社会对高校毕业生英语能力要求的变化做出相应调整。由此可见，需求分析理论是进行大学英语改革实践和体系化建构研究的基础。对于大学英语教学及其主体的需求分析，是发现大学英语现存问题、找到相应解决策略的前提条件。

2. 建构主义理论。

建构主义理论认为，知识是认知个体主动的建构，不是被动地接受或吸收；学习是一个动态的、独特的、个体化的信息加工过程；建构性学习是指在一定的社会文化中，通过参与社会互动和他人的讨论，完成个人的知识、能力与素质建构（Jonassen and Hnning，1999）。意义建构主要依赖于学生的自觉性和主动性，教师和环境的作用在于帮助和促进学生完成意义建构（周晓玲，2010）。

教育要以人为本，要实现学生可持续发展和终身学习的教育理念，必须进行以学生为中心的自主式建构，这有利于实现个性化教学，有利于学生自主学习能力的培养，有利于提高他们的语言运用能力。司显柱（2010）认为，建构主义教学模式有助于促进学习者自主、探究、协作和创新等高阶能力的发展。以建构主义教学理念创新大学英语教学模式，是实现《大学英语课程教学要求》目标的必然选择。大学英语应紧紧围绕学生的能力发展和素质提升等内在需求，构建个性化的大学英语教学内容与教学模式，不断增强各个层次学生的英语综合应用能力。

（三）调研依据

1. 首都经济贸易大学大学英语课程反馈（校内本科生）。

开始时间：2015 年 6 月 2 日。结束时间：2015 年 10 月 11 日。

本报告分析内容：自定义查询。

本报告包含样本总数：5 692 份。

数据与分析：

（1）基本信息。

第 3 题　您从何时起开始学习英语？［单选题］（参见图 1.8）

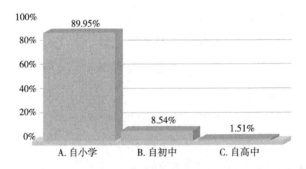

图 1.8　英语学习情况

第 4 题　您对自己英语水平的总体评价如何？［单选题］（参见图 1.9）

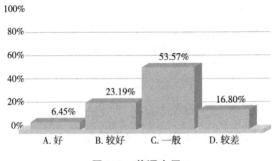

图 1.9　英语水平

（2）英语学习。

①学习英语的动机。

第5题 您学习英语的目的是什么？［多选题］（参见图1.10)

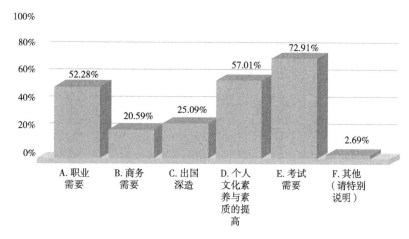

图1.10 英语学习目的

第6题 学好英语让您有很大的成就感吗？［单选题］（参见图1.11)

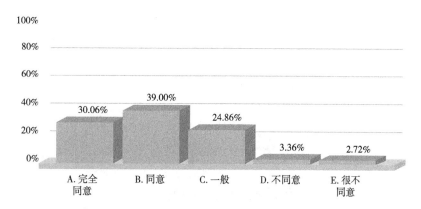

图1.11 成就感

第 7 题　您最希望学习哪方面的英语？［多选题］（参见图 1.12）

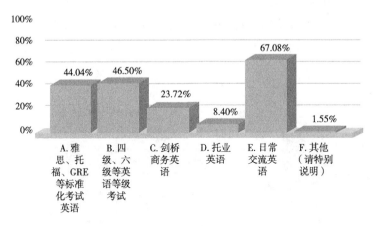

图 1.12　英语学习需求

第 8 题　您对自己英语水平提升的愿望有多大？［单选题］（参见图 1.13）

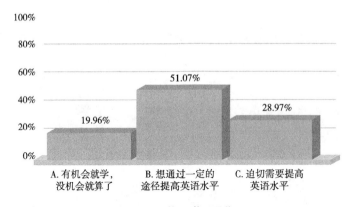

图 1.13　英语学习预期

第 9 题　您在大学阶段最希望提升的英语能力或技能是什么？［单选题］（参见图 1.14）

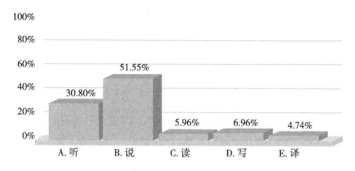

图 1.14 英语能力提升需求

【分析】

在第 5 题选项涵盖的所有学习英语动机中,最主要的 3 个分别是职业需要、个人文化素养与素质的提高及考试需要。其中,考试需要被选中的比例最高,约为 70%;其余两项也在 50%左右。所以,在教学中满足学生的这 3 项动机应该成为主要目标。

第 7 题是另一道更加直观表现学生学习需求的问题。回答中最主要的 3 个选项分别是:雅思、托福、GRE 等标准化考试英语,四级、六级等英语等级考试,日常交流英语。其中日常交流英语的得票最高,接近 70%;其余两项都为 45%左右。其实这一结果是与第 5 题中考试需要得票最高相矛盾的。考虑到这两道问题都是多选题,比较合理的解释是,托福、雅思、四六级等考试关系到学生的切身利益,重要程度最高,而日常交流重要性相对较低,适用面却更广,所以选择的人也最多。

对第 7 题选项结构的进一步分析见表 1.3。

表 1.3 考试需求分析

	没有选择四、六级	选择四、六级	总计
没有选择雅思、托福等	1 521	1 664	3 185
选择雅思、托福等	1 524	983	2 507
总计	3 045	2 647	5 692

可见,同时选择两个选项的人只有 983 人,占总数(5 692)的比例不到 20%。这表明,这两类学生群体的重叠度并不是很高,即希望同时学习

这两个内容的人数较少，很好地解释了前面的矛盾。

从第9题可以看出，对于大部分学生而言，最希望提升的都是自身的听、说两项能力。这与第7题中被选择最多的选项为"日常交流英语"相符。值得注意的是，对于四、六级考试而言，"说"这一技能对成绩并没有帮助。但是在第9题中却被超过50%的人选择。该现象体现了另一种应试与应用的矛盾，在学生中间虽然广泛存在为了考试而学习英语的心态，但是对于提升日常英语交流能力的愿望也同样强烈。因此，在教学中要兼顾这两种愿望。

②学习英语的状况。

第10题　您目前通过什么途径学习英语？［单选题］（参见图1.15）

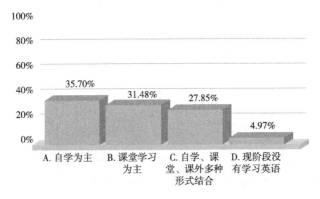

图1.15　学习途径

第11题　您对英语学习感到？［单选题］（参见图1.16）

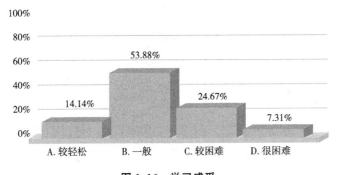

图1.16　学习感受

第 12 题 您在英语学习方面所面临的主要阻力是什么？［多选题］
（参见图 1.17）

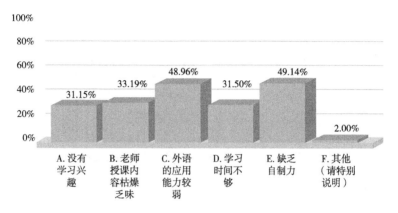

图 1.17 学习阻力

第 13 题 您认为学习英语最困难的单项是什么？［单选题］（参见图 1.18）

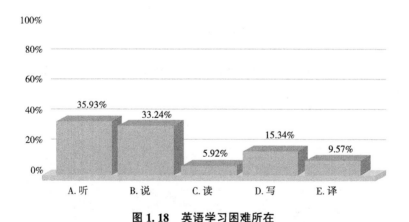

图 1.18 英语学习困难所在

第 14 题 您认为您在英语学习中遇到的最大问题是什么？［单选题］
（参见图 1.19）

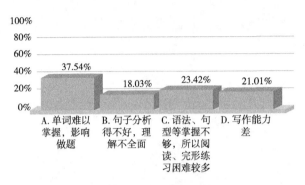

图1.19 英语学习问题所在

第15题 您每日进行听力训练的情况如何？［单选题］（参见图1.20)

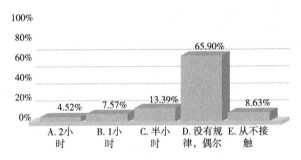

图1.20 听力训练情况

第16题 您在听力练习中遇到的最大的困难是什么？［单选题］（参见图1.21)

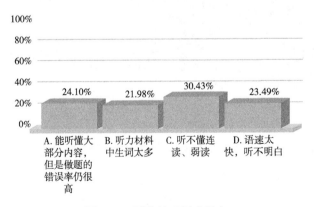

图1.21 听力练习困难所在

第 17 题 您目前的听说能力如何?[单选题](参见图 1.22)

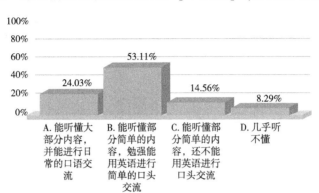

图 1.22 听力能力情况

第 18 题 您每日进行口语训练的情况如何?[单选题](参见图 1.23)

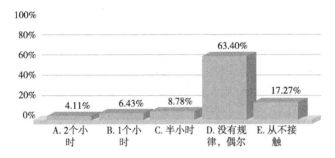

图 1.23 口语训练情况

第 19 题 您在口语练习中遇到的最大的困难是什么?[单选题](参见图 1.24)

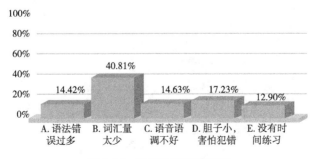

图 1.24 口语练习困难所在

第20题　您每日进行阅读训练的情况如何？［单选题］（参见图1.25）

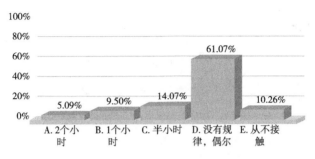

图1.25　阅读训练情况

第21题　您在阅读练习中遇到的最大的困难是什么？［单选题］（参见图1.26）

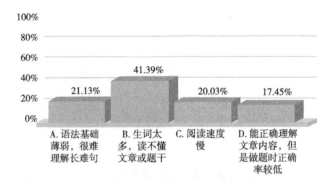

图1.26　阅读练习困难所在

第22题　您目前的阅读能力如何？［单选题］（参见图1.27）

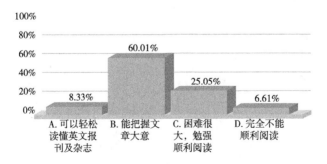

图1.27　阅读能力情况

第 23 题 您每日进行写作训练的情况如何? [单选题] (参见图 1.28)

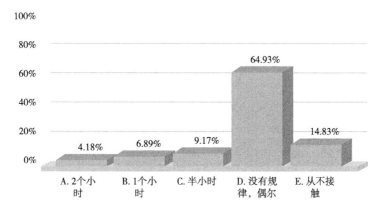

图 1.28 写作训练情况

第 24 题 您在写作练习中遇到的最大困难是什么? [单选题] (参见图 1.29)

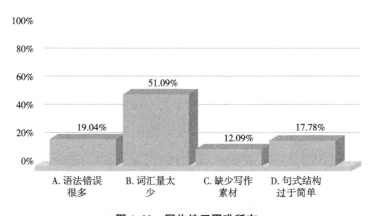

图 1.29 写作练习困难所在

第 25 题 您目前的写作能力如何? [单选题] (参见图 1.30)

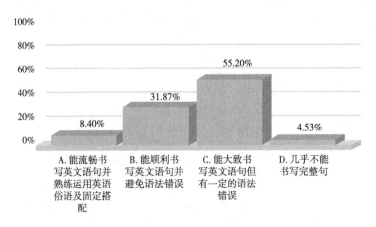

图 1.30　写作能力情况

【分析】

从第 13 题选项的分布可以看出，"听""说"是学生认为在英语学习中最困难的两个单项，而认为"读"困难的人最少。这符合中国英语教育的现状，也符合之前的分析结果。

在第 14 题的统计结果中，除了 A 选项外，其他几个选项差距不大。大约有 37% 的人选择了"单词难以掌握，影响做题"作为他们英语学习中最大的问题。很明显，单词量是语言学习中最基本也是最重要的部分，是更进一步必须掌握的基本功，所以选择这一选项的学生对应的英语水平应该也相对差一些。剩余 3 个选项都是在单词问题解决之后面对的更高层次问题。并且，单词量缺乏的问题还体现在之后的许多问题中，值得重点关注。

第 15、18、20、23 题调查了受访对象在某项英语技能上每天投入的时间。有趣的是，这 4 个问题的结果非常接近，绝大部分的选择都集中在后两个选项中，也就是说，大部分学生都没有在日常生活中养成练习英语的习惯。语言水平的提高是需要日积月累的练习的。缺乏练习是目前学生英语水平不高的很重要原因。

第 16、19、21、24 题调查了受访对象在某项英语技能上遇到的困难。

在这几个问题中，除了第 16 题外，其他问题中最突出的选项都是 B 选项，也就是词汇量不足。这也与第 14 题的结论相符。无论如何，词汇量对于大部分学生都是一个关键。只有解决这一问题，才能够进一步学习，从而发现新的问题。而对于听力而言，课堂上的锻炼时间十分有限，真正重要的在于有效且长期的课外练习。

关于英语学习状况的分析，最重要的结论就是：课后练习不足是当前学生面临的最普遍问题，如果我们的英语教学能够有效地拓展至课外，相信会产生良好的效果。翻转课堂的课外学习和慕课的自主学习是有效弥补以上不足的措施。

③影响英语学习的因素。

第 26 题 您所学课程中采用双语或英语教学的比例是多少？[单选题]（参见图 1.31）

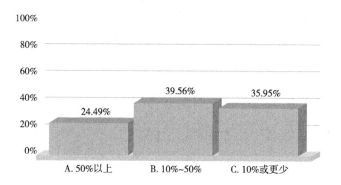

图 1.31 双语或英语教学情况

第 27 题 英文歌曲/电影/电视剧（娱乐方面）对您学习英语的影响如何？[单选题]（参见图 1.32）

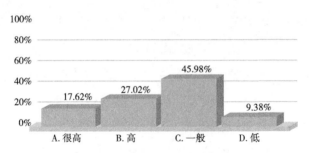

图 1.32　英语学习的影响因素

第 28 题　参加英语培训机构对您学习英语的影响如何？［单选题］
（参见图 1.33）

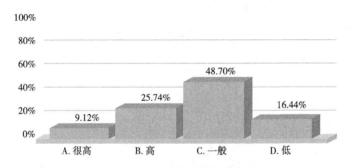

图 1.33　培训机构与英语学习

第 29 题　您（曾经）参加英语培训班的主要目的是什么？［多选题］
（参见图 1.34）

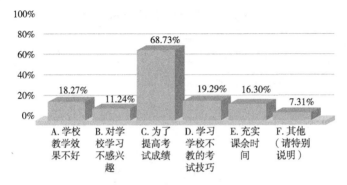

图 1.34　参加英语培训的目的

第30题 您支持将培训机构引进大学英语教学吗？［单选题］（参见图1.35）

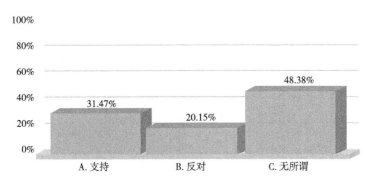

图1.35 对参加英语培训的态度

【分析】

第27、28题分别调查了英文娱乐（音乐、电视等）形式和英语培训班对于受访对象英语学习的影响程度。从调查结果可以发现，两张图的形态是相似的，主要的不同是A和D选项，认为英文娱乐（音乐、电视等）对于英语学习影响很高的人约占18%，比认为英语培训产生同样影响的学生占比高8.5个百分点。用一句话描述这一结论就是：认为英文娱乐（音乐、电视等）对自身英语学习影响很大的人远多于针对英语培训的同样的问题。当然，这一结论不能说明娱乐方式比英语培训更有效果。

表1.4 英语学习的影响分析

第27题	很高	高	一般	低	总计
好	148	91	107	21	367
较好	277	454	501	88	1 320
一般	445	841	1 501	262	3 049
较差	133	152	508	163	956
总计	1 003	1 538	2 617	534	5 692

续表

第28题	很高	高	一般	低	总计
好	82	104	140	41	367
较好	141	472	561	146	1 320
一般	225	730	1 613	481	3 049
较差	71	159	458	268	956
总计	519	1 465	2 772	936	5 692

结合第4题学生的英语水平再次对第27、28题分别进行分析（参见表1.4），可以发现，不同英语水平的学生在这两道题中有着明显的分化。认为英文娱乐（音乐、电视等）影响很高的人数确实远多于培训班。在自认为英语水平为"好"的学生中，还出现了唯一一次第27题"很高"人数大于"高"这一选项的反转。这样看来，难道说学习较好的学生可以从如电影、音乐等娱乐活动中获取更多的知识和能力吗？这个问题很值得思考。

④对于大学英语课的评价及建议。

第31题　大学英语课程对您哪个方面的英语学习作用最大？［单选题］（参见图1.36）

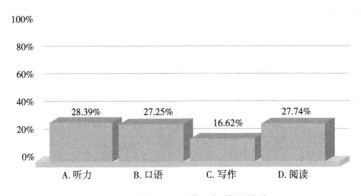

图1.36　英语课程学习与英语技能

第32题 通过英语课堂的学习，您期望提升的能力是否得到有效提升？［单选题］（参见图1.37）

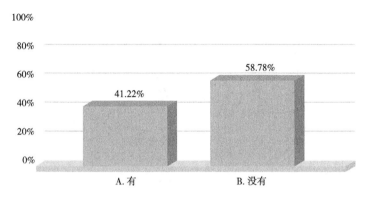

图 1.37 英语课堂学习与英语技能提升

第33题 若不能使您的能力得到有效提升，您认为英语教学中主要存在什么问题？［单选题］（参见图1.38）

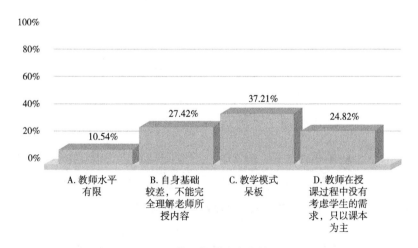

图 1.38 英语教学中存在的问题

第34题 您所接触到的大学英语教师的主要授课方式是什么？［单选题］（参见图1.39）

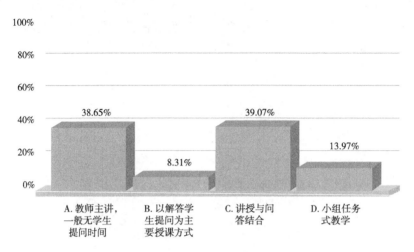

图 1.39　英语教师的授课方式

第 35 题　您认为哪种教学模式更有利于学生的英语学习？［单选题］（参见图 1.40）

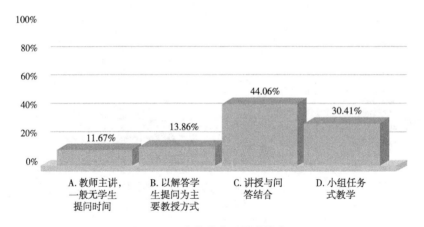

图 1.40　有效的英语教学模式

第 36 题　当您在英语学习中遇到困难时，一般是怎样解决的？［多选题］（参见图 1.41）

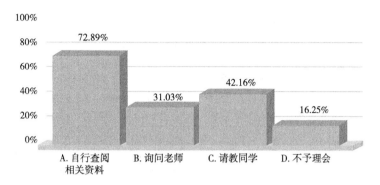

图 1.41　解决英语学习中遇到问题的策略

【分析】

第 31 题调查了大学英语课程对学生哪个方面的英语学习作用最大。从结果来看，除写作外，选择其他 3 项的人数基本相同，表明这 3 项的教学投入也比较均衡。而对于写作技能，从第 9 题的结果来看，学生学习动机较弱，学习难度也较大，所以这一项选择的人数最少也可以理解。

第 32 题直截了当地询问了受访人员对于大学期间英语教学的效果，非常直观，而结果不尽如人意，有近 60% 的学生认为自己的能力并没有得到有效的提升。这足以说明现在的英语教学水平还有很大的提升空间。

结合第 4 题对第 32 题进行分析（参见表 1.5）可以发现，大部分学生认为自己的能力没有得到提升，其中水平一般和较差的学生占比最高（73.94%）。也就是说，在同等教学条件下，水平较差的学生更难以取得进步。这样的结果导致入学时的差距在毕业后进一步拉大。这个问题很值得思考。

表 1.5　课堂教学与英语能力提升

您对自己英语水平的总体评价	通过英语课堂的学习，您期望提升的能力是否得到有效提升		
	有	没有	总计
好	181	186	367
较好	634	686	1 320
一般	1 233	1 816	3 049
较差	298	658	956

对于第 33 题，描述性分析的结论可以参考对已毕业学生问卷调查的分析。而如果与第 4 题关联起来，可以得到表 1.6。

表 1.6　英语能力影响因素分析

您对自己英语水平的总体评价	若不能使您的能力得到有效提升，您认为英语教学中主要存在什么问题				总计
	A	B	C	D	
好	85	57	150	75	367
较好	182	178	618	342	1 320
一般	254	839	1 134	822	3 049
较差	79	487	216	174	956

将表 1.6 中的数据整理后（每一个单元格除以对应行的总计并乘以 100%），绘制成折线图（参见图 1.42）。

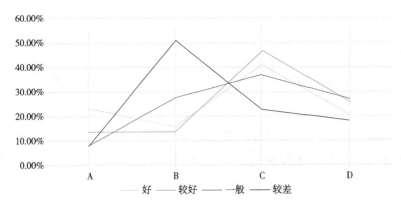

图 1.42　英语能力影响因素分析曲线图

从图 1.42 可以看出，B、C 两个选项分化较大。对于 B 选项，分布基本符合第 4 题的调查结果，水平较高的学生中选择这一项的比例较小。C 选项中，水平较差的学生和其他 3 个选项相比分化更大，和下文"第 4 题与第 12 题的关联分析"结论相同，这样的学生认为课程枯燥对其影响最小。而对于 D 选项，不同学生群体的意见比较接近。

另外，B、C 两个选项其实代表了两大类想法，即将自己的能力得不到提升归因于自身（内因）和教学（外因）。这是两个对立命题，所以从图形上看这两个选项呈现出了"此消彼长"的形态，很好地体现了内在的逻辑。

（3）以第4题为基础的关联分析。

①第4题与第6题的关联分析（参见表1.7）。

表1.7 第4题与第6题的关联分析

您对自己英语水平的总体评价	学好英语让您有很大的成就感					总计
	完全同意	同意	一般	不同意	很不同意	
好	199	96	51	10	11	367
较好	421	629	231	29	10	1 320
一般	819	1 253	848	86	43	3 049
较差	272	242	285	66	91	956

为了便于观察，将表1.7按比例整理成表1.8。

表1.8 第4题与第6题的关联分析

您对自己英语水平的总体评价	学好英语让您有很大的成就感					总计
	完全同意	同意	一般	不同意	很不同意	
好	54.2%	26.2%	13.9%	2.7%	3%	100%
较好	31.9%	47.7%	17.5%	2.2%	0.7%	100%
一般	26.9%	41.1%	27.8%	2.8%	1.4%	100%
较差	28.5%	25.3%	29.8%	6.9%	9.5%	100%

从表1.8可以非常明显地看出，不同英语水平的学生对于第6题的态度有很大的不同。整体而言，英语水平和学英语带来的成就感是高度相关的，但是现在并不能确定两者之间的因果关系。

②第4题与第12题的关联分析。

表1.9和表1.10选取了第12题比较有代表性的B和E两个选项进行分析。

表1.9　B选项分析

您对自己英语水平的总体评价	老师授课内容枯燥乏味是否是英语学习的阻力			是/否
	否	是	总计	
好	221	146	367	0.661
较好	817	503	1 320	0.616
一般	2 054	995	3 049	0.484
较差	711	245	956	0.345

表1.9最后一列的数是由对应行的"是"数值除以"否"数值得到的,而这一结果很有特点。可以得到如下结论,首先:英语水平较差的学生更倾向于认为授课内容枯燥不影响其学习,反而水平较好的学生这个比例更高。其次,从总体来看,大部分学生认为授课内容枯燥不影响其学习。可见,即使从学生角度出发,大部分人也并不认为授课枯燥是影响学习的重要原因。当然,在这方面做出一些改善,使得教学环节更生动,应该有助于学生水平的提高。

表1.10　E选项分析

您对自己英语水平的总体评价	缺乏自制力是否是英语学习的阻力			是/否
	否	是	总计	
好	275	92	367	0.335
较好	774	546	1 320	0.705
一般	1 431	1 618	3 049	1.131
较差	415	541	956	1.304

表1.10最后一列的数同样是由对应行的"是"数值除以"否"数值得到的。可以看出,自制力与学习水平的关联是尤其显著的。水平较好的学生中认为自制力缺乏阻碍学习的人占比很小,而随着水平从高到低,这一比值也在逐渐增大,显示出二者密切的关系。这个结论符合我们平时的认识,但也是教育中很难改进的问题。

③第4题与第27题的进一步分析(参见表1.11)。

表 1.11　第 4 题与第 27 题的进一步分析

您对自己英语水平的总体评价	英文歌曲/电影/电视剧（娱乐方面）对您学习英语的影响				总计
	很高	高	一般	低	
好	148	91	107	21	367
较好	277	454	501	88	1 320
一般	445	841	1 501	262	3 049
较差	133	152	508	163	956

将表 1.11 中的数据整理后（每一个单元格除以对应行的总数并乘以 100%），绘制成折线图（参见图 1.43）。

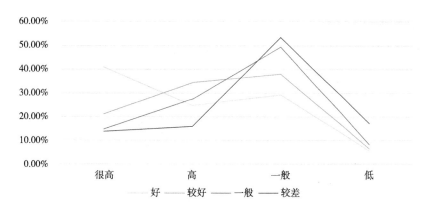

图 1.43　第 4 题与第 27 题分析曲线图

图 1.43 中，最明显的特征在于，水平为"好"的学生选择"很高"的数量显著多于其他学生。整体的趋势呈现出：英语水平越低，越不认同英语相关娱乐方式对于学习的促进作用。

究其原因，粗略来看有两种可能性：其一，英语相关娱乐方式对于学习的效果并不明显，但优秀的学生更善于从中获取知识。其二，英语相关娱乐方式对于学习有较好的效果，但是不擅长英语的学生同时也不善于从中获取有效的知识。至于这两种可能中哪一种更接近实际情况，就需要继续深入研究了。

2. 大学英语课程电话调查的简要分析报告（毕业生）。

（1）关于问卷的简要说明。

本次电话调查的问卷如图 1.44 所示。

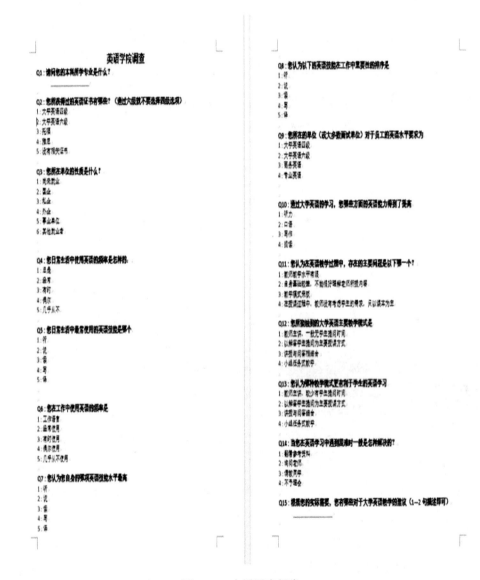

图 1.44　电话调查问卷

在这些问题中，第2题到第14题是客观的选择题，这是我们进行统计分析的重点。

（2）对单个问题进行的简单统计分析。

①单选题。

第3题：您所在单位的性质是什么？

这个问题的主要目的在于获取毕业生工作单位的状态，表1.12直观地反映了这些信息。

表1.12 所在单位性质

	频率	百分比（%）	有效百分比（%）	累计百分比（%）
尚未就业	186	13.4	13.4	13.4
国企	448	32.4	32.4	45.8
私企	351	25.4	25.4	71.2
外企	156	11.3	11.3	82.5
事业单位	177	12.8	12.8	95.3
其他就业者	65	4.7	4.7	100.0
合计	1 383	100.0	100.0	

我们可以看出，对于被调查的毕业生来说，其中45%左右的人在国企及事业单位工作，是最大的一部分。另有约25%的人在私营企业工作，约11%在外企工作，约13%的人并未进入工作岗位（其中的多数学生处于留学准备期或者已被国外学校录取的状态）。

第4题：您日常生活中使用英语的频率是怎样的？（参见图1.45）

由图1.45可知，在全部毕业生中，有不到30%的人在日常生活中几乎不使用英语。虽然这一比例很高，但是同时也意味着有70%的人在生活中或多或少面临使用英语的情况。这表明，出于生活上的考虑，在大学中继续英语学习也是很有必要的。

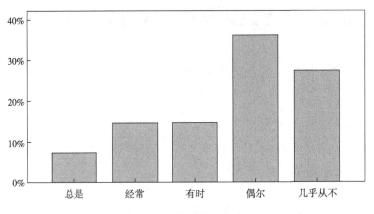

图 1.45　英语使用频率

偶尔用到英语的比例为 38%，几乎从不用到英语的比例为近 30%，两者的比例近 70%。这表明英语教育与英语教学更大程度上应该归属于素质教育。素质教育与技能教育的区别体现在隐性与显性、长期与短期上，"不用"不等于"没有使用"，更不等于"没有用"。英语的听、说、读、写、译是语言技能这无可争议，但语言作为交流工具的特殊性决定了素质教育与技能教育的合一性。具有较强的语言技能，有助于顺利进行交流和交际，这是专业素质较高表现的一个方面；而高素质的形成有赖于通过听、读渠道进行知识和素材的有效输入以及说、写、译的有效输出，完成素质的内化。

就英语教育和教学来讲，技能教育是途经和形式，素质教育是终极目标。

第 5 题：您日常生活中最常使用的英语技能是哪个？（参见图 1.46）

图 1.46 展示了按频率表示的毕业生回答。这道题的目的是获得有关毕业生对于英语技能需求的信息，从图中可以明显看出听、说、读的重要性。那么与之对应，这 3 项也应该成为英语教学中的重点。而听力更是重中之重。

从交际功能来看，听是交际的前提，没有听懂或听力信息输入错误将导致无效交际（在交际学中，"听"是一个泛指概念，应该将其视为编码输入,其中包括了视、感的概念,即耳听、眼观和心灵感应。这里的"听"是一个狭义的概念,仅指耳听)。

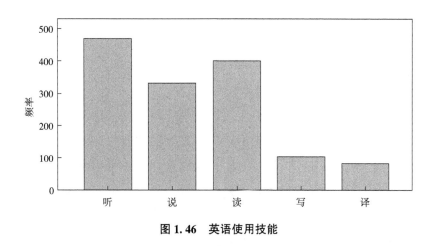

图 1.46　英语使用技能

第 6 题:您在工作中使用英语的频率如何?(参见图 1.47)

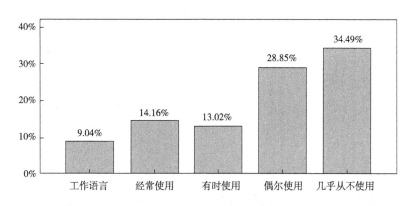

图 1.47　工作中使用英语的频率

观察图 1.47 可知,其体现出和第 4 题类似的结论,即几乎从不使用英语的人数占据很大的比例。这也符合我们的通常认识。但是同样的,绝大部分人也会在生活中或多或少地使用英语。之前的分析中,在外企工作的人占总数的 11.3%,而以英语为工作语言的人大部分应为外企工作人员,所以使用英语的频率低于这一比例也是可以理解的。

针对 60% 多的"几乎从不使用"和"偶尔使用"的群体，应进行进一步的访谈，了解是没有使用的环境，还是没有使用的机会，抑或没有使用的能力。

对于一个毕业于会计学院、在边远地区银行工作的柜台营业员来说，即便拥有能力，可能也没有使用英语的环境、机会。那么学英语还有必要吗？

在回答这个问题之前，似乎应该认识到的问题是：毕业生的英语程度如何？有没有被单位发现或表现出在英语方面的才能？这就需要一个全面的英语考核机制，如除了大学英语四、六级之外，让学生参加一个覆盖面比较广、参与度比较高的英语水平权威认证，或者让不同水平学生参与不同级别的英语竞赛。

第 7 题：您认为您自身的哪项英语技能水平最高？（参见图 1.48）

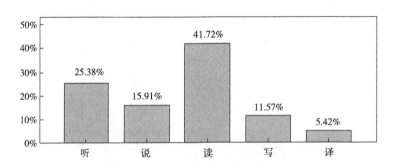

图 1.48　英语技能水平

对于我国学生而言，由于长期的应试教育影响，阅读是最被重视也是训练最多的一项技能，听力次之，而"说"和"写"则得不到充分的练习，导致了大部分人擅长阅读而不擅长其他方面。但是从第 5 题可以看出，听、说、读都是常用的，可见学校教育中对于"听"和"说"方面的练习还需要加强。

这与学校的英语学习环境有关，相对于阅读来讲，"听"和"说"更需要一种环境，特别是"说"，毕竟通过自言自语的方式进行英语口语训练不能得到有效推广。那么应用能力提高的外在环境建设就极为关键了。

第9题：您所在的单位（或大多数面试单位）对于员工的英语水平要求是什么？（参见图1.49）

对本题来说，由于后两个选项的意义并不明确，所以把它们忽略掉，仅看前两项。从毕业生的角度来看，需要四级英语水平的单位数量大约是需要六级英语水平的单位数量的3.5倍。这就意味着，从全校角度来讲，通过大学英语四级考试仍然具有非常重要的意义。

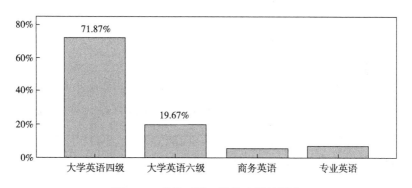

图1.49　单位对员工技能水平的要求

大学英语四级考试与学位脱钩，并不意味着四级考试不重要，而是在强调四级考试重要性的同时，提高了对口语等语言应用技能的重视程度。

四级考试已经产生了社会效应，高校教学模式难以完全摆脱四级考试的影响。所谓应用型人才培养的高校，就业指标必然是一根指挥棒，而不能获得四六级证书就意味着失去许多就业机会。尽快通过四级考试、获得四级证书是大学英语进入常规教学的前奏曲。

②有关教学内容的单选题。

第11题：您认为在英语教学过程中，存在的主要问题是以下哪一个？（参见图1.50）

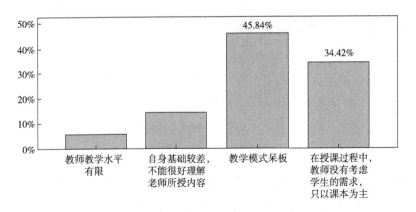

图 1.50　英语教学存在的问题

对于本题而言，第一个选项意义不大，所以只看后 3 个选项。从结果来看，认同后两个选项的学生数量都很多。而确实有少数学生认为自身基础较差，这说明在学生中存在按照英语水平进行分班的现实基础。对于第三个选项，教学模式目前确实存在很多问题，而这些问题也并非短时间可以解决的，需要有很多客观条件作为基础。而对于第四项，既然有很多人认为授课过程中对于学生的需求考虑不足，那么本次调查中对于毕业生在工作和生活中的需要，以及对于教学模式的喜好进行的统计，就很有现实意义的了。日后可以此为基础，在课程设置中逐步加以改善。

教学模式改革应该是大学英语教学改革的重点。教学模式指什么？目前主要的教学模式还是灌输式。首都经济贸易大学进行了基于应用能力培养的翻转课堂教学模式改革。

第 12 题：您所接触到的大学英语主要教学模式是什么？（参见图 1.51）

这一问题反映了学生对于我校目前英语教学模式现状的感受。有超过 80% 的人认为我校主要教学模式是单纯的讲授或者是讲授与问答相结合。这是符合现状的。"一般无学生提问时间"是否意味着学生无提问的需求？教师如何才能改变教学理念？大学英语教学改革的关键是否在于教师的观念改变？讲授与问答结合，"问"的深度怎样？"答"的效果怎样？教师能否放弃"讲"课的权力，将"讲"变成"引导"，实现教师与学生在课堂教学时间上的"平等"？翻转课堂是实现权力转移的一种形式。"课堂"既是教师的，也是学生的，所以目前流行"教师主导、学生主体"的课堂教学模式。但实现这一教学模式需要一个载体。"翻转课堂"便是载体，它能够将教师的"主讲"权力转移到学生的"讨论、交流与提问"。

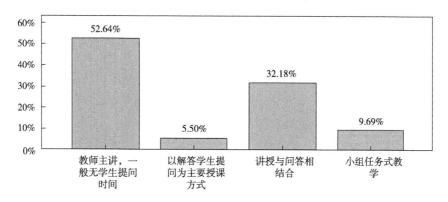

图 1.51　大学英语主要教学模式

第 13 题：您认为哪种教学模式更有利于学生的英语学习？（参见图 1.52）

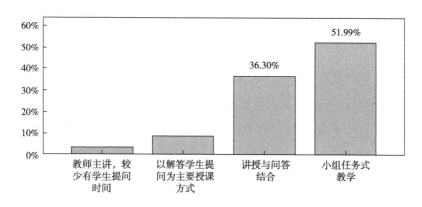

图 1.52　有效的英语教学模式

前两个选项的占比合计只有 10% 左右，可以将其忽略，并且这两项很明显是既不利于学习，也不受学生欢迎的。有约36%的人赞同讲授与问答相结合这种偏向传统的方式，而一半左右的人更倾向于小组任务式教学。这两种方式分别代表了传统教学方式与新式教学方式两大体系，而这两大体系相比是不存在绝对的优劣的，在日后的教学工作中，不可能只选择其一而抛弃另一种。并不能因为更多的人认同小组教学就取消讲授的方式，而这两种方式的合理分配，则确实是值得进行研究的。在小组任务式教学中需要考虑的问题是：在小组中讨论什么？讨论的内容是否有助于既提高学生的英语应用能力，又拓展学生的思维？讨论前的阅读量是否能够保证充分？

第14题：当您在英语学习中遇到困难时一般是怎样解决的？（参见图1.53）

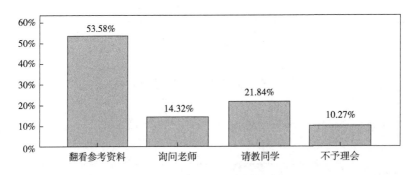

图1.53　解决英语学习困难的途径

这个题目是很有意义的，从结果来看，约有10%的学生选择"不予理会"，这类学生应该属于学习英语热情最低的一群人。在前三项中，"询问老师"居然是占比最低的，而绝大部分学生遇到问题时会自行翻看资料。这一现象至少说明两点：第一，由于网络的发达，学生获取学习资料的难度大大降低，更容易解决问题。第二，由于大学中和老师相处的时间非常有限，常常只能在课上与老师交流，所以学生不能及时得到老师的帮助。那么若想要加强老师与学生的互动交流，就不能局限于课上。目前一个很好的思路是构建一个在线的教师学生交流问答平台，以便学生获取老师的帮助。

③多选题。

第 2 题：您所获得过的英语证书有哪些？（参见图 1.54）

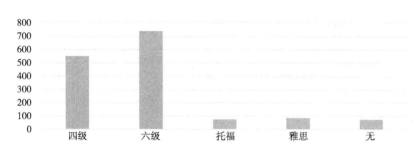

图 1.54 英语证书获得情况

由于在不讨论分数时，托福和雅思证书并不能衡量一个人的英语水平，并且这也并非大学英语教学的目的，故其余 3 个选项更有意义。这个问题的回答是对受访对象一项重要的分类依据，关于本问题的分析在后面详细解答。

第 10 题：通过大学英语的学习，您哪些方面的英语能力得到了提高？（参见图 1.55）

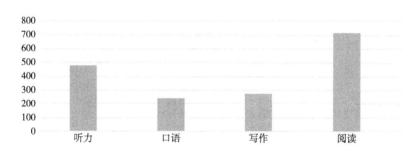

图 1.55 英语能力提升情况

从结果来看，和之前的问题有类似的结论，即目前的英语教学延续了初等教育的特点：对口语及写作的帮助较小。有约 500 人认为通过学习，听力能力得到了提高，这说明现在的模式在听力练习上还是有优势的。而认为阅读能力有所提升的人数是最多的，这也符合预期。但是值得一提的，由于疏忽，本题并没有设置"没有帮助"这样的选项，这使得调查结果的准确性降低了。

第 8 题：您认为以下的英语技能在工作中重要性的排序是怎样的？（参见表 1.13）

表 1.13　英语技能重要性　　　　　　单位:%

技能	第一位	第二位	第三位	第四位	第五位	合计
听	45.3	28.2	11.9	9.3	4.0	98.6
说	28.5	44.5	12.7	7.8	5.4	98.8
读	15.8	9.0	43.1	20.1	10.6	98.6
写	4.6	11.1	18.9	47.4	16.2	98.2
译	5.4	5.6	11.6	13.5	61.7	97.9
合计	99.6	98.4	98.1	98.1	97.8	

首先需要说明的是，表 1.13 中各行各列的合计数均不为 100%，这是由于在调查过程中有的受访对象并没有将所有选项都进行排序，存在一些无效样本。

对应的柱状图如图 1.56 所示。

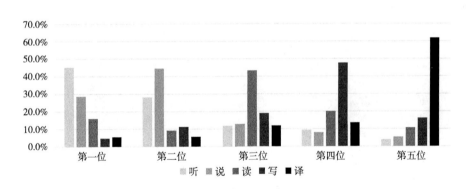

图 1.56　英语技能重要性

观察图 1.56 可以发现，从整体上来讲，大部分同学对于这 5 项技能的认同程度与题目选项顺序一致，听、说、读、写、译的重要性依次下降。译这一技能由于其专业性，在日常生活中应用最少，有 60% 以上的人把它排在最后。把听、说、读、写分别排在第一、第二、第三、第四位的人分别有大约不到 50%，这是比较主流的想法。对于读和写，在对应的第三位和第四位中,认同的人数都远大于其余几项技能。而第一位和第二位,听和说的赞同程度则相差不大,在10%左右。可见,听和说都是学生最重视也最需要的技能,在今后的教学工作中应该投入更多的精力。

表1.13只能体现各个选项得到的总数,无法体现各选项之间的关联,所以接下来对第一和第二位选项进行关联性分析(参见表1.14)。

表 1.14 关联性分析

	−1	1	2	3	4	5	总计
−1	5						5
1	4		555	27	20	21	627
2	6	268		59	40	21	394
3	6	78	36		77	21	218
4	1	18	14	16		15	64
5		26	10	23	16		75
总计	22	390	615	125	153	78	1 383

表1.14展示了第一位与第二位的选项关联程度。这里共有5个无效样本,对应值是−1。在认为"听"这一能力最为重要的627人中,有555人,也就是绝大部分都将"说"排在第二位。同时,在认为"说"这一能力最为重要的394人中,有268人,同样是绝大部分都将"听"排在第二位。而"读""写""译"这3项技能基本没有人将其排在第一位和第二位。可见对于大部分人来说,之前得到的结论,即"听"和"说"是学生最重视的英语技能,是有依据的。

(3)与第2题有关的分析。

如前所述,第2题的选项可以有效地将学生群体按照其英语水平进行分组,这样的分组是为了探究受访对象对于某些问题的选择是不是与其对应的英语水平有所关联。关于这种关联程度的分析,是判断在教学中是否需要对不同的学生采用不同教学方法的重要依据。

表1.15展示了拥有四级和六级证书的学生对于第4题选项的选择情

况。为了便于比较，将其统一按比例调整至相同总数（参见表1.16）。

表1.15　第2题与第4题的关联

证书	总是	经常	有时	偶尔	几乎从不	总计
六级	67	135	134	245	155	736
四级	33	67	83	247	206	636

表1.16　调整后的表格

证书	总是	经常	有时	偶尔	几乎从不	总计
六级	90	182	181	331	209	994
四级	52	105	131	388	324	1000

可以明显地看出，与获得四级证书的学生相比，获得六级证书的学生在生活中更多地运用英语。这可以推导出这样的结论：英语能力强的学生也更愿意在生活中接触英语。而这可能也促进了对于英语的学习。

表1.17展示了拥有四级和六级证书的学生对于第7题选项的选择情况。为了便于比较，将其统一按比例调整至相同总数（参见表1.18）。

表1.17　第2题与第7题的关联

证书	听	说	读	写	译	总计
四级	170	105	253	74	34	636
六级	170	111	332	85	38	736

表1.18　调整后的表格

证书	听	说	读	写	译	总计
四级	266.9	164.9	397.2	116	53.38	998.52
六级	231.2	151	451.5	116	51.68	1001

可以看出，对于第7题而言，用获取的证书来分类的两组差异就很不明显。说明第7题能够很好地反映整个学生群体阅读能力较强、写作能力较差的现状。

表1.19展示了拥有四级和六级证书的学生对于第8题选项的第一位和

第二位的排序情况。为了便于比较,依旧将其统一按比例调整至相同总数(参见表 1.20)。

表 1.19 第 2 题与第 8 题的关联

(第一位) 证书	听	说	读	写	译	总计
四级	297	164	99	29	44	633
六级	314	233	120	36	30	733
(第二位) 证书	听	说	读	写	译	总计
四级	175	298	59	55	37	624
六级	216	305	66	102	36	725

表 1.20 调整后的表格

(第一位) 证书	听	说	读	写	译	总计
四级	469	259	156	46	70	1000
六级	429	318	164	49	41	1001
(第二位) 证书	听	说	读	写	译	总计
四级	280	477	94	88	59	998
六级	297	419	91	140	50	997

可以看出,在对于英语技能重要性的排序上,四级英语水平的学生与六级水平的学生态度相差不大。六级水平的学生对于"写"和"说"的重视程度略高一些,但是并不显著,这说明之前对于第 8 题的分析是具有共性的,在这一点上没有必要区分学生的英语水平高低。

表 1.21 展示了拥有四级和六级证书的学生对于第 13 题选项中的教学模式的选择情况。为了便于比较,依旧将其统一按比例调整至相同总数(参见表 1.22)。

表 1.21 第 2 题与第 13 题的关联

证书	教师主讲	解答提问	讲授与问答结合	小组任务式教学	总计
四级	15	45	244	332	636
六级	25	63	260	388	736

表 1.22　调整后的表格

证书	教师主讲	解答提问	讲授与问答结合	小组任务式教学	总计
四级	24	71	383	521	999
六级	34	86	353	527	999

可以看出，不同英语水平的同学，对于"讲授与问答结合"和"小组任务式教学"两种主流看法的意见也是基本一致的，这表明在教学模式的选择上，并不需要针对学生的英语水平进行区分。前面关于第 13 题的分析也具有较强的普适性。

3. 调研录音（因内容过多，详细资料略）。

4. 电话调查结果（因内容过多，详细资料略）。

5. 其他相关调查。

本科课堂教学质量状况调查问卷

您好！为了进一步了解我校课堂教学的现状，寻求提升课堂教学效果的有效途径，特开展此次问卷调查。您的意见和建议将作为学校制定有关规章制度的重要依据，非常感谢您的大力支持！

一、个人情况

1. 您是（　　）。

A. 教师　　　　　　　　　　B. 学生

2. 您的性别（　　）。

A. 男　　　　　　　　　　　B. 女

3. 如果您是教师，您的学院是＿＿＿＿＿＿，您的教龄是（　　）。

A. 5 年以下　　B. 5~14 年　　C. 15~19 年　　D. 20 年及以上

如果您是学生，您的学院是＿＿＿＿＿＿，年级是（　　）。

A. 大一　　　B. 大二　　　C. 大三　　　D. 大四

二、教学秩序方面

4. 您认为我校课堂教学秩序方面存在哪些问题？（可多选）（　　）

A. 旷课   B. 迟到

C. 早退   D. 课上玩电子产品

E. 学习其他知识   F. 吃喝东西

G. 随意出入教室   H. 睡觉

I. 以上都有

5. 您认为课堂秩序还有其他问题吗？（   ）

A. 有   B. 无

如果有，请在下面写出：_____

6. 请您在存在问题中按严重性排出前三名：

问题1 _____   问题2 _____   问题3 _____

7. 请列出您认为最容易解决的三个问题，并写出您认为应如何解决。

问题1 _____，解决办法_____

问题2 _____，解决办法_____

问题3 _____，解决办法_____

8. 请列出您认为最应该解决的三个问题，并写出您认为应如何解决。

问题1 _____，解决办法_____

问题2 _____，解决办法_____

问题3 _____，解决办法_____

9. 您认为维持课堂教学秩序的第一责任人是（   ）。

A. 任课教师   B. 班主任   C. 辅导员   D. 学生

10. 您接触的课堂中，任课教师维持课堂秩序吗？（   ）

A. 维持   B. 偶尔维持   C. 不维持

三、教学内容、教学方法方面

11. 在教学内容方面，您认为主要存在哪些问题？（可多选和补充）
（   ）

A. 授课内容陈旧   B. 课件更新少

C. 与其他课程重复   D. 与社会或就业联系不强

E. 其他：_____

12. 您认为在教学内容上急需解决的是：_____

13. 您认为在教学方法上存在哪些问题？（可多选和补充）（   ）

A. 教学方法单一　　　　　　B. 和学生间缺乏互动

C. 缺乏实践（实验）环节　　D. 较少运用现代教学手段

E. 其他：_____

14. 在您的课堂上，使用或接触最多的教学方法是（   ）。

A. 满堂灌式　　B. 启发式　　　C. 案例式　　　　D. 讨论式

E. 其他：_____

15. 您是否使用过我校的教学辅助平台？（   ）

A. 使用过　　　　　　　　　B. 未使用过

16. 您是否接触过"慕课"、"微课"或"翻转课堂"？（   ）

A. 接触过　　　　　　　　　B. 未接触过

17. 您认为哪个方面的改革最利于课堂教学效果的提升？（   ）

A. 教学内容　　　　　　　　B. 教学方法

18. 您认为应该采取什么方法进行改革？

_____

19. 在考虑如何讲解上课内容时，以下因素的重要程度应该如何排序？（   ）

A. 重视教学理论教学大纲　　B. 明确教学目的

C. 熟悉吃透教材　　　　　　D. 重视专业术语的应用

E. 明晰各章节重难点

排序_____

四、课堂教学环境方面

20. 您认为课堂教学环境方面存在哪些问题？（可多选和补充）（   ）

A. 教室设计　　B. 电教设备　　C. 教具（粉笔、板擦等）

D. 桌椅 　　　E. 空调 　　　　F. 其他：＿＿＿＿＿＿

21. 请列出您认为最需要解决的三个问题（按重要性排序），并写出您认为应如何解决。

问题 1 ＿＿＿＿＿＿，解决办法＿＿＿＿＿＿

问题 2 ＿＿＿＿＿＿，解决办法＿＿＿＿＿＿

问题 3 ＿＿＿＿＿＿，解决办法＿＿＿＿＿＿

英语教学情况调查表

1. 您想通过何种方式提高自己的教学水平？（　　）

A. 出国进修 　　B. 国内进修 　　C. 听公开课 　　D. 参加研讨会

2. 您认为提高英语教学水平和提高科研能力相关吗？（　　）

A. 相关度很高 　　B. 有关系 　　C. 关系不大 　　D. 不相关

3. 若相关，您想通过何种研究途径提高自己的教学水平？（　　）

A. 教研项目 　　B. 课程建设 　　C. 教材编写 　　D. 论文撰写

4. 您觉得英语教学最主要的目的是什么？（　　）

A. 帮助学生过级 　　　　　　B. 提高学生英语学习兴趣

C. 提高学生语言应用能力 　　D. 完成教学任务

5. 您觉得集体备课的必要性有多大？（　　）

A. 非常大 　　B. 有必要 　　C. 可有可无 　　D. 没必要

6. 您觉得哪种方式更能激励教师的教学积极性？（　　）

A. 奖金激励 　　　　　　　　B. 荣誉激励

C. 以标准分的形式体现 　　　D. 作为晋升晋级的构成部分

7. 您一般在课堂教学上所花时间和课前准备与课后作业批改所花时间的比例是（　　）。

A. 高于 1：2 　　B. 1：2 　　C. 1：1 　　D. 小于 1：1

6. 调研咨询获得的建设建议。

（1）关于分级教学的建议。

第一，分级。将 2015 级学生通过分级考试按现存方式分为特色班、快班和普通班（或 A 级、B 级、C 级 3 个级别）。与原先分级方式不同的是，不再采用相同级别教材进行教学，A 级学生可使用三级教材，B 级学生使用二级教材。真正做到分类指导、因材施教。对于基础差的学生，可考虑设预备级或利用小学期对他们进行辅导。

第二，分类。立足本校特色，以培养适应当代经济和社会发展需要、德智体全面发展、理论基础扎实、知识面较宽、富有创新精神和实践能力的高素质应用型人才为目标，在教学中力求提高学生的语言技能文化素养、学术交流能力和任务能力。以此为基础，大学英语教学的主要内容可分为通用英语（第一、第二学期）、学术英语或高级英语（第三学期）和跨文化交际（第四学期）3 个模块。其中第一模块为必修课，第二模块为限选课，第三模块为选修课。

第三，教学模式。构建以课程中心为平台的自主选择式网络教学、主题互动式课堂教学、项目体验式实践教学"三位一体"的教学模式。

第四，教材。对于第一模块，通用课程可使用"新视野系列教程"，不赞成使用"全新版综合教程"，因为这套课本内容有些老套，不能与时俱进。第二、第三模块的教材由任课教师自行选定。为了能够体现个性化教学，加强教学活动的交际性，促进学生对学习活动的反思和对新的语言现象的关注，学校应允许并鼓励教师使用不同的教学方法，选择适合学生需要的材料进行教学。系里可以给老师们购买近期出版的新教材，如新大学英语、体验商务英语、新标准大学英语等，使教师备课时能有更多的资源，做到省时、高效。

第五，成绩评估。课程评价应既考虑课程的共性，又兼顾不同的学生群体，鼓励教师和学生开展丰富多样的教学评价活动，促进教学方式的改进和教学效率的提高。

总的模式为：校本+学业水平考试+项目或模块内容考试。其中，学业水平考试按级别分为 1 至 4 级，占总成绩的 40%。学生出勤及项目或模块内容考试占 60%。对"基于课堂的项目"的评价体系可依托于阶段性答辩报告、项目实施过程档案袋和研究报告，对学习过程和学习成果进行评价。

此外，还可通过网络测试辅助课堂教学。由于课时有限，学生的大量训练放在课下，可以运用网络系统检验学生学习情况，进一步督促英语学习。

第六，建立第二课堂。设立语言培训中心、翻译工作室、英语协会等，为全校师生搭建学习、交流、展示英语的大平台。围绕英语语言举办丰富多彩的活动，以激发学生的学习兴趣，进一步提高学生的实际综合能力。

第七，加强教师队伍的建设。为了适应新的教学趋势，学校应鼓励教师开设选修课程，并做好相应的培训工作。此外，因目前教师申请课题的难度很大，结项的要求也很高，教师几乎没有搞科研的兴趣和积极性，所以学校应激励并真正支持教师将科研与教学紧密结合，如将所授课程延伸成科研项目。

（2）CUEB 大学英语课程改革建议。

【国际班】

目前学制为一年，建议如表 1.23 所示。

表 1.23　国际班建议

	必修课	限定选修课
上半学年	通用英语（6 学时/周）	语音/语法（各班抽取有需要的学生，2 学时/周）
下半学年	通用英语（6 学时/周）	

通用英语维持现有综合英语、视听说、阅读 3 个板块。

国际班大一课程结束后，在大二和平行班一起进行选修。

【特色班】

目前学制为二年，建议如表 1.24 所示。

表1.24　特色班建议

	必修课	限定选修课
上半学年	通用英语（4学时/周）	语音/语法（各班抽取有需要的学生，2学时/周）
下半学年	通用英语（2学时/周）	专门用途英语（4学时/周）

限定选修课与平行班资源共享，建议开设英美文学及商务英语、英语演讲、影视英语等侧重听说等使用能力的课程。

对于极其优秀的学生，实行必修课自愿免修、用选修课抵学分的政策。（建议为入学考试分数极高的学生额外安排免修考试）

【特色班亟待解决的问题】

第一，明确第二年的教学计划。目前系里计划学生第二年外语课全部由外教讲授，希望提早明确教学内容，避免与限定选修课内容重复。另外，据了解部分学院在大一年级已经开设了双语课，如金融英语等，开设限定选修课前也应统计好这部分双语课，避免重复。

第二，如果设定为一周6课时（国际班选拔出来的，一名任课教师），这样一来教学内容很难统一，进度不一，考试内容也不一样，很难协调。

第三，加大入学考试筛选力度，减少特色班人数。目前特色班内部英语水平差异明显，甚至有的学生对于自己怎么进了特色班都很困惑。这样一来，为了迁就水平一般的学生，很难真正提高教学难度和实施特色教学。建议入学考试严格筛选，缩减特色班人数，真正发挥特色班优势。

第四，特色班人数缩减，真正精英化后，可考虑侧重竞赛辅导。

三、理论模式建构的内容

（一）学生分级

1. 改革背景。

第一，我校学生以北京市生源为主，学生的英语基础好，基本功较为扎实。大学英语四级通过率达92%。

第二，大学英语四级考试成绩与学位直接挂钩。为了进一步满足学生对提前进行大学英语四级考试和加快语言应用能力提高的需求，教务处决定在第一学期期末选取 20% 的学生（450 人）、第二学期期末选取 20% 的学生（450 人）、第三学期期末选取 30% 的学生（675 人）参加大学英语四级考试，并在此基础上推动大学英语教学模式的调整。

第三，北京国际化都市建设步伐的加快，对就业人员的英语应用能力提出了更高的要求。

2. 改革原则。

第一，适应社会对英语教学改革的要求。

第二，满足学生语言应用能力提升和多样化学习的需求。

第三，保证学生英语学习课时。

3. 基本目标。

在学生通过四级的基础上，通过开设能力提高课程、学科课程和自主学习课程，提升学生的语言技能、学科英语应用技能和自主学习能力。

4. 初步建议措施。

第一，部分优秀学生（每学期 20% 左右）分别在第一、第二和第三学期期末提前参加大学英语四级考试。特色班和国际班第二学期期末进行四级考试，通过率预计 98%。特色班在第三学期开设 2 课时的文化课和 2 课时的商务口语（外教承担），第四学期进行与专业相关的语言实践活动。快班第三学期进行四级考试，通过率 85%，第四学期开设商务口语。普通班进行常规授课。

第二，通过四级考试的学生进行语言应用能力提高课程的学习。

第三，充分利用语言学习平台，为学生的英语学习提供多样化的渠道和资源。

5. 初步实施方案。

（1）学生选拔。

①选拔方式。

第一学期：新生在入学后参加英语水平测试，根据成绩择优选取（参照高考成绩）。

第二学期：国际班、实验班的学生。

第三学期：根据学生期末英语考试成绩进行选拔。

②选拔范围。

第一学期：除国际班、实验班外的全部学生。

第二学期：国际班、实验班的学生。

第三学期：未通过或未参加过四级考试的所有学生。

（2）教学组织。

选拔出来的学生组成教学班单独授课。

采用特色化考核与评估模式。

（3）开设课程。

四级考试前参加基于四级知识、技能的大学英语课程（4课时）。

四级考试后参加基于六级知识、技能的大学英语课程，后续为听说与写作课程、语言平台课程。

（4）预期教学模式。

针对第一学期期末参加四级考试的学生，目前设定了3种模式以供讨论（参见表1.25）。

表1.25　教学模式设计

	学生选取范围	教师选取范围	课程选取范围	考核
模式一	从除国际班、实验班外的全部学生中选出20%的学生组成特色班	外语系除国际班/实验班外的所有教师	第一学期：基于四级知识、技能的大学英语（4课时）。第二学期：基于六级知识、技能的大学英语+学科英语（4课时）。第三学期：口语+自主学习（2+2课时）。第四学期：自主学习（2课时）	第一学期：传统模式。第二学期：传统模式。第三学期：口语成绩计为期末最终成绩，自主学习通过即可（以50分为基点，按比例累进）。第四学期：自主学习（以60分为基点，按比例累进）
	国际班、实验班按照传统的6+6模式			

	学生选取范围	教师选取范围	课程选取范围	考核
模式二	国际班、实验班全部学生	国际班/实验班授课教师	第一学期：基于四级知识、技能的大学英语（6课时）。第二学期：基于六级知识、技能的大学英语+自主学习（4+2课时）	第一学期：传统模式。第二学期：期末成绩，自主学习通过即可（以30分为基点，按比例累进）
	从除国际班、实验班外的全部学生中选出20%的学生（450人）组成特色班，采用模式一，将模式一中第二学期的"基于六级知识、技能的大学英语+学科英语（4课时）"调整为"基于四级知识、技能的大学英语（4课时）"，其他不变			
模式三	全校范围选取	前两者搭配	国际班（实验班）采用模式二，且人数达到1位教师的任课量或者其倍数。其他采用模式一	

（5）最终落实情况。

参照高考成绩、新生入学分级考试成绩和我校不同规格的人才培养目标，将学生分为 A 级、B 级、C 级 3 个级别，分别进行大学英语教学。A级主要面向英语水平较高的学生（称为特色班），B 级主要面向国际化培养的学生（称为国际班、实验班），C 级主要面向英语水平一般的学生（称为普通班）。

3 个级别以通用英语类课程、专门用途英语类课程和跨文化交际类课程 3 种课程类型的教学内容为主导，培养学生的多元化英语应用能力和跨文化交际能力（参见表 1.26）。

表 1.26 分级教学的要求

A 级	通用英语类课程教学：参与国际学术交流
	专门用途英语类课程教学：专业领域用英语进行交流
	跨文化交际类课程教学：语言综合应用和跨文化交际实践
B 级	通用英语类课程教学：掌握听、说、读、写、译等语言技能和语言及相关知识
	专门用途英语类课程教学：掌握通用学术英语和职业英语
	跨文化交际类课程教学：增加中外文化知识，提高跨文化意识

续表

C 级	通用英语类课程教学：培养听、说、读、写、译等语言技能并学习基本语言知识
	专门用途英语类课程教学：掌握语言技能、专业和学术交流相关的基本英语表达
	跨文化交际类课程教学：掌握与中西文化相关的基础知识

（二）教学分段

1. 英语技能提高教学阶段。

（1）能力架构、课程设计及实践环节（参见图1.57）。

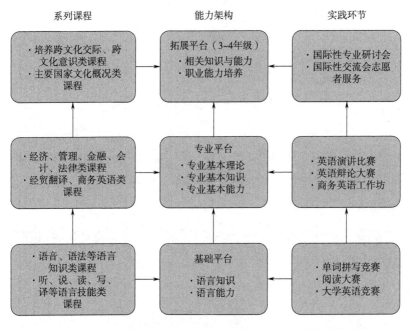

图1.57　英语技能提高教学阶段能力架构、课程设计及实践环节

（2）应用能力培养与探讨（大学英语应用能力口语测试［TEP］项目案例分析）。

TEP是由北京市教委设计、北京第二外国语学院牵头并实施、多所市属和部属高校联合参与的教育教学改革项目，旨在引导我市大学英语教学进入攻克"哑巴英语"的改革深水区，为提升大学生综合英语素质和应用英语能力而进行的有效大胆的探索和改革。

为了使本项目工作顺利进行，学校教务处和外语系领导班子高度重视，外语系从前期参与项目论证到参加项目培训等，做了大量的准备工作。白老师、张老师、吴老师3位老师作为TEP项目在我校的负责人，带领部分担任考官的老师们参加了前期各项培训工作，并对整个测试工作进行了细致的安排和部署。

7月10日，由外语系承办的北京市TEP项目召开口语教学改革工作座谈会，项目组9名大学英语任课教师参与了座谈会，会议由教研室主任主持。

教研室主任针对两学期以来的口语教学及口试改革效果进行了意见征询，大家畅所欲言，对改革中取得的成绩以及出现的问题进行了全面讨论。同时明确此次会议的主题有3个：

第一，新学期将探索应用能力培养的口语教学模式；

第二，总结、分享之前两个学期口语实践过程中学生参与度高的活动；

第三，对之前两学期的口语考试改革形式进行总结，确定新学期3次口语考试的形式以及如何进一步调整口语考试标准。

会上，老师们踊跃发言，提出了很多宝贵的意见，同时针对口语教学过程中有效的活动形式进行了详细的介绍。刘老师视听说课堂上的复述接龙、news report等活动形式深受学生欢迎；柳老师课堂上的学生对话配音、电影配音学生参与度高，效果好；罗老师对于学生作口头展示很有想法，活动的进行也非常顺利、有效；方老师分享了把新词引入课堂、语音教学等方面的经验；张老师、赵老师、杨老师、刘老师等也分享了口语教学实践过程中自己进行的有效尝试。

最后，项目组老师们对下学期拟进行的教学改革活动进行了热烈探讨。与以往不同的是，将对2014级新生进行导学指导，旨在使学生们更快地适应大学英语学习，并能积极参与任课教师开展的教学活动，从而进一步提高应用语言的能力。另外，新生的课堂将引入英语语音方面的指导及训练。此项措施将为学生更好地提高听力、口语水平奠定坚实的基础。

通过本次座谈会，项目组成员们既总结了之前口语教学活动中取得的成功经验，也为未来的口语教学改革工作确立了方向。

10月19日，北京市大学英语应用能力口语测试项目（简称TEP）在我校全面展开。经过前期论证、考官培训、方案修订、试题印刷、考场安排、考务工作协调等全面精心的筹备，TEP项目于10月19日早晨8点正式开始。为全面落实项目测试要求，外语系领导、10名考官、3位管理人员参加了当天项目测试工作，11名志愿者参加备考和测试组织工作。来自全校各院系的206名考生报名参加本次口语测试，其中中级考生80人，初级考生126人。考生被分别安排在5个备考室中进行前期准备，根据安排由志愿者引领到指定的考场，以考官和考生2对2对话的方式进行口试，每组考生测试用时10分钟。经过4个多小时，测试于13点全部结束。

自北京市教委组织实施的大学英语应用能力口语测试项目（TEP）在我校启动以来，我校作为项目测试主要承担高校，目前已完成200名学生的初、中级测试工作。通过前期参加项目培训、测试，以及数据信息收集、整理，特别是在学校教务处的支持下，外语系确定将提升我校大学生英语应用能力培养模式教学研究作为未来一年的工作重点。大学英语教研室具体承办本项工作，大部分公共外语教师投入本项目的前期培训、测试和TEP项目内化研究之中。

11月20日，TEP项目组主要成员召开专题会议，研究在我校开展口语应用能力未来规划以及试题库建设工作。白云红主持会议。通过前期对2012、2013两个年级学生"大学英语口语需求调查问卷"的情况进行汇总，并根据教学期中检查同学们反馈的需求等信息，按照学生能力培养导向原则，结合外语系教学科研整体战略，项目组成员对加强口语能力培养达成一致意见。

专题会上，大家围绕大学英语口语测试题库建设要求，结合 TEP 测试情况，对口语测试题目进行了全面整理，对所有题目进行了逐一审校和论证。大学英语口语试题库的建设是大学英语课程建设和大学英语教学模式及测试改革的重要组成部分，将为课堂教学改革和口语应用能力标准的确立奠定基础。会上，大家还围绕学生的英语应用能力培养，研讨了未来设立口语实验班工作的可行性。

社会、学校、学生对于英语应用能力的需求在不断提升，英语改革措施也在不断推出，我校国际化人才培养工作不断推进。这些变化是压力，更是挑战。只有及时应对、未雨绸缪，才能为首经贸青年学子提供有力支持和帮助。专题会开到月上树梢才结束。项目组成员们的专题研讨取得阶段性成果，根据 TEP 项目调查问卷分析结果、国际班教学需要及未来应用能力培养目标，外语系还将就输出能力培养、国际班课堂教学、学术英语能力培养等做进一步专项专题教改研究。

（3）学生英语应用能力提高实践（见光盘）。

2. 人文素质提升教学阶段。

（1）教学总体概述。

根据学校的精神，结合我校大学英语发展现状，以人文培育和教学改革为主线，加强了实践环节，夯实了语言基础；引进了先进的教学方法和理念，更新了教学内容，进行了影响深远的教学改革，凸显了我校教学特色。

以应用型人才培养为指导，以"人文培育"为抓手，多角度、全方位开展工作，提高学生英语素养，同时加强人文精神的培育。

在课堂教学方面，以综合英语课程为试点，贯彻"人文培育"精神，进行教学改革。改变原有的分析文本、单纯语言教学的模式，将培养学生的人文意识作为主线，采用了国际先进的翻转课堂教学模式，将多种活动融入课堂教学中，如采访、辩论、演讲、深度阅读、文献分析、讲座心得分享等。鼓励学生多读书、多思考、多实践，围绕每堂课的内容进行人文知识的扩充。我们还鼓励教师开设中西文化、演讲与辩论等课程并编写相关教材，完善"人文培育"的第一课堂。

在第二课堂的建设上，继续开展了"人文培育"系列活动。本学年的人文培育分为4种形式。第一种形式仍然以人文知识输入的讲座为主。例如：北京大学世界文学研究所教授、博导、所长辜正坤莅临我校做题为"莎士比亚研究三大法门略论"的学术讲座；资深翻译家朱曼华老师为师生做题为"自学英语和《中国历代诗词英译集锦》的旧事"的讲座；北京大学博士生导师王岳川教授应邀来我校做题为"外语人与中国文化"的专题讲座。第二种形式增加了学生实践的内容，让学生亲身感受人文内涵。例如与国际学院留学生进行交流活动，增进对中外文化的认知；以中法建交50周年为契机，由栾婷老师带队到法国文化中心进行参观交流。第三种形式开启了文化周的活动，如走近莎士比亚——外语系"人文培育和科研提升"文化周。在文化周期间，外语系协同图书馆举办了"莎士比亚经典阅读周"；学生主办了莎士比亚经典话剧欣赏（影视版）、欧美知识竞赛—走近莎士比亚；教师与学生共同举办了"我看莎翁"文化沙龙，从人文、历史、地理等不同视角，从戏剧、诗歌、书信等不同体裁，以学术研究、观点交流、信息分享等不同形式，缅怀莎翁，畅谈莎翁。第四种形式改革了英文经典阅读读书报告的写作形式，并将近3年来的阅读读书报告进行编辑整理，以《创新写作》为题进行出版。至此，"人文培育"系列活动已经开展了12场文化学术讲座，"走进国博，亲密接触地中海文明""中外学生文化交流""中法建交50周年文化交流"3场人文培育的实践活动，"莎士比亚经典阅读周""莎士比亚经典话剧欣赏（影视版）""欧美知识竞赛——走近莎士比亚""'我看莎翁'文化沙龙"等纪念莎士比亚诞辰450周年的主题文化周活动，以及持续近3年的经典阅读活动。

（2）基本内容。

宗旨：形成英语人才培养的知识构建（知识与信息等）、能力构建（交流、沟通、合作、团队精神等）、思维构建（创新、辩证）和品质构建（自我认知、自我培养）的人才培养体系。

目标：通过教师输出、学生输入、学生输出的模式，最终形成"人文培育"的内生机制；通过学生输出、社会输入、社会反馈的模式，形成"人文培育"的外生辅助机制；通过学生输出、教师输出、教师成长的模式，形成"人文培育"的动力机制。

■ 内容：

①人文知识。

课外：文学知识（阅读经典的简写本，撰写读书报告，进行语言输出能力训练；重读经典，从美学、生态、流派等角度撰写小论文，进行思想输出能力训练；大三开展学生论辩课堂，进行思维输出能力训练）、专家讲座（中西文化）。

课堂：文化知识（介绍中国国学知识）、专业知识（课堂上的经贸英语点滴）。

②人文意识。

传统与现代交融：课堂采用现代的教学手段，但在某种程度上回归传统课堂，如板书、不带手机等；同时引进国际先进的教学理念和方法，使教学与时俱进。

尊师重教的理念：传承尊师重教的人文理念。

③人文精神。

学生及教师志愿者：辅导全校大学英语晚自习；和教师组成团队，建设英语辅导资料库，辅导新疆班学生英语晚自习。

课程内容挖掘：以综合英语课程为核心，挖掘教材中的人文性。

■ 路径：

教师人文（人文输出）：

知识输出：课堂教学摆脱纯语言教学的思路，摆脱单纯的词汇、语法和句子分析的单项教师主控模式，挖掘语言的文化内涵和时代内涵，将讲话的语言转化成有生命力的语言。

知识内涵：文学、文化、文明的人文知识；与专业相关、与学生未来发展相关的最新专业知识。

理念输出：语言工具性与人文性的融合。

方法输出：互补式循环路径。

人文关怀输出：教师利用业余时间（中午午休）为学生进行辅导。

学生人文（人文输入）：

课堂的知识输入。

自我信息输入（与课文相关内容的"自我获取"输入）。

形式：

外输入：课堂教学，专家讲座。

内输入：学生自我社会实践（晚自习志愿服务、新疆班志愿辅导）（与学习内容相关的校内外采访、调查等）；自我理论提升（基于学生研究兴趣的学生"视频课堂"）。

理论基础：磁场效应。人文精神就是一个场，它会产生很大的辐射效应。

展望：形成"教师讲出人文、学生人文内涵、将人文感染社会"的正能量传输机制。

（3）教师人文输出——人文培育讲座（参见表 1.27）。

表 1.27　人文培育讲座（部分）

主讲人	讲座题目	讲座时间
王文斌教授，北京外国语大学博士导师、校长助理、中国外语教育研究中心主任	从图形与背景的可逆性看一词多义的成因和教学——以汉语动词"吃"和英语动词"make"为例	2014 年 12 月 24 日
林存光教授，中国政法大学博士生导师	孔子与中国传统文化	2014 年 12 月 4 日
王异虹副教授，北京大学新闻与传播学院跨文化传播与管理研究中心	从语言文学到跨文化交际理论与方法的变迁	2014 年 10 月 9 日

续表

主讲人	讲座题目	讲座时间
卢敏译审，中国外文局全国翻译专业资格（水平）考试（CATTI）考评中心	如何成为合格的职业译者	2014 年 9 月 26 日
韩刚，乐思福教育创始人	口译掠影：如何学习总理答记者问	2014 年 6 月 25 日
辜正坤教授，北京大学世界文学研究所所长、博导	莎士比亚研究三大法门略论	2014 年 6 月 11 日
朱曼华教授，首都经济贸易大学基础部原副主任，资深翻译家	自学英语和《中国历代诗词英译集锦》的旧事	2014 年 6 月 4 日
户思社教授，西安外国语大学原校长，中国人民对外友好协会副会长	法国象征主义及外语学科研究方法	2014 年 5 月 17 日
王岳川教授，北京大学中文系博士生导师	外语人与中国文化	2014 年 4 月 9 日
王瑞昌教授，首都经济贸易大学马克思主义学院教授	走近国学	2014 年 3 月 20 日

案例 1：人文教学研讨——外语系举办"走近莎士比亚"英语沙龙

2014 年 5 月 15 日下午，外语系莎士比亚活动周之"走近莎士比亚"英语沙龙在明辨楼 306 教室举办。此次活动以英国大文豪莎士比亚诞辰 450 周年为契机，为喜好英语文化的老师、同学们搭建了一个良好的交流平台；同时也是一次思维上的碰撞，让参与者对莎翁有了更加深刻的了解，对提升英语文化内涵具有重要意义。外语系党总支书记兼副主任刘老师，主任朱老师，副主任刘老师、张老师，外语系杨老师、朱老师、郝老师、张老师以及各院系对莎士比亚感兴趣的学生参加了此次活动。

沙龙伊始，刘老师用几句耳熟能详的经典台词拉开了本次活动的序幕。

朱老师为大家讲述了她参观莎士比亚故居的经历及感受，一张张生动形象的照片，带领现场的所有人前往那个遥远的国度去追寻莎士比亚的足迹。

朱老师提及莎士比亚文集进入中国后被译成多种版本，不同版本各有特色。杨老师以此为出发点，谈到莎士比亚文学进入中国的时间点，并从戏剧历史的角度对莎剧进行了介绍和分析。

刘老师认为，莎士比亚悲剧之所以著名是因为其作品深刻剖析人物的内心世界，从细节之处深入刻画人物的内心活动，使读者在人物对白中时刻感受到剧中人物内心的痛苦挣扎，因此产生强烈的悲剧效果，这种表现手法在中国的很多文学作品中也较为常见，就这点而言，中西方文化是有很多相通之处的。

张老师从莎士比亚作品的人文精神出发，提出从其作品中可以看到古希腊、古罗马文化的影子，但又成功地避开经典影响，开创了具有自己独特风格的作品。莎士比亚的十四行诗中既有前人的韵味，又独具特色。从这个角度而言，莎士比亚的文学艺术影响是承前启后的。

最后，朱老师向现场学生提出问题"读文学究竟有何用处？"。他在随后的解答中说道，马克思说过社会是人与人关系的总和，从这个角度出发，文学即人学，旨在教会人们做人的道理。

参加活动的同学表示，本次活动使大家对莎士比亚文化与精神都有了一个更加深刻的了解，活动的举办弘扬了文学精神，促进了师生间的交流。(材料来源于首都经济贸易大学外国语学院网站)

案例 2：外语系"人文培育"之——我与外国留学生聊文化

活动宗旨：

为了增强首都经济贸易大学的国际化氛围，增进中国学生与外国学生之间的感情，丰富我校中国学生、外国学生的业余生活，营造全方位语言文化学习氛围，为学生提供零距离的沟通交流和了解中外文化的机会，外语系拟举办本次与留学生交流活动。

活动时间：

10 月 15 日 14：30—16：30

地点：

A 方案 图书馆门前广场

B 方案 大学生活动中心区（下雨天）

活动流程设计：

拟邀请 60 名中国学生，30 名外国学生参与本次活动。分成 A、B、C 3 个小组，每组由 20 名中国学生、10 名外国学生构成。每组选 3 位小组长。小组长负责随车去红庙校区接留学生、带领本组成员活动、活跃气氛等。

A 方案 将 20 张桌子摆在广场两侧，一侧为包饺子区域，一侧为毛笔字区。

30 分钟：自我介绍。以小组为单位围成一圈，大家进行组内自我介绍，自由聊天互动。

30 分钟：A 小组包饺子，B 小组写毛笔字"友谊地久天长"，C 小组参观校园。

30 分钟：B 小组包饺子，C 小组写毛笔字"友谊地久天长"，A 小组参观校园。

30 分钟：C 小组包饺子，A 小组写毛笔字"友谊地久天长"，B 小组参观校园。

由小组长对本组表现进行总结发言，再由组织者进行总结陈词，对每位参加此次活动的留学生赠送剪纸书签一枚，欢送留学生返校。

B 方案 参观校园活动改为学习打中国结。

活动筹备：

报名工作：10 月 9 日前统计清楚参加此次活动的人员名单。

技能培训：10 月 12 日晚对 3 组小组长召开一个简短的培训会，讲清楚沟通事项和一些基本的包饺子、写毛笔字、打中国结的技能。

预算：

电磁炉：2 台（可向食堂借用）。

锅：2 口（可向食堂借用）。

包饺子：每人包 5 个，共 375 个，所以共需 400 个饺子皮儿。一斤馅儿能包 30~40 个饺子，因此共需 12 斤馅儿（5 斤素馅、5 斤猪肉馅、2 斤羊肉馅分开盛）。案板 5 个。一次性手套 100 只。

写毛笔字：一名外国学生在中国学生辅助下完成一张作品，60 张宣纸，每组 3 个中国学生用一支毛笔，外国学生一支，可重复使用，因此共 9 支毛笔。墨汁 3 瓶，小矿泉水瓶 9 个，抹布 3 块。

打中国结：红绳、剪刀。

纪念品：书签 30 枚。

水：5 箱。

分工：

第一组：

- 为小组提供话题 2~3 个。
- 统计各班报名人数（回民人数，汉民人数，会包饺子的人数）。
- 联系留学生院（留学生院负责人：×老师）。
- 培训小组长（打中国结）。
- 督场（计时间，保证活动的流畅）。
- 在所有组活动结束后打扫会场。

第二组：

- 9 月 10 日前上报预算中各类物品的报价（单价，已在预算项用红色标出）。
- 培训小组长（打中国结）。
- 9 月 15 日前采买完毕。
- 督场（保证活动参与度）。
- 在所有组活动结束后打扫会场。

第三组：

- 现场拍照。
- 通讯稿。
- 在微信公众号平台宣传。
- 在所有组活动结束后打扫会场。

（三）课程分类

在课程内容上，《大学英语教学指南》建议，大学英语的课程体系由通用英语类课程、专门用途英语类课程和跨文化交际类课程3种课程类型构成。通用英语类课程强调基本英语技能和综合文化素质，体现大学英语的基本社会属性和功能；专门用途英语类课程培养学生的学术和职业素养、从事专业和学术交流以及未来工作的能力，体现大学英语的工具性特征；跨文化交际类课程有助于增强学生的跨文化交际意识，提高学生的跨文化交际能力，体现大学英语的人文性特征。

在课程属性上，大学英语课程分为必修课、限定性选修课和任意性选修课，必修课强调大学英语的基础性和通用性，选修课强调大学英语的多元性和专业性。

在教学手段上，大学英语课程体系包括线上课程和线下课程。线上课程以满足学生的个性化需求为目标，注重现代信息技术手段的应用；线下课程采用现代化、国际化的教学模式，强调教师主导、学生主体、师生之间、生生之间的互动与合作。

四、实践体系建构

（一）多元化内容学习系统

1. 课程体系（部分代表性课程内容）。

（1）"大学英语人文素养"网络视频课（参见网络）。

（2）"财经大学英语"慕课章节设定及内容规划（参见网络）。

Part One

Chapter One   Creative Industries 创意产业

Chapter Two   E-Commerce 电子商务

Chapter Three   Green Economy 绿色经济

Chapter Four   Intellectual Capitalist 知本家

Chapter Five   E-Payment 网络支付

Chapter Six   Butterfly Effect 蝴蝶效应

Chapter Seven   Virtual Currency 虚拟货币

Chapter Eight   Gross National Product（GNP）国民生产总值

Chapter Nine   Risk Investment and Venture Capital 风险投资与风险资本

Chapter Ten   The Holiday Economy 假日经济

Part Two

Chapter One   Financial Institutions & Markets 金融机构与市场

Chapter Two   Operations Management 运营管理

Chapter Three   Management of the Innovation Process 创新管理

Chapter Four   Strategic Management 战略管理

Chapter Five   Real Estate Finance & Investments 房地产金融与投资

Chapter Six   Organizational Behavior 组织行为

Chapter Seven   Behavioral Finance 行为金融学

Chapter Eight   Marketing 营销

Chapter Nine   Investment Management 投资管理

Chapter Ten   Overview of Financial Regulation 金融监管概述

Part Three

Chapter One   Forms of Business Ownership 企业产权形式

Chapter Two   Business Start-up 企业创建

Chapter Three   Corporate Ethics and Corporate Culture 企业道德与企业

文化

Chapter Four Management 管理

Chapter Five Production and Operations 生产与运作

Chapter Six Globalization 全球化

Chapter Seven Human Resource Management 人力资源管理

Chapter Eight Finance 金融

Chapter Nine Electronic Commerce 电子商务

Part Four

Chapter One Wealth Management 财富管理

Chapter Two Business Types 企业形式

Chapter Three Corporate Management 公司管理

Chapter Four Markets 市场

Chapter Five Investment 投资

Chapter Six International Trade 国际贸易

Chapter Seven Import and Export 进口与出口

Chapter Eight Technology Transfer 技术转让

Chapter Nine Invitation for and Submission of Bids 招标与投标

Chapter Ten Inquiry and Offer 询盘与报盘

Chapter Eleven Packing and Shipment 包装与运输

Chapter Twelve Insurance 保险

Part Five

Chapter One Theory of the Firm 企业理论

Chapter Two Work and Pay 工作与报酬

Chapter Three Investment and Risks 投资和风险

Chapter Four Global Economy 全球经济

Chapter Five In the Bank (Financial Institutions and Markets) 银行（金融机构与市场）

Chapter Six   International Trade Negotiation 国际贸易谈判

Chapter Seven   Housing 住房

Chapter Eight   Pricing 价格

Chapter Nine   Taxation 税制

Chapter Ten   Environmental Economy 环境经济

Part Six

Theme：Personal Finance Management   主题：个人财富管理

Chapter One   Opening a Bank Account 开户

Chapter Two   Banking Business 银行业务

Chapter Three   Transferring Money 转账

Chapter Four   Applying for a Credit Card 申请信用卡

Chapter Five   Exchanging Foreign Currency 货币兑换

Chapter Six   Dealing in Stocks 股票交易

Chapter Seven   Buying Insurance 购买保险

Chapter Eight   Applying for Loans or Mortgage 申请贷款

Chapter Nine   Online Bank Service 网上银行服务

Chapter Ten   Banking Statement / Dealing in Foreign Currency 银行存款证明/外币交易

参考书目：

《实用财经英语》（北京师范大学出版社）

《财经英语看世界》慕课建设研讨（参见图 1.58）

《财经英语》（电子工业出版社）

（3）托福听力与口语、托福阅读与写作。

2. 教材体系（部分校本编写教材）。

《经贸翻译综合教程》，首都经济贸易大学出版社 2011 年版。

《英语修辞与商务写作》，首都经济贸易大学出版社 2013 年版。

《外贸英语函电》，东北财经大学出版社 2015 年版。

图 1.58　大学财经英语慕课建设过程

3. 教学模式体系（案例分析）。

（1）翻转课堂教学模式。

翻转课堂教学改革启动

2014 年 1 月，刘老师等 7 名教师在明辨楼 316 教室组织召开翻转课堂教学改革研讨会。首先，大家对"翻转课堂教学"概念的内涵、形式、实施程序以及在我校英语教学中推行"翻转课堂教学"的意义进行了解读与分析。随后，大家从学期规划、课堂设计、评价体系、政策支持和前期准备等几个方面进行了热烈而认真的研讨。

第一，学期规划。大家从学期整体规划和安排入手，将一学期分成几个时间阶段，计划分期、分级逐步深化实验改革。

第二，课堂设计。在课堂设计层面，集中讨论了"课前布置任务""课堂进行的内容""课后需要完成的内容"3 个问题。针对"课前布置任务"，大家讨论之后形成了 3 项选择：教师授课的视频材料；教师精选的阅读材料；教师授课的 PPT。无论哪种材料，都会附带 5~10 个问题供学生思考。在"课堂进行的内容"方面，将其化解为4个组成部分：针对"课前布置任务"的测验；针对预习内容的检查，包括学生讲解和教师提问两种形式；教师对重点、难点内容和文化背景的讲解，主要是以提出的一些有深度、有意义、值得探讨的高层次问题为引导；引发学生对自己查找的资料或所完成的任务进行讨论。在"课后需要完成的内容"方面，主要进行以"语言应用能力"训练为主的自主学习与训练。

第三，评价体系。该教学模式主要采用过程性评估的考核方式，加大平时考核分数所占的比例，形成全新的学习评价体系：测验10%，讨论20%，观点陈述5%，写作5%，视听说平台训练10%，演讲10%，出勤10%，期末考试30%。这一评价体系意在将期末考前的突击式学习模式改变为平时的激励式学习模式。

第四，政策支持。"翻转课堂教学"是在网络平台进行的，所以要为学生创造及时而便利的网络环境，同时在资料和设备方面提供配套支持。

第五，前期准备。为了更好地实施这一教学改革，大家就建立公共邮箱、假期资料的收集与梳理、平时的定期交流等达成了一致意见。

"翻转课堂教学"是学校以改善课堂教学形式、提升课堂教学效果为核心的教学改革，外语系作为试点单位，已将其确定为2014年教学工作的重点。相信外语系师生会以此为契机，探索出一条具有时代特色的教学改革之路。

实现从"形式"到"内容"的转变
——外语系"翻转课堂"教学改革研讨会

外语系"翻转课堂"教学研讨会于5月8日下午2点在明辨楼306教室举行，外语系领导班子、教研室主任和项目组成员参加了本次会议，会议由教学副主任刘老师主持。

首先，刘老师对外语系开展"翻转课堂"教学模式改革的整体工作进行了回顾，从改革背景、学校要求、整体设计、阶段目标、实施细节等方面进行了解读，对项目组进行的课堂教学改革实践进行了阶段性总结，认为自采用"翻转课堂"授课形式以来，任课教师结合自身的特点、优势，综合考虑了学生的专业和英语水平等因素，采取了形式各异、新颖独特的教学模式，充分挖掘了学生的自主学习潜力，提高了学生的课堂参与度。接下来，王老师和白老师分别基于这个学期以来的教学实践，跟大家分享了"翻转课堂"通过课堂的内容布置、学生课前预习、课后完成情况的检查、分组讨论并汇报演讲等方式来进行课堂教学模式的改革；刘老师、罗老师更是将时下热门的新闻事件引入课堂的讨论，并利用辩论和演讲等形式来增加学生自主学习的兴趣，通过引进激励机制提高课堂学习的活跃度，通过灵活的测验环节和手段来检验学生的学习效果；柳老师对普通班课堂教学的现状进行了分析；刘老师从外文报纸、杂志和网站等不同渠道补充学生的学习资料等方面进行了分享。在"翻转课堂"的教学改革实践中，老师们也发现了其中存在的一些问题：有少数学生存在抵触情绪，始终无法接受新的教学方法，不愿意主动发言；有的学生在小组讨论中偷懒，不去完成老师所布置的课下作业；在"翻转课堂"之后没有相应的数据或方法与之前传统课堂教学进行对比，从量化角度评测翻转后教学效果的变化也存在一定难度；普通班进行"翻转课堂"教学的难度大大高于快班和国际班等。与会教师便围绕着上述问题展开了热烈的讨论，集思广益，探寻解决之道。讨论期间，外语系主任朱安博教授从个人的理解角度，提出了指导性意见；张老师、赵老师、杨老师、王老师、郝老师等也在讨论中发表了自己的看法；杨老师提交了课堂实践的书面材料。最后，副主任刘老师感谢各位教师积极配合外语系开展本次"翻转课堂"教学改革的尝试，对大家所取得的成绩都表示了肯定，并鼓励所有老师继续将"翻转课堂"教学做好、做出特色，学校和外语系将为建设有外语特色的"翻转课堂"提供专门的办公设备和更多的调研机会。

"翻转课堂"教学改革任务落实研讨会

9月16日上午，外语系在明辨楼118教室举行了本学期第一次"翻转课堂"教学研讨会，10 名教师参加了研讨。

外语系教学副主任首先对开学初外语系有关慕课教学尝试以及建设思路做了汇报，对本学期"翻转课堂"的基本任务进行了安排。结合暑期进行的培训和交流，大家围绕本学期"翻转课堂"教学改革的重点进行了研讨。王老师就第一单元视听材料的收集与应用和大家进行了分享，白老师、刘老师针对"新生导读课"的形式、内容与进度进行了组织与设计，柳老师、武老师、方老师就如何在课堂教学中安排语音知识进行了细致的研讨，杨老师就第 6 单元的教学内容谈了自己的想法。考虑到二年级大学英语教学的实际情况和学生的需求，张老师、赵老师、王老师和方老师等 4 位老师进行了模块式分工，大家从听、说、读、写、译等几个英语技能模块入手，每人具体一个模块进行精心准备。经过热烈的讨论，大家一致意识到完善网络平台建设的重要性与迫切性，也提出了良好的建设建议。

此次研讨会为本学期深入进行"翻转课堂"教学改革明确了方向，也提出了具体的建设思路，对提高我校大学英语教学水平具有很大的促进作用。

2013 级 10 班、25 班、41 班翻转课堂教学计划

课前任务：

第一步：提前两周把要学习的单元的 PPT 发送到公邮里，供学生提前学习（PPT 内容包含重点单词及词组的讲解，重点句型及结构的分析，补充练习等）。

第二步：每班学生分为 8 组，各组抽签认领半课书的任务。学生需要在老师给的 PPT 的基础上自己再准备一个 PPT，根据学生自己的实际情况来讲解重点单词、词组、句子，同时各组学生设计 5 个跟课文相关的问题供同学们课堂讨论，最后每组找一篇跟课文题材相关的阅读材料，准备 2~3 个问题供大家课堂讨论，并提前一周发送到公共邮箱里，让大家提前阅读。

课堂任务：

第一步：每单元开始学习前先进行小测试，内容包括课文中要掌握的单词、词组、句型。

第二步：小组学生讲解课文重点单词及词组，提出问题，其他学生打乱分组，进行讨论，并让部分学生代表该组回答问题。

第三步：课堂讨论两篇文章几个问题，并让同学们当堂设计几个问题供大家讨论。

第四步：教师就学生的PPT、课堂讲解、问题的提出、材料的准备等进行分析。

第五步：挑选课后部分练习进行讲解。

课后任务：

第一步：学生复习课文内容。

第二步：完成一篇跟本单元题材相关的作文。

分值的分配：

期末考试：30%

口语考试：10%

平时成绩：60%

课前小测验成绩

课堂演讲成绩

课堂回答问题成绩

小组准备成绩

作文成绩

听说教材课后作业成绩

翻转课堂教学模式尝试
——2012级第四学期（普通班）

本学期的3个教学班学生共132人，为普通班，其中38位学生在第三学期提前通过了四级考试（目前在为六级考试做准备），其余学生本学期完成四级通级任务。因此，学生们希望得到更多的通级辅导。在此背景下，实行翻转课堂教学实践的同时，还要兼顾学生的需求。

本学期翻转课堂教学模式实验计划如下：

首先，随着课堂教学模式的改变，成绩的分配将有明显的改变。具体分配：出勤+课堂表现20%、自主学习15%（其中，课文预习测验5%、学生小组完成3个单元的课前预习口头报告10%）、书面作业15%（含10篇作文、5篇段落翻译）、完成课外听说任务10%、学生个人口头汇报10%、期末考试30%。

其次，新的模式下，学生要认真完成课前预习任务。每个单元学习前，教师提前两周布置3~4个小组任务，其中涉及课文语言点的提炼、相关背景知识介绍以及相关主题深入的思考（与目前热门话题有紧密相关性，学生觉得有挑战）。参与汇报的小组提前把准备的材料或PPT发到教师邮箱，以确保材料难易程度适合，无语法错误。其他学生完成课文预习，并准备在课堂教师讲授前接受预习测验。

再次，学期初，教师给学生提供了视听说教材涉及的每个主题2个左右的口头汇报题目（与写作训练紧密联系，因为给出的题目与热点作文话题有很大的相关性）。每个学生在第一周完成话题的选择，并在安排好的时间里进行认真的准备，在课堂完成口头汇报后，再完成一篇相关主题的作文。

最后，外研社视听说网站本学期投入使用后，要求学生在该网站完成每个单元教师布置的听说任务以及单元测验（试题由教师组织，学生测验分数须在70分以上）。

总之，读写与视听说两本教材学习过程中，学生有大量的预习、自学和深入思考等相关主题的各项任务。学生感到要求高了，课前课后要完成的任务多了，课上也要比以前更加踊跃地参与课堂活动。教师的备课任务增加了很多，同时，还要进行通级辅导，感觉压力很大。但希望通过课堂教学模式的改革，学生课堂参与度更高、自学能力更强、收获更大，从而有效提高语言应用能力。

（2）口语网络教学（FiF 口语训练系统）。

首都经济贸易大学
FiF 口语训练系统使用方案

使用对象

大二英语实验班。

课时安排

口语课 2 课时/周，其中课堂教学 1.5 课时，课堂在线学习 0.5 课时，并开展课后自主学习。

使用模式

混合教学模式，通过线上线下相结合的方式高效开展学生的口语教学活动（参见图 1.59）。

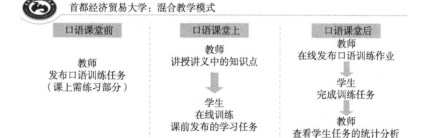

图 1.59 混合教学模式

【口语课堂前】

课前，根据教师的教学计划，我们可以帮助教师将学生需要课上练习的内容通过 FiF 口语训练系统发布给学生（教师也可自己操作发布训练任务）。

【口语课堂上】

前 1.5 个课时：教师以讲授为主，重点处理讲义中的知识点，采取传统课堂教学模式。

后 0.5 个课时：教师在课堂上组织学生使用 FiF 口语训练系统在线训练课前发布的学习任务，学生在练习过程中即时获得评测反馈，教师可进行针对性答疑。

【口语课堂后】

根据教师的教学计划，我们可以帮助教师通过 FiF 口语训练系统给学生发布口语课后作业内容（教师也可自己操作发布训练任务）。

学生会接收到教师发布的任务通知和截止日提醒，按时完成教师发布的任务，在完成任务的过程中即可获得即时的机评反馈，自主发现口语训练中的问题并进行纠正，通过反复练习提高任务成绩。

任务结束后，教师可通过任务管理模块查看所带班级学生此次任务的成绩，对本次任务学生的分数排名了然于心，重点关注个别学生的训练录音和得分（总分和维度分），可将历次任务得分和完成情况作为平时分纳入口语课成绩考核，逐渐形成口语训练的形成性评估体系。

学期中和学期末，教师可通过统计分析模块查看所带学生在一段时间内口语训练的表现，综合成绩可导出 Excel 表格，方便计为学期成绩的一部分。

内容资源

【FiF 口语训练系统–预置内容】

■ 生活类

生活英语涵盖最常见的日常生活场景，旅游出行、生存英语、留学海外、日常交际四大情景矩阵为英语口语学习提供切实可行的、丰富的"生存必备"语料。内容囊括各场景英语交际时所需要的词汇、句式及常见表达方式与策略性应对语言。

【旅游出行】模块共 5 个单元，29 个关卡。主要包括：问路、乘车、机场、酒店和计划出行。

【生存英语】模块共 13 个单元，76 个关卡。主要包括：购物、餐厅、银行、邮局、理发店/美容店、医院、保险、洗衣房/裁缝店/照相馆、租房、剧院/电影院、观看体育比赛、健身和聚会。

【留学海外】模块共 7 个单元，45 个关卡。主要包括：新生入学、学业活动、学校设施、日常生活、社交场合、校园活动、毕业和求职。

【日常交际】模块共 8 个单元，40 个关卡。主要包括：基本社交表达、表达观点与态度、表达意愿与偏好、表达积极情感、表达消极情感、建议与劝导、询问、请求与邀请、会话策略。

■ 基础技能类

主要训练学生英语发音的基本功，由北京外国语大学屠蓓教授对国际音标中易混音逐一进行对比示范和讲解，配套音标训练帮助学生全面掌握国际音标标准发音。

【音标】模块共 4 个单元，26 个关卡。主要包括：元音（上、下）和辅音（上、下）。

■ 话题表达类

以托福和雅思口语考试历年真题、题目详解、话题分类及高分答案作为基础，主要以内容话题作为分类，帮助学生较好地表达个人意见、情感和观点；陈述事实、理由和描述事件或物品；就熟悉的观点、概念、理论等进行阐述、解释、比较和总结。

【雅思】模块共 30 个单元，96 个关卡。主要包括：爱好兴趣类（电影、电视节目、网站、体育运动/游戏、交通方式、书/杂志）、物品类（家具、工艺品、工具、衣服、首饰、照片、动物）、地点类（公园、城市、博物馆、图书馆、河流湖泊、传统建筑、现代建筑）、经历类（旅行、聚会/婚礼、广告、重要决定/改变、建议）、人物类（家庭成员、老师、朋友/邻居、成功人士、冒险家）。

【托福】模块共20个单元，120个关卡。主要包括：具体事物、抽象事物、事件、教育、媒体、文化、科技和生活。

【FiF 口语训练系统-自建内容】

FiF 口语训练系统中的自建题库利用语音合成技术，可将任意文本内容一键生成可评测的口语训练题。我们可以帮助教师将课堂训练内容的文本制作成可以机评的口语训练题（教师也可以自建），并将此类训练题发布给学生作为训练内容。

口语任务报告

任务基本信息

任务名称：英语口语作业 0325

任务时间：2016 年 3 月 24 日—2016 年 3 月 27 日

发布班级：2014 级刘老师 4、2014 级刘老师 5、2014 级刘老师 6

完成度：48%

任务内容：生存英语-餐厅；日常交际-建议与劝导；雅思口语-人物类-成功人士

任务报告，参见表 1.28。

表 1.28　综合统计（班级整体情况）

班级	院系	年级	任务完成度	任务平均分	流利度	准确度	完整度
刘重霄 4	首都经济贸易大学	2014	55%	52	55	48	58
刘重霄 5	首都经济贸易大学	2014	35%	41	43	39	45
刘重霄 6	首都经济贸易大学	2014	41%	35	37	33	40

成绩分布统计，参见图 1.60。

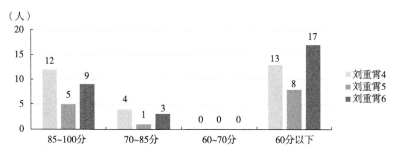

图 1.60 成绩分布

任务完成统计（参见图 1.61）

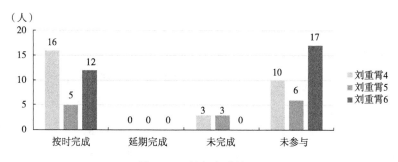

图 1.61 任务完成情况

在线查看方法

如想获得更多任务信息，请登录 FiF 口语训练系统，具体步骤如下：

第一，在浏览器中（推荐使用 Chrome 浏览器）打开 http://www.fifedu.com，点击"登录"按钮，输入用户名和密码，登录 FiF 云学习平台。

第二，选择平台上的"口语训练"，点击进入。

第三，在口语训练首页即可看到"英语口语作业 0325"这一任务，或点击上面导航中的"任务管理"也可看到该任务。点击任务右侧的箭头，进入任务详情。

第四，任务详情展示了任务的基本信息，点击下方的"成绩报告"按钮，即可查看任务成绩报告。

第五，成绩报告分为综合统计、成绩分布统计、任务完成统计。每一部分都能深入查看详细信息，例如点击综合统计下的每一个班，可以查看班级里每个同学的成绩和录音。

更具体的操作说明详见"FiF 口语训练系统使用说明–教师 PC 端"。

4. 测评体系。

（1）我校首次大学英语期末机考成功推行。

随着多媒体、计算机技术和网络在高校的普及，无纸化、网络化办公已经成为高校教学、管理过程中一个不可或缺的重要组成部分。而作为教学工作的末端，大学英语考试管理是网络化普及的重点和难点。科学合理地利用校园网开展网络教学，可以缓解高校考试过程中大学英语公修课学生多、工作量大的问题。而大学英语考试系统在考试过程中的应用不仅提高了大学英语考试效率，增强了考试的公平性，同时也降低了老师改卷的压力。

经过外语系和教务处的多次协商合作，外语系语音室、经管实验中心和信息学院提供了 1 324 台电脑机位。经过听取多家公司的介绍并交流，比较各个公司的软件开发和应用性能之后，外语系经过投票选择了优质的考试软件开发商，由该公司负责考试软件的安装和调试。正式期末考试前，外语系组织全校 2015 级和 2014 级 2 000 多名学生，进行了 4 次模拟考试，以确保期末考试机考的顺利进行。

期末大学英语机考共进行 2 天，4 场考试，考试考场由教务处按照期末考试要求统一安排，考前系统准备工作由外语系和软件开发商共同负责。考前由软件开发商选派技术员对每一台电脑进行调试，确保系统安全运行。外语系组织全体教师提供题目，完善题库。在每场考前组织主考老师学习考试流程和监考注意事项，组织监考人员熟悉考试系统的操作和运行。考试过程中由主考老师巡考答疑。考试结束后，将由外语系老师对主观考试题目进行评阅打分，和机考的成绩共同形成考试的英语总评成绩。

高校英语机考模式的推进是教学改革和时代进步的必然要求。基于语言测试手段和方法的改变，大学外语测试逐步推进机考。建立并采用以学生为主导，基于网络化平台的英语语言测试体系，能促进新形势下语言学习手段及教学方法的改革，提高学生的英语语言水平，优化高校外语教学与自主学习模式，提高外语教师教育技术应用能力，推进高校外语数字资源建设。

（2）大学英语期末考试机考指南。

①实施背景。

随着多媒体、计算机技术和网络在高校的普及，无纸化、网络化办公已经成为高校教学、管理过程中一个不可或缺的重要组成部分。而作为教学工作的末端，大学英语考试管理是网络化普及的重点和难点，正在试用的大学英语四、六级考试系统是当前英语考试改革的一个趋势。科学合理地利用校园网开展网络教学，可以缓解高校考试过程中大学英语公修课学生多、工作量大的问题。而大学英语考试系统在考试过程中的应用不仅提高了大学英语考试效率，增强了考试的公平性，同时也降低了老师改卷的压力。

②宗旨。

随着现代远程教育的高速发展，灵活多样的考核方式逐渐得到广泛应用和关注。其中上机考试由于操作简便、时间灵活、保密性好，受到了学生和教师的欢迎。

③指导思想。

作为教育环节的重要组成部分，课程考核既肩负着促进学生学习、考查学习成果的任务，同时也是教师评测教学质量、进行教学反思的重要依据。如何利用现代教育技术的优势强化这些作用，近年来教育工作者做了大量的工作。经过研究和实践，现在上机考试已经成为期末考核的一种重要手段。

④实施环节（前期准备、实施过程、后期管理）。

第一，机考试题库建设。

从严格意义上讲，应该是"试题集"建设。高校自身组织的机考考试实践的核心点在于试题库的建设。我校基于实际教学情况建立了一定规模的试题集。以每个课程章节为依据，按顺序采集考试相关信息。在录入考试题目的同时，以类型和难度对考试内容分门别类，方便对试题库的管理。

机考要求有充足的试题，题量应依据知识点来合理安排。为保证试题符合机试的要求，要适时对试题库进行丰富和完善，并将重复内容去掉。

第二，机考考试运行。

经过外语系和教务处的多次协商合作，由外语系语音室、经管实验中心和信息学院提供了1 324台电脑机位，经过听取多家公司的介绍和交流，外语系经过投票选择了优质的考试软件开发商，由该公司负责考试软件的安装和调试，并让学生多次模拟试用，以确保期末考试机考的顺利进行。

考试考场由教务处按照期末考试要求统一安排，考前系统准备工作由外语系和软件开发商共同负责。外语系组织全体教师提供题目、完善题库，组织监考人员熟悉考试系统的操作和运行。考前由软件开发商选派技术员对每一台电脑进行调试，确保系统安全运行。考试过程中有监考老师值班、巡考。考试结束后，将由外语系老师对主观考试题目进行评阅打分，和机考的成绩共同形成考试的英语总评成绩。

第三，预期效果。

■ 学生方面

有助于学生通过词汇、语法等练习，巩固语言基础知识。通过听、说、读、写、译等专项训练，进行针对性强化训练，提高各项语言技能。通过电脑进行英语考试，尤其是在线进行英语听力和写作的训练，激发了学生学习英语的热情，促进了综合能力的提高。

■ 老师方面

老师按照班级组织阶段性测试和大学英语期末考试等测试，基于多方位的测试统计分析，通过清晰易读的成绩报告说明学生的英语水平和学习效果，便于老师发现问题后给予针对性辅导，也可以通过班级论坛，为学生在线答疑。同时，老师可以利用收集到的测试数据，借助专业成绩分析报告作为研究参考，开展测试课题研究。

■ 学校方面

有助于学校组织全校规模和班级规模的在线标准化测试，包括基于计算机和网络的大学英语四、六级模拟考试及各类教学评估类考试，实现从出卷、审卷、监考到阅卷及成绩归档的整个考试流程的信息化管理。通过测试成绩统计分析，迅速、全面、准确地了解和评估全校学生的英语能力和教学总体效果。

高校英语机考模式的推进是教学改革和时代进步的必然要求。基于语言测试手段和方法的改变，大学外语测试逐步推进机考。建立并采用以学生为主导，基于网络化平台的英语语言测试体系，能促进新形势下语言学习手段及教学方法的改革，提高学生的英语语言水平，优化高校外语教学与自主学习模式，提高外语教师教育技术应用能力，推进高校外语数字资源建设。

(二) 自主性能动建构系统

1. 晨读课堂辅导体系。

"提升我校英语学习氛围" 规划

为了夯实学生的英语基本功，提高我校学生的英语水平和英语应用能力，外语系拟通过充分利用语言实验室的教学资源，提升我校学生的英语学习氛围，创造良好的英语学习环境，特此制定该规划。

该规划分为常规性活动和定期比赛。常规性活动包括晨读、听力、辩论、演讲。定期比赛包括大学生英语竞赛、大学生单词大赛、大学生作文大赛、北京市英语演讲比赛、"外研社杯"英语辩论赛等。

（1）常规性活动。

■ 晨读

目的：通过每天的朗读练习，培养学生的英语语感，培训学生的语音语调，使学生英语表达流畅。

形式：外语系教师提供英语朗读书单，学生可进行选择性朗读。

时间地点不限，外语系教师在外语系学生促进中心可提供支持性辅导。

■ 听力

目的：通过每天的视听练习，让学生接触不同领域和内容的听力材料，进行有效的输入性训练，提高学生的英语听力技能。

形式：外语系教师为不同英语水平的学生提供适合的视频和音频材料，学生按照规定的时间到指定地点进行练习。

地点：外语系语言自主学习实验室（明辨楼118）。

时间：周一至周四每天晚上7：00至9：00。

■ 辩论

目的：通过教师指导下的常规性辩论活动，培养学生用英语进行思辨的能力和及时的反应与应答能力。

形式：学生以协会的形式参与活动，协会制定整体的活动规划和具体的活动内容，教师按照规划对学生进行定期的专题培训，学生以组队的形式进行练习。

地点：外语系情景模拟实验室。

时间：双周周二晚上6：30至7：30。

■ 演讲

目的：通过教师指导下的常规性演讲训练，培训学生的英语演讲技巧，提高学生的英语表达能力和演讲能力。

形式：学生以协会的形式参与活动，协会制定整体的活动规划和具体的活动内容，教师按照规划对学生进行定期的专题培训，学生以具体的演讲题目进行训练。

地点：外语系情景模拟实验室。

时间：单周周二晚上 6：30 至 7：30。

（2）定期比赛。

大学生英语竞赛：4 月初赛，5 月决赛。

案例：外语系晨读、听力训练自主学习服务规划

自 2007 年起，外语系为全校同学英语学习提供晨读、听力训练，至今已近 7 年时间。今年英语学习服务工作仍将继续，并将提供更多的支持。

自本学期起，外语系对语言实验中心活动进行了如下调整：

晨读时间：周一至周五 6：30 至 7：50。（如遇特殊情况，将会在网站和实验室进行通知）（具体晨读内容参见表 1.29）

表 1.29 晨读计划表

时间	明辨楼 109	明辨楼 111	明辨楼 118
周一	早读	TED 视频	慢速 VOA
周二	早读	常速 VOA	慢速 VOA
周三	早读	常速 VOA	慢速 VOA
周四	早读	四六级短文填空听写	慢速 VOA
周五	早读	TED 视频	慢速 VOA

（晨读不记录考勤，不收取任何费用。）

明辨楼 109 教室是晨读教室，实验中心不提供阅读材料，学生可以自主选择感兴趣的英文读物在此朗读。

明辨楼 111 教室作为听力教室，在这里按上述时间表提供相关素材进行听写和视频观看。有 TED 视频（单个文件循环播放）、常速 VOA 听写（1 遍 VOA 常速+2 遍 VOA 断句+1 遍 VOA 常速）、四六级真题和模拟短文填空听写，这是在原有基础上做的最大改变和提升，而且我们会在今后的工作中继续丰富各种资源，争取为学生提供最丰富最完美的学习资料。

明辨楼 119 教室作为慢速 VOA 播放地点，这里提供最及时的 VOA 慢速听写材料，采取单个文件循环播放，1 遍慢速+1 遍断句+1 遍慢速。

希望在今后的时间里有更多的同学参与到晨读活动中，利用课余时间主动提升自己的英语水平。也欢迎大家针对晨读的效果给我们提出宝贵的意见和建议，我们会在现有的基础上不断努力争取做得更好，为提高全校的外语应用水平做出更大的贡献。

意见和建议请发送至：houyanmei@cueb.edu.cn 侯老师。

另外，外语实验中心为全校学生提供了明辨楼 118 教室周一至周五全天（6：40 至 20：00）作为自习室台式计算机给学生使用，可以上外网，有基本的办公软件，有需要的同学可以前往自习。

外语系晨读内容信息公告

因为进入考试周，外语系晨读活动暂停，下学期开学继续，祝同学们取得好成绩！

2013—2014 学年第二学期晨读时间安排参见表 1.30。

表 1.30 晨读时间安排

2013—2014 学年第二学期第 16 周

时间	教室	类型	内容
2014/6/9	明辨楼 111	四六级短文填空听写	The smell of anxiety
	明辨楼 119	VOV Special English	South Africa's local tuck shops fight for survival
2014/6/10	明辨楼 111	TED 视频	Jennifer Senior-for parents-happiness is a very high bar
	明辨楼 119	VOV Special English	Obama defends US foreign policy
2014/6/11	明辨楼 111	VOV Special English	In the Garden-growing roses
	明辨楼 119	TED 视频	James Patten - the best computer interface - Maybe - your hands
2014/6/12	明辨楼 111	VOV Special English	Europe lurches to right as voters protest against EU
	明辨楼 119	VOV Special English	U.S. marks 60th anniversary of brown ruling that desegregated schools

续表

时间	教室	类型	内容
2014/6/13	明辨楼 111	VOV Special English	Could this be the fountain of youth for mice and men
	明辨楼 119	四六级短文填空听写	Reindeer eyes

2013—2014 学年第二学期第 15 周

时间	教室	类型	内容
2014/6/3	明辨楼 111	TED 视频	Jeremy kasdin—The flower-shaped starshade that might help us detect Earth-like planets
	明辨楼 119	VOV Special English	Ugandan women show technology is not just for men
2014/6/4	明辨楼 111	TED 视频	Louie schwartzberg – Hidden miracles of the natural world
	明辨楼 119	VOV Special English	Displaced in cAR struggle to get enough to eat
2014/6/5	明辨楼 111	VOV Special English	Europe lurches to right as voters protest against EU
	明辨楼 119	VOV Special English	E-Cigarettes safer but not risk free
2014/6/6	明辨楼 111	VOV Special English	Hollywood's visual effects industry in crisis
	明辨楼 119	VOV Special English	Hollywood's visual effects industry in crisis

2013—2014 学年第二学期第 14 周

时间	教室	类型	内容
2014/5/26	明辨楼 111	TED 视频	David Brooks—Should you live for your résumé or your eulogy
	明辨楼 119	VOV Special English	Analysts mixed on emerging economies metric
2014/5/27	明辨楼 111	VOV Special English	非洲制定统一的气候战略
	明辨楼 119	VOV Special English	China rejects US corn over GMO concerns
2014/5/28	明辨楼 111	TED 视频	Men and women really do think differently
	明辨楼 119	VOV Special English	Gavin Schmidt—The emergent patterns of climate change
2014/5/29	明辨楼 111	VOV Special English	American schools rethink its discipline policy
	明辨楼 119	VOV Special English	American schools rethink its discipline policy
2014/5/30	明辨楼 111	TED 视频	Wendy Chung—Autism-what we know (and what we do not know yet)
	明辨楼 119	VOV Special English	Fed upbeat on US recovery

2013—2014 学年第二学期第 13 周

时间	教室	类型	内容
2014/5/19	明辨楼 111	TED 视频	Gabby giffords and Mark Kelly－Be passionate－Be courageous－Be your best
	明辨楼 119	VOV Special English	Women are giving birth at Home－On purpose
2014/5/20	明辨楼 111	四六级短文填空听写	Is global warming good for grizzlies
	明辨楼 119	VOV Special English	Senegal and sea shepherd Unite to fight illegal fishing
2014/5/21	明辨楼 111	VOV Special English	MERS Virus spreads outside Middle East
	明辨楼 119	TED 视频	Bill Gates－Melinda Gates－Why giving away our wealth has been the most satisfying thing we have done
2014/5/22	明辨楼 111	VOV Special English	Pakistan moves to contain polio virus after travel sanctions
	明辨楼 119	VOV Special English	Jakarta student rape puts spotlight on indonesian sex abuse
2014/5/23	明辨楼 111	VOV Special English	Nose and ear expressions
	明辨楼 119	TED 视频	Christopher Emdin－Teach teachers how to create magic

2013—2014 学年第二学期第 12 周（发布时间：2014-05-12）

时间	教室	类型	内容
2014/5/12	明辨楼 111	TED 视频	David epstein——Are athletes really getting faster better stronger
	明辨楼 119	VOV Special English	Asian domestic workers fight abuses
2014/5/13	明辨楼 111	TED 视频	Norman spack——How I help transgender teens become who they want to be
	明辨楼 119	VOV Special English	Nigeria welcomes help in search for kidnapped students
2014/5/14	明辨楼 111	VOV Special English	Environmental prize winner looks to wolves to understand humans
	明辨楼 119	VOV Special English	50 Years of BASIC－the Computer programming language that changed the world
2014/5/15	明辨楼 111	TED 视频	Hamish Jolly－A shark－deterrent wetsuit（and it's not what you think）
	明辨楼 119	VOV Special English	African educators stress millennium development goals

续表

时间	教室	类型	内容
2014/5/16	明辨楼111	四六级短文填空听写	Timing your vegetables right
	明辨楼119	VOV Special English	Words and their stories–Ace in the hole

2013—2014学年第二学期第11周（发布时间：2014-05-04）

时间	教室	类型	内容
2014/5/5	明辨楼111	TED 视频	The unstoppable walk to political reform
	明辨楼119	VOV Special English	Ketamine rapidly eases depression without side effects
2014/5/6	明辨楼111	VOV Special English	Pider–Man 2 has global appeal
	明辨楼119	VOV Special English	Millions of people in sudan facing food insecurity
2014/5/7	明辨楼111	TED 视频	Why I must come out
	明辨楼119	VOV Special English	Legal aspects of 3–D Printing
2014/5/8	明辨楼111	四六级短文填空听写	Working overtime
	明辨楼119	VOV Special English	Rwanda genocide survivors share memories with US students
2014/5/9	明辨楼111	TED 视频	Why social media likes say more than you might think
	明辨楼119	VOV Special English	Foreign students attend US naval academy

注：前10周历史信息参见 http://wyx.cueb.edu.cn/Info/View.Asp?id=2051。

2. "外培"项目辅导体系（参见表1.31和表1.32）。

表 1.31　"外培"项目要求及辅导后学生成绩

序号	国外学校	专业	人数	院系	入学一年后项目录取要求
1	美国罗格斯新泽西州立大学	数字化政府与公共服务	8	城市经济与公共管理学院	1. 语言要求：IELTS 6.5，TOEFL iBT：79。 2. 在校成绩要求：GPA3.0
2	美国加州大学圣地亚哥分校	经济分析	16	经济学院	1. 语言要求：IELTS 7.5，TOEFL iBT：90，Cambridge Proficiency or Advanced Exams：Pass，CEFR：level C1。 2. 在校成绩要求：不低于 GPA3.3

续表

序号	国外学校	专业	人数	院系	入学一年后项目录取要求
3	美国加州大学圣地亚哥分校	国际商务	16	经济学院	1. 语言要求：IELTS 7.5, TOEFL iBT：90, Cambridge Proficiency or Advanced Exams：Pass, CEFR：level C1。 2. 在校成绩要求：不低于 GPA3.3
4	美国得州农工大学	金融经济	8	国际经济管理学院	1. 语言要求：IELTS 6.0, TOEFL iBT：80。 2. 在校成绩要求：不低于 GPA3.0
5	英国肯特大学	保险与精算	8	金融学院	1. 语言要求：IELTS 6.5（写作6.0，其他各项5.5）。 2. 在校成绩要求：核心课程分数均不低于 75 分
6	马里兰大学	工商管理	4	工商管理学院	1. 托福90，校内成绩暂无要求
7	马里兰大学	会计学	4	会计学院	1. 托福90，校内成绩暂无要求

表1.32 "外培"模考（托福TPO25）成绩统计汇总表

姓名	学号	写作	听力	阅读	口语（略）	总分
		30	30	30	30	120
柏××	（省略，下同）	20	5	4		
曹×		14	4	11		
范××		17	4	5		
方××		15	14	16		
高××		16	4	5		
辜××		2	4	8		
杨××		17	5	8		
殷××		17	2	5		
曾××		16	3	15		
张×		12	8	5		
张××		19	8	14		
张××		14	3	7		
赵×		15	2	5		
赵××		16	17	17		

3. 晚自习英语辅导体系。

晚自习英语辅导测试资料

What is culture?

Culture is social heritage, or tradition that is passed on to future generations.

Culture is a group or community which shares common experiences that shape the way its members understand the world.

Culture is shared, learned human behavior, ideals, values or rules for living shared by a society.

I understand culture as a treasure that is a part of our collective memory, of our perception of ourselves.

It is the acquired pair of glasses through which we see life.

Culture is something that unites people.

It is a call for individuals to agree upon some common values that bind them in harmony.

The more we know about the culture of others, the more open-minded, tolerant & global we become.

Our cultural traits, values, and beliefs are different & diverse.

However, it is the respect & understanding we foster that makes us truly human.

Police:

America: 911

Australia: 000

UK: 112/999

New Zealand: 111

Switzerland: 112

110:

China & Japan：police

Syria & Sri Lanka：ambulance

Norway & Turkey：fire

Two websites to check out your English name：

www. behindthename. com

www. thinkbabynames. com

教学改革创新
外教走进晚自习英语辅导课堂

我校开展晚自习英语辅导活动近 3 年，在学校主管领导和学生处的指导下，外语系尝试了专项英语技能辅导、高年级学生进课堂、英语人文素养视频课程等形式，取得了较好的效果。为了配合学校国际化建设，孙善学书记提出了外教进晚自习的设想，外语系积极筹划，聘请了 8 名外教走进晚自习课堂，尝试与学生进行互动交流。

课堂一开始，外教便用幽默风趣的自我介绍和简短的互动问题将同学们带入了轻松、活跃的英语氛围。随后，老师们各自用精心准备的课件，带领学生进一步在纯英语环境中了解异国文化，学会用英语思维思考、回答问题。

课堂学习中，同学们刚开始还有些紧张，然而在幽默随和的外教带领下，逐渐克服了对自己口语水平的不自信，开始大方地与老师们进行互动。虽然一节课时间短暂，但同学们表示受益匪浅，并表示希望学校继续开办这样的课堂，在地道的英语氛围里学习外语。

以下为部分大一同学对此次活动的看法：

"这次外教晚自习搞得挺好的，最开始我还担心自己可能听不懂，会比较尴尬。后来发现担心完全是多余的，外教很体谅我们，说话很清楚，用词很深入浅出……"

"我很喜欢，希望能多多开展此类活动……"

"Skipper 很幽默，我发现听了他的课，我似乎并不是那么抵触英语了……他讲课真的很好，很期待下次。"

能说一口流利的英语是学生们一项很重要的能力，而目前许多同学都表示缺乏锻炼口语的机会。学校开办外教课堂就是为了给学生提供一个外语学习的平台，并且希望同学们能利用好这次机会，努力提高自己的英语水平。

目前我校正在进行综合改革，大力推进国际化建设和大学英语改革。外教参与晚自习辅导无疑会增强我校的国际化氛围，提高学生的英语水平和跨文化交际能力，提升我校人才培养质量！

晚自习英语辅导双育人
晚自习及新疆班英语辅导感受

王××

大二在刘老师的号召下，我参加了大一英语晚自习和新疆班学生一对一辅导的活动，收获了很多，感谢学校老师为我们提供了这样的机会让我们锻炼自己。

晚自习辅导对于大二的我是很有挑战的，我们的任务并不是很复杂，但也稍有难度。参加晚自习辅导的同学们组成了一个学习小组，在系里老师的组织下有条不紊地安排每次的辅导活动。由于晚自习是今年才有的，老师和我们也是第一次接触这样的活动，所以一开始我们也感到些许迷茫，但是在老师和同学们的努力下，我们最终克服了种种困难，安排好英语晚自习的学习任务。我们主要负责给大一新生安排学习任务，主要有听、说、读、写几个部分。参加辅导的同学被分成几个小组，由于人比较少，我们每个人要负责好几个班，每周一和周三英语晚自习期间，我们拿了老师印好的卷子到各班分发，监督大家完成，然后将答案收回来给老师批改。卷子做完后，我们会把答案给大家，然后收集错题难题给大家讲解分析。由于我水平有限，我会在晚自习前抽时间把卷子做一遍，然后把不认识的单词查一遍，将所有题目都弄清楚。为了能更好地解答同学们的问题，我们还需要查很多相关知识以备用。总之，只有充分准备后，我们才敢给同学们分析，以免"误人子弟"。晚自习辅导很挑战我的英语水平和胆量，一年以来，我也体验了给学生上课的感受，在帮助别人的同时也丰富了自己的知识，还变得更加勇敢和"厚脸皮"，也认识了很多的好朋友。虽然晚自习辅导也会遇到很多困难和麻烦，但比起我的收获，这些就不值一提了！

还有新疆班一对一辅导，我在开会的时候"选"了一位我"看上"的漂亮妹子，她叫小麦。开完会我们就开心地聊了起来，并交换了联系方式，然后商量辅导时间、地点等问题。小麦是个很爱学习的新疆女孩，虽然她的英语基础不是很好，但是她很喜欢英语，也很想提高英语水平，所以她上课的时候很认真，有问题也会主动问我。我给她辅导英语用的资料是新概念英语，因为小麦之前学过新概念，对这套教材比较熟悉。我先从基础的语法开始讲起，包括读单词、背课文等。小麦学得也很认真。我每次会提前将要讲的东西全部整理好，找一些题目给她巩固，也会在每次辅导完后布置一些简单的小任务。我和小麦常常会在时间上有冲突，但是我们都很努力地克服，去系里为我们提供的地点上课。新疆班辅导使我收获很多，不仅增加了讲课经验，还多了一个朋友。

晚自习英语辅导工作实践

外语系晚自习辅导志愿者名单：

经 翻 班：张×× 　博学楼 3 层 　（4）

　　　　　蒋×× 　博学楼 4 层 　（4）

商英二班：杨×× 　博学楼 5 层 　（7）

　　　　　张×× 　博学楼 5 层 　（6）

　　　　　杨 × 　博学楼 5 层

商英一班：许×× 　博学楼 6 层 　（6）

　　　　　王×× 　博学楼 6 层 　（6）

　　　　　黄×× 　博学楼 6 层

何　×	博学楼 7 层	（6）
赵××	博学楼 7 层	（6）
张××	博学楼 7 层	
谭××	明辨楼 4 层	（6）
张××	明辨楼 5 层	（6）
张××	明辨楼 5 层	
张××	慎思楼 4 层	（7）
张××	慎思楼 5 层	（7）
程××	慎思楼 5 层	

晚自习英语辅导志愿者制度建设

■ 外语系精选 12 名志愿者（每个自然班 1 名）

■ 外语系志愿者要求

● 英语基础好；

● 热情；

● 有组织能力。

■ 外语志愿者享受政策

● 相当于社会实践；

● 勤工俭学；

● 作为"综合英语""高级英语"教学改革的一部分，根据所负责学院的学生反馈，志愿者可以得到该门课程总分基础上的 1~5 分加分。

■ 外语志愿者负责工作

● 负责学院一学期晚自习英语辅导规划的制定、内容的安排、材料的收集，并及时提交晚自习英语辅导小组（该小组由教学副主任、大学英语教研室主任和部分骨干教师组成）。

● 进行学生的辅导。

■ 外语志愿者的考核

- 由外语系和该学生所在学院联合评定。

■ 附：学院名单

城市经济与公共管理学院	信息学院
工商管理学院	安全与环境工程学院
经济学院	财政税务学院
会计学院	法学院
劳动经济学院	金融学院
文化与传播学院	统计学院

晚自习英语辅导内容

2014 级新生晚自习"大学英语人文素养专题课"安排

2014 年 9 月 22 日，2014 级本科生晚自习开班，由外语系承担的英语辅导也如期开始。今年的辅导形式融汇了大学英语人文素养专题多个慕课课程，包括跨文化交际、影视英语、英语语音、翻译入门、英美文化、英语词汇探秘等专题，涵盖听、说、读、写、译等技能训练，以及西方文化知识学习、跨文化交际能力提升等方面的内容。具体安排如下：

9 月 22 日　Cross-Culture Communication：Introduction to Cross-culture Communication

9 月 24 日　Geeky English 看生活大爆炸 学地道生活口语：Comforting People

9 月 27 日　英语语音：英语的节奏

10 月 8 日　翻译入门：翻译是什么与翻译的基本原则

10 月 13 日　Cross-Culture Communication：Cultural Stereotype

10 月 15 日　Geeky English 看生活大爆炸 学地道生活口语：Apologizing and Forgiving

10 月 20 日　英语语音：视觉错觉，the McGurk effect

10 月 22 日　英美文化：Englishes

10 月 27 日　英语词汇探秘：词汇记忆法概览

10 月 29 日 翻译入门：英汉语言对比

11 月 3 日 英美文化：探寻美国文化之源

11 月 5 日 英语词汇探秘：词源趣谈

11 月 10 日 Cross-Culture Communication：Communication Style：Language Usage

11 月 12 日 Geeky English 看生活大爆炸 学地道生活口语：Teamwork

11 月 17 日 英语语音：英语的方言和口音

11 月 19 日 翻译入门：常用翻译技巧

11 月 24 日 英美文化：英国的天气情结

11 月 26 日 英语词汇探秘：词根词缀（一）

12 月 1 日 Cross-Culture Communication：Communication Style：nonverbal communication

12 月 3 日 Geeky English 看生活大爆炸 学地道生活口语：Online Dating

12 月 8 日 英语语音：韵律学

12 月 10 日 翻译入门：文本分析与文化因素

12 月 15 日 英美文化：吃在英国

12 月 17 日 英语词汇探秘：词根词缀（二）

12 月 22 日 测试

晚自习英语辅导反思
——关于晚自习英语辅导的思考

第一，晚自习辅导经过 2~3 年的发展，到了一个转折点。晚自习帮助学生实现了从高中到大学的过渡，在人才培养过程中发挥了重要作用。就外语辅导而言，在形式上，从试题训练、学生讲解、影视欣赏、知识竞赛到视频课程学习；在内容上，从四级考试阅读训练、写作知识讲解到语音、语法、文化、交际、翻译等专项语言知识技能学习。就进行辅导的学生而言，从试卷的搬运工、答案的收发者到自学视频课程知识、梳理教学重点、找到检测点，实现了知识与能力的共同提升。学习者与辅导者实现了双向协同效应。就辅导单位而言，外语系在辅导机制、辅导模式、辅导队伍等方面正在进行体系化建设，正考虑将参与辅导学生的实践纳入专业实习、实践体系。

第二，目前外语系在晚自习辅导效应的数据统计上还有很多工作要做。虽然通过外语辅导和语言潜移默化的作用能够提升学生的英语综合应用能力，但由于目前还没有对期末成绩进行数据性分析，也难以进行针对性的数据分析，还没有形成理论上的模式。

第三，北二外模式。初中升高中的 4 个教学班，每个班 20 人，共 80 人，采用 3 种晚自习学习形式，设立 3 个学习专区：电脑区，利用网络资源学习；讨论区，以团队作业形式学习；教师专业辅导区，以教师答疑的形式学习。教务处处长张喜华老师赞同首经贸晚自习的模式和力度，认为北二外的学生为中学生，人数少，不可借鉴，反而首经贸模式值得探讨。

第四，部分兄弟院校调研发现，首经贸晚自习学习及辅导为独创，值得总结并发挥辐射作用。但目前也有一些问题值得思考。"自习"，核心为"自"和"习"，"自"用来修饰"习"，但又影响和决定"习"。"自"意味着自主、自律、自控，个性化是其特征；"习"表现为学习的内容和方式方法等。如何真正实现晚自习的应有价值和作用？中学有晚自习，我校大学也有晚自习，学生从中学到大学，期待有所不同，晚自习如何体现这种不同？学生需要晚自习，但需要什么形式、什么内容的晚自习？针对这些问题需要基于学生自身需求进行调研。当然，兄弟院校对我校晚自习的看法和建议，有些值得借鉴，有些也需要调研。

第五，是否能推行多模式、多元化的外语辅导？例如：进行基于实验室的网上自主课程学习、考试训练（四六级、雅思、托福）、写作训练（on-line learning）等；外语系或者全校招募高水平研究生，开设针对性较强的一些辅导课程（特别是针对英语水平较低的学生），内容涵盖语音、语法等（off-line learning）；利用外语系学生开展英语角，进行口语训练。但面临的问题是：如何考核学生的出勤？线上学习可以记录，线下学习呢？

第六，晚自习是否可以与素质学分挂钩，完善奖励机制？

2014 级学生晚自习英语辅导调查问卷

2014 级各位同学：

你好！自开设晚自习以来，外语系为同学们提供了练习、辅导等各种形式的支持。为了更准确地了解你的想法和需求，以便达到充分利用晚自习进行英语学习的目的，更高效率地提高你的英语学习水平，特进行此项调查，谢谢你的配合！

姓名_____　院系_____　班级_____　英语教学班_____

1. 你认为目前英语晚自习辅导形式如何？（　　　）

A. 好　　　　　B. 一般　　　　C. 有待提高

2. 如需改善晚自习的辅导形式，哪种形式更合适？（　　　）

A. 答疑　　　　B. 专项练习　　　C. 自学

3. 针对辅导形式，你还有何具体建议？

_____

_____

_____

4. 你认为目前英语晚自习辅导内容如何？（　　　）

A. 好　　　　　B. 一般　　　　C. 有待提高

5. 如需改善晚自习的辅导内容，你希望重点辅导哪些内容？（　　　）

A. 语音语调　　B. 语法　　　　C. 词汇

D. 阅读　　　　E. 翻译　　　　F. 写作

6. 针对辅导内容，你还有何具体建议？

_____

_____

_____

7. 你认为目前英语晚自习志愿者的服务如何？（　　　）

A. 好　　　　　　B. 一般　　　　　C. 有待提高

8. 如需改善志愿者的服务质量，你有何具体建议？

_____

_____

9. 你认为每周晚自习进行英语辅导练习的频次多少为宜？（　　　）

A. 一天　　　　　B. 两天　　　　　C. 三天

10. 每次英语晚自习的辅导时间多长为宜？（　　　）

A. 30分钟　　　B. 60分钟　　　C. 90分钟　　　　D. 120分钟

11. 请简述你对晚自习英语辅导的整体评价及改进措施与建议。

_____

_____

晚自习英语辅导工作总结

自学校进行晚自习英语辅导以来，外语系配合学校安排，进行了以下工作：

第一，领导小组工作。根据学校关于晚自习英语辅导的精神，为了系统、高质量地完成晚自习英语辅导工作，外语系成立了由党总支书记、教学副主任、大学英语教研室主任、副主任和部分骨干教师组成的领导小组。期初，领导小组对晚自习英语辅导的形式、内容、数量进行了几次研讨，最终确定了英语辅导形式为听力、阅读、写作、影视、词汇、英语知识等，内容为课本知识和课外知识的融合。具体分解为阅读辅导5次，测试1次；听力辅导5次，测试1次；写作4次；影视欣赏3次；口语练习2次；单词测试1次；英语知识测试1次。根据学校的统一安排，英语辅导时间安排在周一和周三晚上，与英语授课时间协调统一。领导小组要提前将每次进行训练的材料设计整理好，连同练习答案一并交给外语系教学办公室，教学秘书将材料送到文印室复印。期间，领导小组成员不定期到自习教室了解情况，并针对发现的情况及时召集志愿者探讨。期末，领导小组会同志愿者和任课教师给出学生的该部分成绩（占平时成绩10分）。在一学期即将结束之际，领导小组根据本学期的辅导经验，结合具体情况，提出了新的辅导方案，争取在论证之后提交学校。除这些辅导的规定性内容外，领导小组的另外一块工作内容就是沟通：鉴于辅导中的听力（需要学校电教中心统一放音）、影视欣赏与写作（需要打开多媒体设备、拷贝影音资料、结束后关上设备）等辅导内容，需要和电教中心不断进行沟通。

第二，志愿者工作。外语系将晚自习英语辅导分为两部分，课堂串班辅导和固定地点答疑。针对这两部分的工作重点和具体任务不同，也进行了不同人员的配备。课堂串班辅导主要由高年级17个英语专业本科生负责（学生处对这17位同学给予了勤工助学的资助），固定地点答疑主要由外语系8名研究生组成。串班辅导以学院和楼层为划分标准，所有的晚自习班级被划分成17个小组，对应17位本科生。固定答疑以周一、周三的时间为单位，8名研究生被分成4组，轮流值班答疑。课堂串班辅导的时间长度为1个小时，固定地点答疑的时间长度为2个小时。课堂串班辅导的主要任务为：在辅导进行前帮助教学管理办公室将辅导材料从文印室搬到明辨楼106室（材料存放地），利用课余时间将试卷进行清点分包，并首先将试卷完整做一遍，根据领导小组提供的答案对试卷题目反复研讨，做到自己心中有数。在晚自习当天，将试卷带至所负责的教室，让班助帮助分发，之后进行讲解（实际上有的志愿者没有讲解这个环节）。在试卷收上来后，特别是针对测试练习，他们要将自然班的测试试卷按照英语教学班重新整理，以便任课教师进行评阅。

第三，座谈会。在英语辅导过程中，领导小组和志愿者都意识到了英语辅导中存在一些问题。为了准确发现问题并及时解决问题，外语系领导小组编制了英语辅导的调查问卷，并对回收的问卷进行了数据统计和分析。基于问卷分析之后的信息，联合学生处召开了座谈会，邀请部分班主任和各个学院的学生代表参加了讨论，就今后辅导的一些具体问题进行了修正，并及时贯彻到平时的辅导之中。

成效：英语的学习是一个潜移默化、循序渐进的过程。晚自习英语辅导旨在为同学提供一个语言学习的氛围和平台，通过这个平台为学生提供的阅读、听力、写作和其他方面的训练资料以及志愿者的讲解，必然内化为学生英语学习的素质和能力。从人才培养的长效机制来看，晚自习英语辅导是有很大益处的。

建议：英语的学习不仅仅是完成形式上的练习，知道了什么是正确答案，更为重要的是掌握学习方法，培养英语思维，汲取英语资料中的人文精神和知识，并努力内化为自己的素质和能力。

首都经济贸易大学 2015 级新生
第一学期外语晚自习工作回顾（2016 年 1 月）

第一，前期筹备。

■ 总结 2013 级、2014 级新生晚自习存在的问题

● 内部因素：由于晚自习人数较多，外语系可提供人员有限，外语晚自习存在反馈不足的问题（在 2013 年第一次开始晚自习的时候，外语系采取的是收发试卷的形式，其内容包括阅读、听力、写作等内容；2014 年晚自习改为慕课视频形式，其内容包括跨文化交际、语音与语法、单词短语记忆、翻译等内容）；此外，晚自习辅导资料未及时上传至网站，导致不能为学生提供再学习的机会。

● 外部因素：由于每周播放频率问题，部分班级班助多次以各种理由不愿开电脑为学生播放视频，导致播放视频不到位；由于外语晚自习辅导并不计入学生大学英语成绩，学生对于晚自习并不重视。

■ 针对以上问题提出整改方案

● 增加人手，拟定为 20 人，负责全校 2015 级新生晚自习。

● 拟定每周一、周三播放视频，学生观看视频并根据自身情况做笔记；观看视频结束后，进行小测。小测内容主要为视频中的重要知识点。拟订 10 次小测，每次小测 10 道题。小测结束后，负责人收集全班小测，打分并进行记录。在下次播放视频时，负责人给出上一次小测答案，并就重要知识点进行简单讲解。期末进行一次全面的考试，拟定期末结束时，取每个同学 10 次最高成绩，总计 100 分，折合占期末英语总成绩的 5%。

■ 其他注意事项

● 负责人轮流出每天小测题目，出题后先由小组讨论，后由老师监督，保证试题质量；

● 每次辅导结束后将当天视频内容及重要知识点发到外语系英语晚自习辅导网站上；

● 平时可以穿插一些其他形式的晚自习辅导，各个学院各个班级轮流举行，例如外教活动、知识竞赛等；

● 小测时可以查笔记；

● 各班给出电子版班级名单；

● 具体确定多少个班级，每个负责人负责 4 个班级。

负责人员名单

王××+李×

任××+景××

如×+左×

张××+高××

王××+丁××

李××+苏×

杜×+孔××

王×+马××

叶××+王××

许××+王××

（以上均为外语系大二至大四学生，共20人，两两一组组队。负责学生：许×。负责视频上传：谢×）

第二，中期实施。

时间：第四周至第十五周。

方法：每周由一组同学先行观看视频，对视频内容进行总结并给出相应一套试题，试题数目为10道题左右，上交并进行审核。审核完毕后，上传360云盘，负责人自行下载视频试题等至U盘。每个班级均有自己专属的U盘，每周一负责人发放U盘，并叮嘱注意事项，发放并讲解上次晚自习答案知识点等。待视频播放完毕，试题解答后，负责人回各班收取U盘及试卷，拿回去进行批改、记录。每周视频播放完毕后由研究生学姐及时上传视频至指定网站。每周负责人将小测写得较好的同学的试卷拍照存档。

内容：跨文化交际（刘老师）、看生活大爆炸学习地道语言用法（李老师）、单词记忆（潘老师）。

情况：原定于每周一和周三进行的外语晚自习改为每周一进行，总计11次，加3次考试。最终记分选择前10次记录并将3次考试进行加权，最后换算成5分制进行统计。

第三，后期总结。

提升：由于晚自习表现计入学生大学英语期末成绩，学生积极性有明显上升，学习气氛浓厚；从每次测试中能明显看出同学们的进步与提高；班助配合程度高于往年，有部分改善。相比前两届晚自习，晚自习管理有所提升。

不足：虽然上传云盘提高了效率，但是出现了网盘密码泄露的事情，导致在其中一次小测中，答案泄露，有班级公然将答案公开进行抄袭，在劝阻未果后仍进行抄袭。班助并未及时进行正确引导，有的甚至推波助澜，将每次试题提前放出，并快进视频寻找答案。由于华侨学院晚自习外语辅导成绩在本学期并未计入其英语考试中，个别班级班助为难负责人，不能恪尽职守。在发放 U 盘后，个别班助未拔 U 盘直接关闭了操作台，使得 U 盘不能及时取出，事发后第二天班助未能及时去寻找，致使 U 盘遗失，造成财产损失。有几次部分负责人由于个人原因导致 U 盘试题与视频内容不符或有迟到的行为，影响学生正常做题。由于部分视频播放质量对于电脑设备的要求较高，慎思楼及明辨楼的部分教室设备跟不上，导致播放延迟。

改进方案：

● 对于负责人问题，加强管理，采取惩奖机制，对于做得较好的适当奖励，对于表现欠佳的负责人给予警告或换人。

● 增加学习形式，如增加雅思、托福的训练或讲解（4 月）；

● 增加手机口语训练（5 月）；

● 校际调研，如北二外模式；

● 校内调研，了解学生的真正需求；

● 研讨"自习"的内涵：自，自主、自制；习，学习内容，学习形式；外延，学习环境。

4. 一对一"定制式"辅导体系。

外语系学生促进中心辅导活动安排（1）

外语系学生促进中心成立于 2011 年，一直以来致力于服务学生的学习和生活。为了更好地提高全校学生学习和生活质量，外语系教师全员参与，制定了本学期的辅导安排：

辅导时间：每周一、周三中午 12：20 至 1：20

辅导地点：明辨楼 119 教室（外语系自主学习中心）

具体辅导内容如下：

3 月 10 日　语音知识（元音、辅音、爆破音）

3 月 12 日　语音知识（其他发音）

3 月 17 日　语音知识（朗读：连读、弱读）

3 月 19 日　语音知识（朗读的技巧）

3 月 24 日　就业指导

3 月 27 日　语音实验室资源介绍

3 月 31 日　语音知识（美国英语与英国英语）

4 月 2 日　语音知识（语音训练）

4 月 9 日　语法知识（词汇：单词记忆法）

4 月 14 日　语法知识（难点语法解读：动词）

4 月 16 日　语法知识（难点语法解读：非谓语动词）

4 月 21 日　语法知识（难点语法解读：虚拟语气）

4 月 23 日　翻译技巧

4 月 28 日　辩论

4 月 30 日　演讲

5 月 7 日　美国留学

5 月 12 日　英国留学

5 月 19 日　澳大利亚留学

5 月 21 日　法国留学

5 月 26 日　听力辅导

5 月 28 日　听力辅导

6 月 2 日　阅读辅导

6 月 4 日　阅读辅导

6 月 9 日　学习方法

6 月 11 日　学习方法

外语系学生促进中心辅导活动安排（2）

外语系学生促进中心成立于 2011 年，一直以来致力于服务学生的学习和生活。为了更好地提高全校学生学习和生活质量，外语系教师全员参与，制定了本学期的辅导安排：

辅导时间：周一中午 12：20 至 1：20

辅导地点：明辨楼 119 教室（外语系自主学习中心）

具体辅导内容如下：

9 月 22 日　　语音实验室资源介绍　　侯××

9 月 27 日　　英语学习方法　　刘××

10 月 13 日　　语音知识　　张×

10 月 20 日　　影视英语　　李×

10 月 27 日　　英美文化　　蒋××

11 月 3 日　　英语口语　　方××

11 月 10 日　　翻译技巧　　朱××

11 月 17 日　　经贸翻译　　卢××

11 月 24 日　　演讲技巧　　张××

12 月 1 日　　商务口语　　赵×

12 月 8 日　　文学与语言　　张××

12 月 15 日　　语法知识　　王××

12 月 22 日　　西方教育　　王×

12 月 29 日　　商务写作　　张××

（三）匹配性环境保障系统

1. 软性环境保障体系。

校领导 6 人次进行教学改革调研；外语系召开近 10 次教学改革工作研讨会。

案例：校领导到外语系调研

12 月 16 日下午，校领导到外语系实地调研外语教学情况，通过走入大学英语课堂和座谈两种方式深入了解外语教学改革试点实际，探讨如何加快综合改革步伐。

在听取了刘老师、潘老师的听说和综合课程后，校党委书记、副校长、党政办主任一起就外语教学改革与全体班子成员、教研室主任、分工会主席、青年教师协会负责人进行了座谈，就未来外语教学改革进行了充分交流。外语系党总支书记兼副主任主持了调研会。

校领导用简短语言介绍了此行的目的，希望能够了解外语系一年来外语教育教学试点的情况，问题在哪里，成效在哪里，希望获得什么样的支持。

外语系主任汇报了外语系进行京内、京外调研的情况和国家英语改革的精神，从高中应试教育到大学多样化教学的转变，从分段、分级、分类和模块化需求导向、教师定位几个方面做了宏观介绍。

刘老师对从外语改革的几个阶段到四级考试、学分变化，晚自习辅导以来，网络视频课、机考辅导网站、晨读、翻转课堂、慕课制作、外培生辅导、TEP测试进行了全面介绍，就长期困扰外语系的激励机制和研究生公共外语教学提出了外语系的问题。

校领导就课程改革、学分设置、外教配备等问题进行了交流，谈到是否进行了对比研究、比较分析时，针对外语教育教学的目标、模式、培养方案与系统改革和能力提升的关系进行了讨论，围绕扩大网上平台空间进行了讨论。

在交流发言环节，王老师介绍了自己通过翻转课堂调动学生积极性的经验和外语系改革评估机制的效果；刘老师谈了新平台搭建的需求；张老师从压力与动力、教学内容与时间匹配度关系方面介绍了自己的体会；李老师从知识更新、理念方法调整、开展CVI改变专业与内容关系方面谈了自己的想法；李老师从特色班学生水平、竞赛特色和四级导向介绍了国际教学部的情况；杨老师则从专业选修课和教师发展动力等角度介绍了现状。其间，大家畅所欲言，热烈交流。

校领导对下午听课过程中两位老师的教学热情和授课激情给予了充分肯定。他说，学校综合改革离不开外语教学改革，离不开人才培养机制的转变，新的方案要兼顾师生所反映的情况，正确面对各种问题，学校在推进改革过程中，着力解决教学单位的后顾之忧。校领导从改革的背景、思路、目标，方案的系统化，问题的解决3个角度进行了细致指导。他说提升能力的目标是对的，分级分层的理念是对的，模块化课程设置是对的，信息化的方向也是对的，一定要将方案进行系统化，目前的方案不够细，不够透，一定要将想法转化为举措，出台详细方案，围绕模块建设，从培养什么能力、如何衔接、如何体现、如何提升上下功夫，制订详细计划，形成特色，避免试点走入死胡同；认真研讨政策，抓住机遇，用足政策；提升师资水平，必须开发有规划、有目标的培训方案，教学改革、教学实践、教学成果一定要向理论和专业研究转化。

两位领导希望外语系能够再接再厉，形成特色，服务学校国际化进程，实现更大的进步。(材料来自首都经济贸易大学校园网)

2. 硬性环境保障体系——北京市级试验教学示范中心。

(1) FiF云学习平台（参见图1.62）。

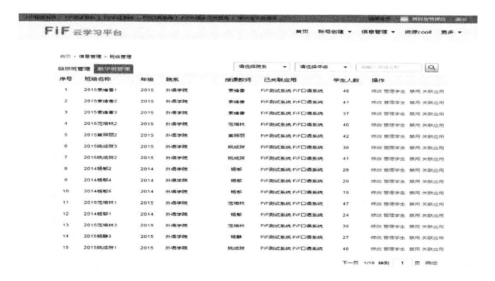

图1.62 FiF云学习平台

2015 年 9 月启用 FiF 测试系统、FiF 训练系统、FiF 口语系统、FiF 外语学习资源库、学术全文数据库。

院系管理：15 个学院，共计 237 个教学班级。

题库信息：按听、说、读、写、译五大技能分类，共分设 20 种题型，包括语法词汇、托福–雅思写作、元音音标（单词）、音标发音（音频及讲解）、雅思模拟阅读、中文考试、人大口语、听力、翻译、雅思模拟听力、新视野听力训练等。

（2）句酷作文批改网（参见图 1.63）。

图 1.63 句酷作文批改网

通过该平台，针对大一新生的晚自习，截至统计之日，共发布 28 次作业，累计收到 2 372 篇作文，晚自习作业累计答题人数 1 856 人次，覆盖 53 个教学班级。

（3）空中英语教室学习平台（参见图 1.64）。

图 1.64 空中英语教室学习平台

覆盖全体教师、研究生、本科生，累计人数 3 852 人；上线学习时间累计 19 331.55 登入时数；含 282 个节目，节目总时数为 55.33。

节目具体分为教育（66 个子节目）、职场（46 个子节目）、语言（24 个子节目）、旅游（138 个子节目）、生活（88 个子节目）、健康（78 个子节目）、艺术（98 个子节目）、体育（50 个子节目）、庆典（50 个子节目）、名人（78 个子节目）、新知（70 个子节目）、休闲、购物、动物（6 个子节目）、讨论区等板块（共计 792 个子节目）。

（4）新视野平台（参见图 1.65）。

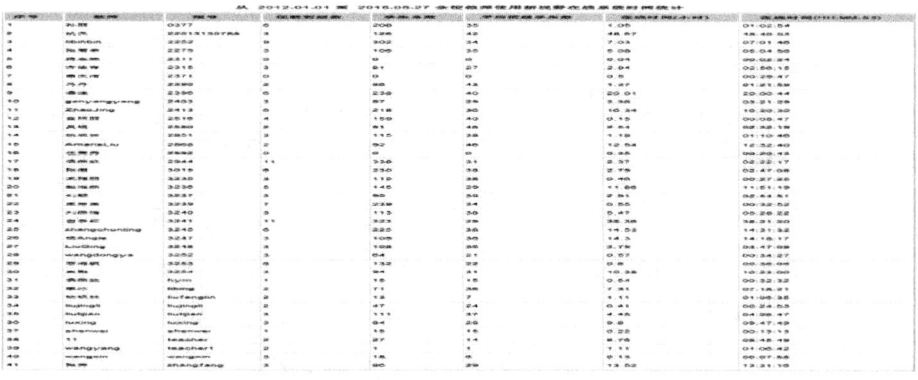

图 1.65 新视野平台

新视野大学英语　视听说教程（第二版）

2014 级、2015 级共计 159 个教学班，在线使用答疑系统共计 15 个教学班。

（四）模式运行质量监督系统

该环节由全面评教监督与教师发展以及评教监督数据等内容构建。通过学生评教、专家评教、同行评教等保障教学质量；教学管理部门与教学单位相互督促，保证日常教学规范运行顺利开展，进而为教学改革提供保障。教学评价作为一项重要指标纳入教师职业晋升发展，激励教师参与提升教学质量。

学校自启动"学评教"以来，项目共有 22 人次学评教分数位列全校前 30 名，获得优秀教学成果奖。

五、建构成效

（一）学生成长

自本项目开展以来，特别是实行了竞赛成绩与课程考试挂钩的政策，极大激发了学生参与竞赛的积极性。以 2014 级学生为例，我校举办了全国大学英语竞赛选拔赛，共有 320 名学生参与，在决赛过程中，获得北京市一等奖 2 名，二等奖 5 名，三等奖 10 名；举办了"外研社杯"全国英语写作大赛选拔赛，150 名学生参与，获得北京市二等奖 1 名；举办了英语配音大赛，52 名学生参与，获得了北京市三等奖 1 名；举办了第五届北京市英语演讲比赛，78 名学生参与，获得北京市三等奖 1 名；举办了"亚马逊杯"全国英语辩论赛选拔赛，47 名学生参与。参与学生共计 647 人次，占该届学生总人数的 27%。此外，我校学生获得首届全国阅读大赛二等奖，首届全国英语写作大赛北京赛区特等奖，全国高校 2015 国际商务英语谈判精英赛团体二等奖。

部分学生利用语言优势，成为国际经济学商学学生联合会（AIESEC）海外志愿者，到坦桑尼亚等非洲国家志愿支教。

（二）教师发展

项目组教师主持或参与高级别科研项目6项，校级教改项目近20项，多名教师在青年教师教学基本功比赛中获奖。

（三）社会协同

举办"慕课、翻转课堂经验分享"，来自北京大学、中国政法大学、北京第二外国语学院、国际关系学院、首都师范大学等13所院校和我校共60多名教师参加交流。举办外语教学沙龙和外国专家教学观摩交流会，由3名来自美国大使馆文化处的教学专家Rebekah Gordon，Rose Golder-Novick和Jenna Lee Thompson为我系师生进行了教学实践现场演示。进行大学英语教学改革相关调研与研讨可参见表1.33。

表1.33 调研与合作交流（部分）

研讨会名称	时间	研讨内容
教学改革调研交流	2014年3月	对外经济贸易大学、北京工业大学、首都师范大学
教学改革调研	2014年4月	南京大学、南京师范大学
校际教学交流与研讨	2014年5月	北京工业大学外国语学院党委书记王燕霞等一行五人到我系交流教学、实验室建设
校际教学交流与研讨	2014年6月	山东滨州学院外语系主任孟丽华等一行三人到我系调研写作软件使用情况、大学英语教学和语音室建设
翻转课堂教学研讨会	2014年6月	翻转课堂教学内容、方法、考核体系建构
大一新生晚自习辅导模式改革暨"大学英语人文素养课"慕课建设研讨会	2014年7月	针对以往辅导模式的问题进行探讨，提出"大学英语人文素养课"的解决策略

续表

研讨会名称	时间	研讨内容
翻转课堂、慕课教学学习交流	2014 年 7—8 月	深圳大学、华南师范大学、中山大学、暨南大学、四川大学等地进行学习交流
翻转课堂、慕课教学学习交流	2014 年 10 月	北京邮电大学
OTA 翻转课堂、慕课教学研讨会	2014 年 12 月	翻转课堂教学经验交流及问题探讨

注：研讨包含对相关高校、企事业单位的调研、考察以及学院组织的会议研讨等，以及与新东方、外研讯飞等单位合作开展的英语课程培训、专业竞赛、机考改革等方面的建设。

第二部分 四位一体、三维生态、二元融合：商务英语课程育人模式建构与实践

一、研究概述：模式建构与实践体系

（一）研究背景：大学英语课程育人面临的问题

作为一门必修课程，英语对促进我国人才培养和国家建设发挥了重要作用。但随着国家发展需求和学生英语基础的变化，英语课程校本特色不足、思政弱化、内容西化、模式老化，导致课程教学与育人脱节，人才培养低效、同质、虚化。为了扭转这种局面，本研究拟解决以下问题：

1. 重教书，轻育人。英语教学停留在一般性语言知识输入和英语技能训练，育人意识淡薄，缺乏思想引领和价值观培育。

2. 无体系，缺深度。囿于片面工具论和应试思维，英语教学缺乏关于国家和地方战略、社会需求的目标定位、文化概念，特别是缺乏中国概念及校本优势专业特色的内容设置。

3. 形式单一，资源少。英语教学依赖传统课堂和师生单向活动，忽略了产教学研合力作用与第三方、环境、技术等学习共同体要素的融入，社会协同育人效应有待提升。

（二）解决问题的思路：理论探索、模式构建及相关实践

针对以上问题，本研究开展了以下工作：

1. 以问题为导向，以政策为依据，进行商务英语课程育人理论建构探索。

问题研究：通过问卷、访谈等研究，探究我校大学英语教学存在的问题；结合国家战略、社会需求和学校定位，提出了"分级、分类、分段"的教改思路，决定将商务英语课程作为"分类"的一门重要模块课进行建设。

政策依据：学习和研讨党中央提出的立德树人理念、国务院《关于加强和改进新形势下高校思想政治工作的意见》、全国教育大会精神、新文科要求和金课标准，基于此进行商务英语课程研究、建设及育人实践。

理论探索：定位全人教育，引入课程思政和深度学习理论，秉承"和合"理念，设置育人过程、动力系统和分析体系，产教学研融合，创建"四位一体、三维生态、二元融合"课程育人模式（参见图2.1）和"一体、两翼、三中心、四基地"发展体系。

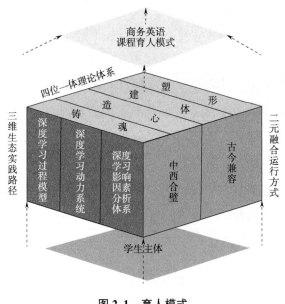

图2.1　育人模式

2. 立德树人，服务北京，建构商务英语课程"铸魂、造心、建体、塑形"四位一体育人理论体系。

"铸魂"为根，创建"二、五、十四"的专业+思政教学体系，培育家国情怀，明确为谁育人；"造心"为基，依托 7 门语言文化微课，通过线上线下语言教学与实训、全球商务文化输入与中国文化输出，夯实英语基本功，厚植文化底蕴，培育全球思维和国际传播力；"建体"为本，结合 5 门辅助性区域课程，产教学研协同，搭建专业知识架构，明了育何人；"塑形"为美，利用现代教育技术，打造双师型师资，开发多元化项目和个性化辅导机制，明晰怎样育人。

（1）铸魂：建设引领性课程思政。

课程思政体现为思政育人、专业育才两个方面，道德人、中国人、现代人、基本能力、专业能力 5 个维度，解构为世界观、爱国情怀等 8 种观念，及国际传播能力、跨文化商务沟通能力等 6 种能力，培养学生的民族魂和专业报国心（参见图 2.2）。

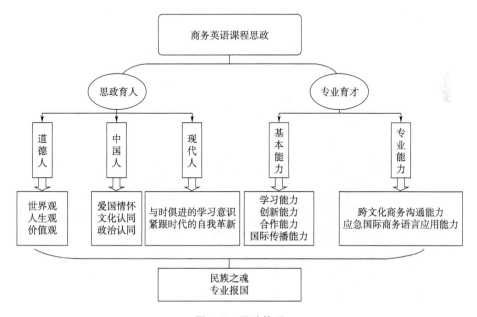

图 2.2　思政体系

课程思政体现于课堂、课外两大教学体系。

课堂为教师主导、学生主体。教师主导选材（思政主题、商英内容、文化内涵）和设问（案例创设、话语引领、思维引导），学生进行选择性输入（甄别、过滤、获取）、讨论式消化（交流、碰撞、内化）、体验性参与（专业调研、项目设计、创作展示）。

课外为语言实践、主题学习。前者包括西部支教、国际活动语言服务、英语竞赛等，后者包括拓展课程、*China Daily* 新闻、精选外刊等学习。

自项目实施以来，师生深挖课程的中国元素，将英语学习与中国商务发展相联系。调查显示，90%以上的学生认为思想水平、国家认同意识、分析与解决问题能力得到了提升。

（2）造心：培育全球思维和国际传播力。

将课程团队开发的7门语言文化微课融入商务英语课程，通过英语技能训练、中西文化交融和跨文化商务交际教学模块组成多元、递进的教学体系，引进国际规则、先进商务理论及文化，输出中国商务特色、文化及模式，提升全球思维和国际传播力（参见图2.3）。

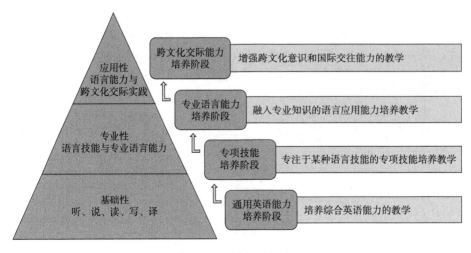

图2.3 语言能力层次

通过参与《京津冀蓝皮书》及校园网站等翻译练习，学生制度自信、英语应用能力和国际传播力得到显著提升，98%的学生达到了校本英语能力标准和《大学英语教学指南》基础目标要求。

（3）建体：创建专业知识建构的产教学研协同体系。

团队以商务英语课程为主体，与悟天传媒等协同开发"话说北京""京津冀商务论坛""京津冀国际商务话语分析""会展英语""财经英语看世界"5门课程，设置了八大模块、十七大主题的知识架构，对标地方需求；建设了专业、思政案例库及试题库，形成了"一主五辅、三库、八模块、十七主题"内容架构（参见图2.4）。

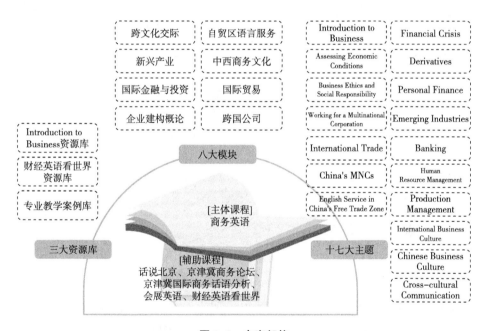

图 2.4　内容架构

团队参与了京津冀协同发展研究中心、北京自贸区语言服务研究中心和学术写作研究中心3个研究机构的活动，获批了"人机结合语言服务京津冀一体化建设"等2项教育部协同育人项目，以研促教，教研一体；依托"一带一路"人才培养基地、北京冬奥会首经贸语言服务译站、北京自贸区和中国服贸会 4 个课程实践基地，打造双师型师资，构建学生深度参与的企业进课堂等活动，产教学融合。最终多元协同创建"一体（商务英语主体课程）、两翼（7 门语言文化微课和 5 门区域课构成的两大课程群）、三中心（3 个研究中心）、四基地（4 个实践基地）"课程发展体系（参见图 2.5）。

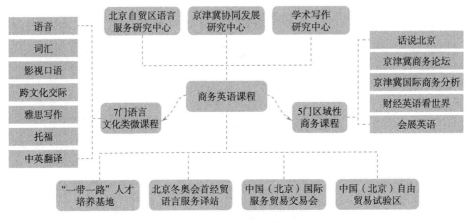

图 2.5　课程发展体系

调研显示，76% 的学生表示课程的知识性内容及实践项目对其了解职场业务及未来就业有直接帮助。

（4）塑形：开发个性化辅导项目。

项目组建了近 20 人的团队，通过开发学科竞赛辅导、晚自习英语辅导、课程平台听说、写作辅导和慕课答疑辅导等项目，满足学生的个性化学习需求。团队每年辅导 80 余名学生参加商务英语实践大赛等英语竞赛，国家级竞赛获奖率逐步提高；晚自习英语辅导实施 8 年，团队开发了语音、词汇、影视口语、跨文化交际、雅思写作、雅思听力和中英翻译 7 门语言文化微课；依托外研社 U 校园和批改网平台，布置听说与写作任务，提供网络辅导、答疑和反馈；财经英语看世界慕课在中国大学 MOOC 运行 8 期，答疑团队与学习者在线讨论、互动。项目化、输入驱动、动态提升的辅导机制基本形成（参见图 2.6）。

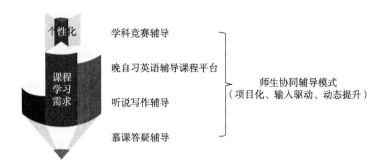

图 2.6　辅导机制

3. 以深度学习理论为指导，开展商务英语课程"三维生态"育人实践。

依据需求分析和深度学习理论模式，创建"三维生态"实践路径（参见图 2.7）。

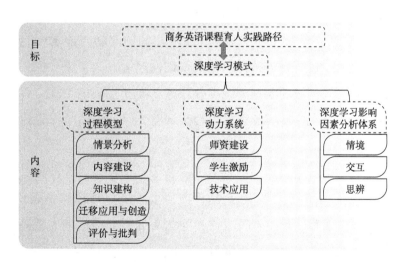

图 2.7　实践路径

（1）创建深度学习过程模型。通过情景分析（700 个样本需求分析+5位教师教学能力分析+教学设施及环境分析）、内容建设（商务英语+7 门语言文化微课+5 门区域课+思政素材库 130 份、专业案例库 150 个和试题库 50 套）、知识建构（跨国企业等八大板块、虚拟金融等十七大主题）、迁移应用与创造（混合翻转教学模式+商务模拟实践活动）、评价与批判（线上+线下、形成性+终结性），创建深度学习过程模型。

（2）构建深度学习动力系统。深度学习是核心育人方式，通过内力牵引、外力驱动和技术推动发挥效能。①内力牵引：学生激励、教师发展、团队建设。思政引导的自我激励、过程评价的主体性学习、职业导向的专业能力培养体系，和思政培训、业务进修、专业能力提升的双师型师资及团队打造机制，形成牵引深度学习的原动力。②外力驱动：课程粘力、教材定力。课程内容前沿，主题多元，思想创新，深浅兼顾，吸引不同层次的学生；《商务导论》经典教材主导、《财经英语看世界》校本教材辅助，案例库、资源库多校共享，保证教材及教学资源守正创新与动态更新。③技术推动：网络助力、VR 增力。慕课、混合式教学推动课程改革；商务虚拟现实及相关项目推进情景教学和体验学习。

（3）搭建深度学习影响因素分析体系。以情境（要素间的依存关系和关联构造）、交互（学习主体、客体与媒介之间的互动与影响机制）和思辨（目标、内容、过程、方式及效果的辩证性理解）为要素，探索商务英语课程教学中情景创设的问题、维度及任务，交互呈现的方式、界面及评价，思辨建构的层次、异质及程式，动态调整，保证深度学习育人的方向和社会效益。

基于模式建构研究，课题组发表了《基于"财经英语看世界"慕课学习主体人文性建构研究》等 10 余篇论文，出版了《外语网络教学研究》论文集；课程组教师、学生近百人次参与北京市 TEP 应用能力提高、京津冀语言服务、北京冬奥会官网翻译等项目。

4. 秉承"古今兼容、中西合璧"的包容思想，创新"二元融合"的课程育人运行方式。

将公共英语（人文通识）与商务英语（专业能力）、教师主导（手把手教）与学生主体（探究式学）、输入式教学（重知识获取）与输出式教学（重能力应用）、实体课堂（有效交流）与网络课堂（实时互动）相融合，提升教学效果；将育人（四个自信）与育才（创业创新）、语言与商务（英语+专业）、中国创新实践与西方经典理论（中西互鉴）相结合，培养学生的家国情怀和全球思维（参见图 2.8）。

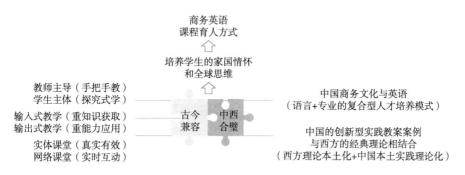

图 2.8 运行方式

育人方式的变革提高了课堂互动频率和效率，从英语辩论、演讲等课程活动观察，100%的学生参与了解决方案讨论，70%以上的学生表现出二元融合思维。

(三) 研究创新：理论在实践中的升华与发展

本研究将育人理论和商务英语课程教学实践相结合，做出创新性贡献。

1. 模式创新：建构了完整的课程育人模式，创新了课程育人的理论体系、实践路径和运行方式。

理论上，遵照全人教育理念和学生主体原则，从思政铸魂、文化造心、专业建体、个性塑形4个维度，将课程单纯传授知识的教书功能提升为全面育人功能，立德树人；突破传统语言教学工具论和应试教育模式与内容，定位国家发展战略，融入相关专业内容，有的放矢；发挥现代教育技术优势，因材施教，进行个性化培养。实践上，基于深度学习理论，从学习过程、动力源和影响因素3个方面，提出并践行了课程育人实践的三维生态路径，摒弃了课程育人实践无规则的随机性和随意性。方式上，借鉴中国"和合"文化和人类命运共同体理论,从教学主体、方法、模式、内容以及理念上,融合古今,融通中西,最大限度地发挥合力育人效应。

2. 体系创新:建构了系统的课程发展体系,创新了课程建设的宏观顶层设计、中观知识架构和微观内涵建设。

突破英语孤立、学院式课程建设体系,从国家战略、社会需求和人才培养视角对课程建设进行规划,理论研究顶天,课程实践立地,多元协同支撑,开创课程发展有机体系,为金课建设提供模式参照。将学校京津冀协同发展研究中心、团队自建的北京自贸区语言服务研究中心和学术写作研究中心3个研究中心的研究成果,直接应用于课程建设指导,保证了课程的高阶性和创新性;"一主五辅、三库、八模块、十七主题"内容架构及7门微课程融入,保证了课程知识体系的完整性和挑战度;以校本的"一带一路"人才培养基地、北京冬奥会首经贸语言服务译站、中国(北京)国际服务贸易交易会和中国(北京)自由贸易试验区4个实践基地为平台,将数字技术视为革命性因素,使课程本地化和具有时代性,助力学生专业报国,提供可靠平台。

3. 内容创新:尝试性建构中国商务话语内容体系,创新课程内容来源渠道、呈现方式和讲授模式。

打破课程内容西方故事主宰的传统,从教材选用、案例选取和术语应用方面,凸显中国特色;国外引进教材与项目开发教材共用,引入中国跨国企业案例,北京自贸区、中国服贸会语言服务实践,和时代性中国商务术语,引导学生用英语讲好中国商务故事,建构中国商务话语体系;利用现代教育技术,实施翻转课堂教学,实现线下线上课程融合。

(四) 研究成果的推广及应用

1. 师生发展,成果丰硕。

课程组5位教师及每届近480名学生获益,成果辐射全校每届1 800名公共外语及专业学生的英语教学。学生课业成绩提高,考试一次通过率达 98%；3 位教师提升职称或学位，"学评教"平均成绩 93.1，课程组获全国商务英语实践大赛国家级三等奖、全国教学大赛（商务英语）北京市特等奖等成果 25 项；课程组开发课程 10 余门，获批"基于深度学习模式建构与应用的财经高校混合式大学英语'金课'建设研究"等教研项目 5 项，出版《财经英语看世界》《网络英语课程教学研究》等教材、专著及教改论文集 9 部，《跨文化交际实训》获评校优质教材；发表论文 20 余篇，其中国际 B 刊、CSSCI 及以上核心论文 7 篇，教师教研能力得到提高。

2. 打造金课，服务社会。

课程于 2017 年、2018 年上线 ismart 平台和中国大学 MOOC，开课 8 期，全国近百所学校、52 285 人次参加学习。开启校内 SPOC 教学。疫情期间，该课程的线上课程——财经英语看世界，作为为数不多的全英文慕课被教育部推荐全球学习。2020 年获评北京高校优秀本科课程，上线校学习强国号平台，被推荐参评国家一流课程。

发挥课程辐射功能，团队开发了"跨文化交际""京津冀商务论坛"等语言文化、区域商务两类、12 门拓展性课程，同时满足其他高校和社会学习者的需求，微课获评全国竞赛北京区三等奖；建立了北京自贸区语言服务研究中心，以北京市商务局为基地，进行北京"两区"语言服务需求和服贸会语料库研究，参与中国服贸会语言服务实践，撰写《北京自贸区语言服务蓝皮书》；建立了北京冬奥会首经贸语言服务译站，7 位教师、69 名学生参与官网翻译，举办了 5 场培训，《北京日报》进行了报道。

3. 校际交流，业界好评。

项目举办了 10 余次有关教学改革的交流会。团队受邀到全国英语系主任教学研讨会、北京高校大学英语年会等分享经验 21 场次；北京物资学院等 24 所高校来校调研学习。学校成为高等教育学会数字化课程分会首批理事单位。

课程研究成果得到了教育部外国语言文学类专业教学指导委员会多位

委员的好评与推荐。中国银行等单位对课程建设成果育人情况给予了高度评价，对参加课程学习的学生在实际工作中财经知识的应用和商务英语沟通能力表示满意。

4. 语颂中华，传播中国。

课程组师生参与"'语'你携手，同心战'疫'——'走进外语教育的抗疫时刻'"系列英语活动，被学习强国平台、《现代教育报》、北京市高教学会大学英语研究分会、学校宣传部等媒体和机构报道；组织了"百年铿锵路，语颂中华魂"英语演讲、写作、配音系列大赛；参与建设校英文网站，将商务英语学习与语言传播相结合，练习翻译《京津冀蓝皮书》等著作，助力国家建设成就的国际传播。

二、探索与调研：课程育人改革的依据与支撑

（一）政策依据

本研究以《关于加强和改进新形势下高校思想政治工作的意见》《关于加快建设高水平本科教育 全面提高人才培养能力的意见》《高等学校商务英语专业本科教学质量国家标准》及其指南和首都经济贸易大学关于英语教学改革、外语学科和专业建设、人才培养等相关文件为指导原则和政策依据。

（二）理论依据

1. 全人教育理念。

全人教育源于人本主义教学理论。人本主义教学理论的代表人物罗杰斯指出：全人教育即以促进学生认知素质、情意素质全面发展和自我实现为教学目标的教育。人本主义教学理论认为：真正的学习经验能够使学习者发现他自己的独特品质，发现自己作为一个人的特征。从这个意义上说，学习即"成为"，成为一个完善的人是唯一真正的学习。

"全人教育"是一种整合以往"以社会为本"与"以人为本"两种教育观点，形成既重视社会价值又重视人的价值的教育新理念。"全人教育"首先是人之为人的教育；其次是传授知识的教育；最后是和谐发展心智，以形成健全人格的教育。全人教育的目的就是培养学生成为有道德、有知识、有能力、和谐发展的"全人"。

本成果将"全人"界定为"有社会认同感、具有爱国主义情怀"的专业人才。

2. 深度学习理论。

"深度学习"这一概念是由 Marton 和 Saljo（1976）在认知维度层次划分理论（Lorin，1973）基础之上提出。Biggs、Ramsden、Entwistle 等学者从不同角度探讨了深度学习，认为深度学习体现为学生致力于运用多样化的学习策略，如广泛阅读、交流互动、资源整合、系统思考、情境学习等，以达到对知识的深层理解（Smith，2007）。Jensen 和 Nickelsen（2010）认为，深度学习是指新知识的获得或技能的掌握必须经过一步以上的学习过程和高水平的分析与加工，学生才能通过改变思想观念、自我控制力或行为方式来应用这些知识和技能，具体表现为深度的信息加工、主动的知识建构、批判性的高阶思维、有效的知识转化与迁移和实际问题解决（吴秀娟等，2013）。

当前网络化学习方式所伴随的碎片化与浅层读图现象，容易导致学习深度缺乏，学习效果不能得到有效提高（顾小清等，2015）。MOOC 模式的产生虽然给学习者提供了优质教育资源和全新的学习体验，但其呈现方式单调、针对性指导缺失、在线参与度不足、不能满足个性化学习需求等，造成学习者难以进入深度学习状态（蒋梦娇等，2014），导致其对高校实体教学的影响很小（Armando and Patterson，2014）。而现代教育要求信息技术在实体教学中的应用是内核式的，把迈向深度学习视为信息化教学的主要目标与诉求（张静，2013）。在此背景下，Armando 开创了在线教育与线下实体教学相结合的混合式教学模式，开启了深度学习的后 MOOC 时代（曾明星等，2015）。

三、系统化建构：四位一体、三维生态、二元融合

（一）四位一体：铸魂、造心、建体、塑形

1. 铸魂：建设多元化引领性课程思政。

理念先行，搭好行动的"脚手架"。本成果体现为思政育人、专业育才两个方面，道德人、中国人、现代人、基本能力、专业能力5个维度，具体解构为世界观、人生观、价值观、爱国情怀、文化认同、政治认同、与时俱进的学习意识和紧跟时代的自我革新8种观念意识和学习能力、创新能力、合作能力、国际传播能力、跨文化商务沟通能力和应急商务语言能力6种能力，以此搭建了商务英语课程思政的整体框架（该框架参考了周异夫教授在第一期外语课程思政云端论坛上的部分观点），实现了课程思政与专业教学在顶层设计方面的融合。

实践路径开发，种好课程育人的责任田。课程思政体现为以课堂输入和输出为主、社会性输入输出为辅的两大教学体系。

课堂教学采用教师主导、学生主体、内容为纲的课程建设模式，推动课程建设。

（1）教师主导。教师是教书育人实施的主体，也是课堂教学的第一责任人（李国娟，2017：28-29）。课程思政的效果取决于教师的育人意识和育人能力（邱伟光，2017：10-14），教师应提高自身思政意识，深度挖掘所授课程中的思想政治教育资源。教学资源选材应保证思政主题明确并与商务英语相关；设问应蕴含思政意识，在结合现实的基础上，激发学生思维。

（2）学生主体。课堂应以学生为主体，激发学生的课堂参与性和互动性。该教学模式中采用了3种课堂形式，即课堂讨论、实践活动和项目设计。课堂讨论有助于学生进行思想碰撞，多角度、多维度地思考问题，并在讨论中提高思政意识。实践活动旨在让学生深入了解社会现实，提升参

与社会建设的意识。通过具体社会现状或现实情境，自行或合作进行项目设计，从而提升学生的创新思维和解决问题的能力。

（3）内容为纲。教材是"课程思政"的重要内容，是育人育才的重要依托。课程思政建设要与学科体系建设相结合，明确学科育人资源，建立学科育人共同体（邱伟光，2017：10-14）。课程教学过程中要坚持以马克思主义理论为指导，做到知识传授与价值引领相结合，通过分析课程中可以用来培养大学生理想信念、政治信仰、社会责任、道德修养、价值取向等的题材与内容，融入社会主义核心价值观，全面提高大学生缘事析理、明辨是非的能力，让大学生成为德才兼备、全面发展的人才（于桂花，2020：27-29）。（参见图2.9）

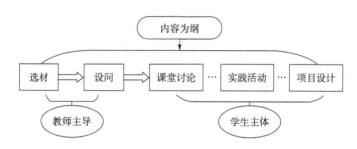

图 2.9　商务英语课程思政课堂教学体系

■ 社会教学体系。

社会教学体系体现为输出性实践活动为主、主题性讲座为辅。输出性实践活动包括红色1+1社会实践、校内新疆班的英语辅导、西部地区支教、城区少儿英语辅导、专业性志愿服务等；输入性实践活动包括"践行外语人初心使命"系列讲座、学习强国专题性英语节目学习等。

自思政教学实施以来，举办了24场人文讲座，2 000余人次师生参加。93%的参与学生更加关注通过"商务英语时事"素材学习英语，95%的学生认为自己的爱国意识得到了提高，90%的学生反馈提高了自身解决问题的能力。

（1）思政案例库及应用分析。

①思想道德素质教育。

"课程思政"应正确认识和处理专业技能训练与人的全面发展的关系。

人的全面发展是指德智体美全面发展，其中以德为统领，应重视对学生世界观、人生观及价值观的塑造（邱伟光，2017）。引导学生形成踏实认真的学习态度和健康乐观的人生态度，增强爱国情怀，提升社会责任感，提高职业素养等（徐瑾，2020），为学生成长成才打下扎实的价值底色。

在商务英语课程中，涉及思想道德素质教育的选材有21篇，涵盖对学生世界观、人生观及价值观的塑造，以及爱国情怀培育、职业素养提升等方面。提出了20个设问，通过设问，学生在教师的引导下思考并讨论，从而培养并提高了思想道德素质水平。选修该课程的49名学生参与了讨论和回复。

以下节选了部分选材和设问进行分析和展示（参见表2.1）。

表2.1　思想道德素质教育选材及案例分析

选材主题	选材意义	设问	价值和意义	学生的主要观点及教学反思
Gender pay gap narrows	正确的价值观对于大学生的健康成长至关重要。教师在课程思政中融入对学生价值观的培育，在教学中对学生进行价值引领	Do you think that gender determines wages? And the level of wages is determined by knowledge and ability?	这一话题在包含了商务英语词汇"wage"及相关专业知识的同时，又涉及了职场中性别平等这一现代社会价值问题。该话题可以引发学生对于性别和社会平等的思考，加强正确价值观的培育	学生对于性别及社会平等的思政意识较强，在坚持立场的同时也能客观地认清社会现状，并能发散思维提出更多观点和看法
The nation has recognized 16 new professions	职业观对个人的职业选择与定向起着重要作用，正确的职业观对大学生日后的职业生涯可起到积极的促进作用，在思政教育中应加强对学生职业观的培育	What do you value more when you seek a job? Location of the company? Salary? Job itself? Relationship with boss? Working environment? Or what else?	这一话题可以使学生对自己的职业观进行表达和思考，教师可在学生表达过程中适度干预引领，从而使学生形成正确的职业观	学生认为薪资待遇、个人成长、环境舒适度等是择业时的依据，没有学生提出承担社会义务、为人民服务等更高层次的职业追求。教师应在日后的思政教育中积极引导学生树立为人民服务的职业观

续表

选材主题	选材意义	设问	价值和意义	学生的主要观点及教学反思
Anti-epidemic assistance	爱国是社会主义核心价值观中对公民层次最基本的要求，是调节个人与祖国之间关系的道德要求、政治原则和法律规范。爱国情怀培育是思想道德教育中不可或缺的重要组成部分	How do you comment on the anti-epidemic assistance of China to the world?	在世界范围内的疫情防控中，中国为89个国家和4个国际组织提供了防控援助。无论是在国内疫情防控阻击战中的中国速度，还是全球范围内中国为世界做出的贡献，都体现了大国担当与责任。通过这一话题的讨论，可以增强学生的民族自信心和自豪感，从而培育学生的爱国情怀	学生的人类命运共同体意识以及身为华夏儿女的自信心和自豪感比较强烈。在中国实力越来越强大并为世界做出贡献的同时，学生也用自己的行动弘扬爱国主义精神

②与时俱进的学习意识培育。

专业课课堂也应有机融入时事教育，从而帮助大学生正确把握国内外形势和社会热点、认真领会党和国家的大政方针。商务英语课程旨在训练学生在国际环境中熟练使用英语从事商务、经贸、管理、金融等工作的能力，培养复合型、应用型人才。因其专业特殊性，在时事选材中也应重点突出商务、经贸、金融等因素。

在商务英语课程中，涉及与时俱进的学习意识培育的选材有53篇，涵盖观念革新、社会热点话题、现行政策、国内外经贸、金融等时事、政府工作报告双语学习等方面。提出了15个设问，通过设问，学生在教师的引导下对国内外时事等进行发言讨论，在培养学生与时俱进学习意识的同时，也拓宽了学生的国际视野，激发了学生的时事学习兴趣。选修该课程的49名学生参与了讨论和回复。

以下节选了部分选材和设问进行分析和展示（参见表2.2）。

表 2.2　与时俱进的学习意识培育选材及案例分析

选材主题	选材意义	设问	价值和意义	学生的主要观点及教学反思
5G-enabled messaging unveiled	随着时代的发展和社会的高速进步，越来越多的新观念涌入人们的生活。对大学生进行观念革新教育，有助于他们紧跟时代潮流和步伐	Are you a user of 5G? How much do you know about 5G? how do you think the influence of technology development of human society?	当人们在感叹4G的方便与快捷之时，5G已经开始发展并逐渐登上通信舞台。通过该设问可以增进大学生对5G的了解，紧跟时代和社会发展步伐，进行观念革新	部分学生积极跟进了解新概念新事物，但也有部分学生略怯于尝试和接受新观念。教师在课程思政教育中，应积极引导学生尝试了解并接受新时代的最新产物，紧跟社会步伐和时代潮流
Semiconductor restrictions—Latest US curb on Huawei	该话题为热点事件，美国对华为进行出口管制。教师结合课程特点，对社会热点中的思政因素进行挖掘	How would you comment on US government abusing export control measures of semiconductor restrictions? Can you figure out measures for Huawei to combat against or Chinese government support Huawei?	在涉及民族企业与他国发生冲突时，通过让学生分析问题表达观点，培育学生的民族大义和爱国情怀	学生能够辩证、客观地分析这一问题，并能发掘出其中所体现出的民族精神，增强了学生对国产企业和产品的信心，也激发了学生的爱国主义精神
Roadside food stalls are back	当代大学生应充分了解国家和社会的现行政策，积极响应党和国家的号召。在时事教育中应引导学生学习了解现行政策	How do you comment on "street-stall economy", such a measureto stimulate economy?	人间烟火气，最抚凡人心。最近地摊经济大火，全国多地鼓励地摊经济的发展，从而促进经济缓和复苏	学生对待现行政策，能够辩证地进行分析。对于现行政策的学习，既让学生了解了方针政策，也锻炼了学生分析问题的能力

续表

选材主题	选材意义	设问	价值和意义	学生的主要观点及教学反思
Government work report	在时事教育过程中，教师应积极引导学生参与政府文件报告的学习和讨论	How do you comment on government work report with your knowledge especially in some specific field, including what you have learned in this course?	研读政府工作报告是学习时政、了解时政的权威渠道。在课堂上组织学生学习政府工作报告并进行讨论，可以更直接有效地传达会议精神和文件精神	学习政府文件报告不仅使学生了解国家政策，也增强了民族自信心和自豪感，还加深了人民群众对党和政府的认同感

③课程思政专业学习能力建构。

课程思政是实现教育全程育人、全方位育人的必然选择。大学生教育过程中，除了掌握专业技能和知识外，也应注重各种能力的培养，全面提高大学生缘事析理、明辨是非的能力，让大学生成为德才兼备、全面发展的人才（于桂花，2020）。

在商务英语课程中，涉及课程思政专业学习能力建构的选材有13篇，重点挖掘培养学生的概念解析能力、分析问题能力、解决问题能力、批判性思维能力、创造性思维能力等。提出了20个设问，通过设问，学生在教师的引导下对选材和主题进行分析和解答，在思考中培养建构学生的相关能力。选修该课程的49名学生参与了讨论和回复。

以下节选部分选材和设问进行分析和展示（参见表2.3）。

表 2.3　课程思政专业学习能力建构选材及案例分析

选材主题	选材意义	设问	价值和意义	学生的主要观点及教学反思
Opportunity cost	商务英语课程中，关于商务领域的专业术语较多。因此较强的概念理解能力对学好这门课程具有重大促进作用	How do you understand opportunity cost? Explain the term with examples	在阅读完相关材料后，教师引出了这一话题。通过这一问题，可以了解学生对该概念的理解程度，并通过再一次的总结和陈述，帮助学生加深印象、深化理解	大部分学生对于专业术语的理解能力较强，能够在正确理解概念的基础上进行举例说明。同时也有部分学生理解的深度不够，并且语言能力仍需继续提高。通过这种线上讨论形式，学生在表达自己观点的同时也可以借鉴和评析其他同学的看法和观点，互相学习、互相进步
AI	分析能力作为一种基础能力，是解决问题的前提。提高学生的分析问题能力才能更好地培养解决问题的能力	Machine translation or AI represents the progress of science and technology even in terms of business. What's your opinion about machine translation or AI in comparison with human resource?	机器翻译和人工智能可以取代部门人力资源是当今社会所面临的一个问题。当代大学生应客观辩证地分析这个问题，减少不必要的恐慌，摆正自己在社会人力需求中的地位	学生在面对问题时，可以进行简单分析，但是深度有待提高，并且在分析问题过程中，主观性较强。教师在日后的思政教育中，应加强对学生理性、客观分析问题能力的培养

续表

选材主题	选材意义	设问	价值和意义	学生的主要观点及教学反思
Covid-19's negative impact on economy	解决问题的能力往往体现了个人的价值所在。培养和提高大学生解决问题的能力应是思政教育中的重点	Covid-19 must have had a negative impact on economy and enterprise, can you figure out some effective methods and measurements to prompt the local economy, such as the business of hotel and catering?	新冠疫情对当地经济和企业带来了很多负面影响，这一问题正是当下所面临的社会问题。将这一问题在课堂上提出，让学生运用观念、规则、一定的程序方法进行分析并提出解决方案，从而锻炼培养了学生的解决问题能力	大部分学生在面对问题时能够客观分析并提出具有可行性的解决方案。但也会有部分学生需要在老师和同学的指点帮助下，逐渐完善解决问题的方法，提高解决问题的能力

④部分思政案例库内容（双语教学，具体内容略）。

- 党章（Party constitution）
- 双一流
- 最严停工令
- 国际贸易，进出口关税
- 国际贸易机会（Global opportunity）
- 企业形式：你更喜欢哪种单位，国企、外企还是政府机关？
- 影响择业的因素
- 利益相关者
- 商品和服务？劳动力的价值
- 人力资本的形成，人才流动
- 激励机制案例：通过科技迫使你去改变
- 金融英语：政府的调控

（2）思政演讲比赛（思政育人和专业能力提升）。

10月12日18：00，北京市大学生英语演讲比赛首经贸选拔赛决赛在首都经济贸易大学向东楼306教室举行。本次演讲比赛的主题为"人类命运共同体"。在比赛中，选手们围绕"人类命运共同体"这一主题，各自表达了自己的思考。

参赛选手选题角度新颖，给评委老师和现场观众留下了深刻的印象。

任××同学以"地球的另外一个名字"为题，围绕经济、环境、安全这3个方面，阐述了全世界233个国家和地区没有一个可以独自生存，都需要以这3个方面为基础来构建人类命运共同体，并阐述了让人们关注这个问题的方法。孟××同学提出了命运共同体的重要性，并且围绕着安全和平、贸易合作，将人类命运共同体用自己的方式向大家阐明，十分具有说服力。薛××同学认为人类命运共同体一定会被普遍接受，阐释了这个观点为什么会被接受；现在国际形势复杂，但是她却告诉我们应该怎么推广人类命运共同体，观点新颖。王××同学将人类命运共同体比喻成一股清泉，这是一个标志，它永远不会枯竭，合作从古至今都有；各国的合作都是纯净的，没有钩心斗角；她选择"泉"是因为与自然紧密联系。贺××同学的角度十分新颖，从社会责任、养老服务、公地危机、环境保护意识和人文主义情怀等方面阐述这个主题，提出要运用科技创造革命，打破居民住宅结构，提升交通速率，加强人与人的联系。肖××同学认为当今世界既存在文化多样性和经济全球化，也存在霸权主义和恐怖主义，所以各个国家应团结在一起，提高全球化意识，共同构建人类命运共同体。

本次比赛有利于提高同学们的英语水平和英语表达能力，更重要的是，推动和启发同学们对于人类命运共同体的认识，激发同学们为构建人类命运共同体而努力，多一份自己的思考，贡献自己的一份力量。（资料来源于首都经济贸易大学外国语学院网站）

（3）基于问卷及访谈的商务英语课程思政教学效果分析。

本研究从课程思政教学的收获与体会、问题及建议出发，对样本进行了问卷调查及课后访谈，并对学生的反馈进行分析总结。

①收获与体会（参见表 2.4）。

表 2.4 学生对商务英语课程思政的收获与体会

分析结果	相关数据展示（节选）
道德人：学生的思政意识提高，道德观、职业观和价值观等更健全	① Regular critical thinking exercises greatly improve our ideology and value, making our thinking more flexible and comprehensive and our values more perfect. ②My ideology and value have also been expanded. ③Teaching us how to be a modest man in the respect of ideology and value
中国人：增强了学生的爱国情怀和民族认同感	①China now is such a powerful country that can handle international affairs. ②Facing the CVID-19, China take initiative to take international responsibility. ③China take measures to alleviate the economic pressure during the epidemic
现代人：与时事相结合，拓宽了学生的知识面，培养了学生学习时政的兴趣	① Being exposed to various fields, including business, politics, people's livelihood and medical care and so on, our horizons are broadened. ②Introduction and analysis of current political news made me have a strong interest in the news related to the current situation home and abroad, and I am willing to find profound truth from it. ③I learned a lot about the economy of China and the world under the impact of the epidemic
基本能力：培养了学生的创新思维，提升了分析问题、解决问题的能力	①Learn with innovative thinking, using professional knowledge to solve practical problems. ②Improved the ability of solving problem and thinking of innovation. ③Analyzing and solving problems cannot be one-sided, but from various aspects and reality
专业能力：学生在学习商务相关知识、提高英语技能的同时，增强了跨文化意识，拓宽了国际视野	①Mastered professional vocabulary, knowledge, and get occasions to use English slangs. ②Learned a lot of business terms that I can't touch in usual. ③Learning business English makes me understand the importance of multicultural values

②问题及建议（参见表2.5）。

表2.5　学生对商务英语课程思政提出的问题及建议

分析结果	相关数据展示（节选）
教师主导：讨论环节，教师参与度偏低，应体现教师主导性	①Teacher can share his experience with us. ②Teachers can discuss problems with us or evaluate our comments on the MOOC platform
学生主体：增加互相探讨的机会，促进观点分享和交换	①Gaining other opinion through discussion. ②To debate on current affairs from different angles
课堂形式：思政教育应与实践活动相结合	①To combine social practice more. ②To add practical activities such as business negotiation and interview, in view of application
授课内容：结合更多实例及案例分析，多涉及政治、经济和时事内容	①Combine more concepts with specific examples, focusing on political economy. ② Analyzing current political issues to strengthen ideological and political consciousness. ③Combine with videos of current affairs interviews and classroom lectures

2. 造心：打造全球思维和国际传播力。

（1）能力架构、课程设计及实践环节。

将7门语言文化微课融入商务英语课程，通过英语技能训练、中西文化交融、商务英语实践和跨文化商务交际教学模块，组成多元、递进的教学体系，从中西概念融入、语言转换与信息输出实践，提升全球思维和国际传播力。

（2）英语技能提升训练（部分）。

①单项选择。

Issuing stocks is one of the methods employed by public companies to ＿＿＿＿＿＿ for wider and further funding.

A. increase their publicity　　　　　B. open moremarkets

C. show their financial strength　　　D. raise money

②首字母填空。

Portfolio management is all about strength, weakness, opportunities, threats in the choice of debts vs. equity, domestic vs. international, growth vs. safety, and much other trade-offs encountered in the attempt to m _____ return at a given appetite for risk.　　　　　　　　　　答案：maximize

（投资组合意味着在债务与股权、国内和国际、收益与安全，即它们所固有的优势和缺陷、机遇和风险中进行权衡并做出选择，并且最终的目的是在既定的风险容量内实现收益最大化。）

③选词填空。

The purpose of insurance is to obtain _____ in the event of any happening that may cause loss of money.

（3）英语素质培育（英语美育教育：通过听经典英文歌曲、阅读英文名著、观看经典英文影视等学英语）。

Sound of Silence-Ania

3. 建体：搭建系统性专业知识架构。

作为财经类高校的全英文公共课，将校本开发的财经英语看世界慕课作为线上学习内容，融入商务英语课程实体课堂教学，形成本课程的完整内容体系，包括企业建构概论、跨国公司、国际金融与投资、国际贸易、新兴产业、中西商务文化、跨文化交际七大板块，体现为 Introduction to Business, Assessing Economic Conditions, Business Ethics and Social Responsibility, Working for a Multinational Corporation, International Trade, Financial Crisis, Derivatives, Personal Finance, Emerging Industries, Banking, Human Resource Management, Production Management, International Business Culture, Chinese Business Culture, Cross-cultural Communication 十五大主题，注重国际商务职场日常会话与常用知识的输入。课程建设了三大资源库，注重动态更新，强调经典性、前沿性、思想性和时代特征。这些资源库以英文教材 *Introduction to Business* 为实体课程的主体内容，保证课程内容的系统性

和经典性；以校本财经英语看世界慕课、中国大学 MOOC 的国家精品课程资源为网络课程的主体内容，保证课程内容的前沿性与挑战度；选取 *China Daily*、*Times*、*Economics* 等国内外影响较大的英文媒体及学术期刊中的经管内容构建教学案例库，保证课程的时效性与实用性。

在针对已修习本课程的本校学生的后续调研中，88% 的受访学生表示本课程的对话设计较好地还原了现实生活中涉外业务的情景，76% 的受访学生表示本课程的知识性内容对其了解职场业务知识有直接帮助。通过进行校际课程反馈意见走访活动，受访学生普遍表示课程的授课半径通过网络得到了极大的提升，随着授课半径的扩大，目前已经初步形成了围绕课程内容话题的校际学生课题论坛与学习社区。受访学生同时表示，由于课程内容契合了当前学生的实时关注热点，在学习课程的同时，也对课程所涉及的某一领域的文化有了更深层次的了解与掌握。

基于创新思维的知识点建构（以 B2B 为例）：

B2B is short for business-to-business. It is a business model that refers to the exchange and transmission of data and information between enterprises through the private network or the Internet to carry out transaction activities.

At present, alibaba should be the largest B2B platform at home and abroad, and taobao is also a relatively large platform. B2B model has many advantages. Firstly, it can reduce the purchase cost. Secondly, it can reduce the inventory cost. Thirdly, it can save the turnover time. Fourthly, it can expand the market opportunities. Fifthly, it has a large scale and strong competitiveness.

4. 塑形：开发个性化、针对性辅助项目。

除了传统的专业性学科竞赛辅导、晨读英语练习、晚自习专门英语辅导及与主题课程配套的听说、写作等辅导外，还开启了网络辅导模式。

（1）网络课程答疑辅导。

网络课程答疑主要针对校本开发的语音等 7 门网络视频课、雅思写作等 2 门微课程和财经英语看世界慕课等应用于学生自主学习的网络课程群。答疑团队以主讲教师为指导、以研究生为主体，师生配合对学生进行答疑解惑，与学习者形成双向互动。网络课程答疑团队构成了商务英语课程网络学习延展的有生力量。

（2）慕课学习辅导。

在传统问题的基础上，增加新的商务时事热点，鼓励学习者参与讨论（参见图2.10）。

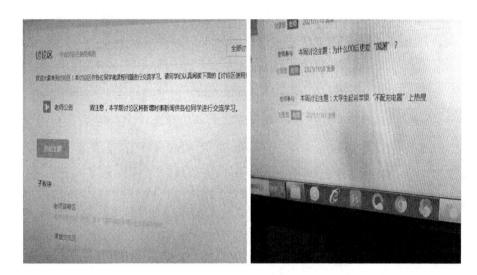

图 2.10 慕课学习辅导中的时事热点讨论

（二）三维生态：过程模型、动力系统、影响因素分析体系

1. 创建深度学习过程模型。

（1）课程内容体系。

①实体课程的知识架构。

Business English 商务英语

■ Part One Business Environment

● Motives and Functions of a Business 对企业（business）的理解：企业

的社会功能是什么？如何建立一个企业，要考虑哪些要素？

• Business Ethics and Social Responsibility 企业道德和社会责任：什么是企业道德？企业应该承担哪些社会责任？

• Assessing Economic Conditions 影响企业发展的经济环境：宏观与微观。包括产品价格的形成；影响企业利润的宏观或微观因素；政府的作用。

• Assessing Global Conditions 影响企业发展的国际环境：企业参与国际贸易的动机；国际贸易的基本概念；国家特征对国际贸易的影响；汇率等对国际贸易的影响（"一带一路"以及区域经济联盟）。

■ Part Two　Starting a New Business

• Selecting a Form of Business Ownership 选择企业形式：独资（个体）、合资（合伙）公司等各种形式及其利弊。

• Entrepreneurship and Business Planning 企业文化、企业家精神及企业策划：企业特性与企业家个性；利用市场环境资本；开发竞争力；企业风险。

■ Part Three　Management

• Managing Effectively 有效管理：管理水平；经理的功能；经理的技能。

• Organizational Structure 组织结构：什么是理想的组织结构；扁平化还是层级化；部门分工。

• Improving Productivity and Quality 管理产品：提高生产力和产品质量；影响企业选址、产品设计摆放、生产过程及生产效率的因素。

■ Part Four　Managing Employees 管理员工

• Hiring, Training, and Evaluating Employees 员工雇佣、培训及考评：如何招募员工；就业公平；员工补偿；员工培训及考评。

• Motivating Employees 员工激励：马斯洛需求层次理论、期望理论、XY 理论、双因素理论等；如何提升员工满意度。

■ Part Five　Marketing 营销

• Creating, Pricing Products 生产线与生产过程：影响产品目标市场的因素；创造新产品的步骤；产品差异化；产品定价影响因素。

● Distributing Products 产品分布渠道及影响因素：市场覆盖；产品运输方式；零售服务；批发；纵向渠道整合。

● Promoting products 产品营销：营销如何使企业获利；广告；个性化销售；营销方法；公共关系与营销；营销组合。

■ Part Six　Financial Management

● Accounting and Financial Analysis 企业如何使用会计：合适的融资汇报；评价企业的金融状况；解释金融声明。

主要依据：杰夫·马杜拉（Jeff Madura）主编的教材《商学导论》 *Introduction to Business*。

②网络课程的知识架构。

Unit 1　Working for a Multinational Corporation

Unit 2　International Trade

Unit 3　The Inevitable Struggle

Unit 4　What Caused the Financial Crisis?

Unit 5　Pinch Pennies—Personal Finance

Unit 6　Emerging Industries

Unit 7　Banking

Supplemental Materials

③"大学英语人文素养"网络视频课（参见首都经济贸易大学网络课程教学资源平台）。

（2）教学大纲。

Capital University of Economics and Business

Syllabus

Course name：International Business

Textbook：An Integrated Course in International Business English

Classroom：Mingbian Building Room 109

Class hours：36

Lecturer：Liu Chongxiao

Contact：

Language：90% English，10% Chinese

DESCRIPTION

This course is an advanced business class which involves basic knowledge about various aspects in Economics，International Trade，Marketingand etc. The aim is to help students acquire a comprehensive understanding about the structure of Business，including business terms，principles，rules and relations in between. The course also requires students having taken Calculus，Macro and Micro，International Trade with English above the medium. The book contains 12 chapters and is planned to be finished in this semester.

COURSE OBJECTIVES

To introduce students to the world of international business，to help them acknowledge the development of international business and its theory；

To introduce students to various forms of international payment and trade terms；

To provide students with opportunities to develop written and oral English in practical business use；

To orient students to understand the Marketing rules and competitions.

GRADING PLAN

Coursework will be weighted as follows：

A drawing will be assigned almost every two-class period. Each drawing will be graded unless there are major errors or omissions and it is returned for correction or completion. Drawings with minor details or other non-conceptual errors will be graded as submitted, and letter grades will be given.

Drawing due dates will be given to you for each assignment. Drawings will usually be due at the beginning of class periods on the due dates (unless specifically stated otherwise). Unless you are absent on the day an assignment is due, it will not be accepted later than at the beginning of the class period when it is due. If you are absent from class when a drawing is due, it will be accepted late-but an acceptable, written "excuse" is presented.

FINAL EXAM

The final exam will be comprehensive and entirely drawing-type. It will be given at the time shown at the end of the schedule that follows.

Plagiarism, cheating and copying have no air to live in academic community. Have the confidence in yourself to give your original best.

ATTENDANCE

Attendance will be graded as follows: No absences A+; One absence A; Two absences B; Three absences C; Four or more absences F.

Absences for which a medical is provided (professional letterhead required) will be recorded but not figured in the attendance grade. Likewise, one absence for which advance notice is given by phone or in person will not be figured in the attendancegrade. Any significant tardy or early departure from class will be figured as a half absence.

COMPLETING READINGMATERIALS & WEBSITES

Principles of Economics by N. Gregory Mankiw

Economics by Paul Samuelson and William Nordbaus

The Wall Street Journal: http://asia. wsj. com/home-page

The Fox Business: http://www. foxbusiness. com/index. html

Yahoo! Finance: http://finance. yahoo. com

Financial Times: http://ft. com

Bloomsberg Business Week（hard copy or app）

Chinese Business News（hard copy or app）

（3）教学案例库（部分典型案例）（参见图 2.11）。

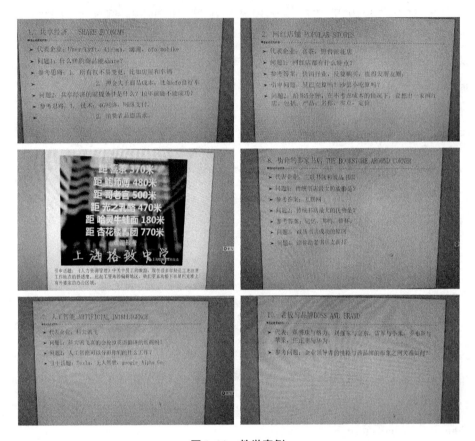

图 2.11　教学案例

（4）部分题库资源。

■ Chapter One

What is the reason of MNC to arise?

What role does MNC play in the world，esp. in non-developed countries？

How does a company develop intoa MNC？

Co-ordination skill is an important skill in a MNC，how do you understand that？

Most of products and commodities derivate from raw material, do you know the process?

Input and output are two opposite directions, they are not only used in the production, but also in the language acquisition, how much do you know about that?

How many subsidiaries of the 500 world top in China?

What is instrument?

"Such a high increase will impose an undue burden on the local tax payer", what kind of burden can be regarded as undue burden?

Do you think enterprise (or company) is an exploitation machine by nature?

Wholly-owned company is one of the forms of corporations, do you know other forms of corporation?

■ Chapter Two

China is one of the world's fastest-growing economies, and its inhabitants make up almost _____% of the world's population.

Since its adoption of _____, China has become one of the world's most hyped investment locations.

Can you define the following terms, such as "franchise" "fiscal quarter" "revenue" "C-suite" "sourcing deal"?

One major issue which was widely discussed was the growing (not shrinking) challenges arising from the fact that some MNCs' head offices, including the C-suite as well as board of directors level, don't understand China. What are the reasons according your understanding? Can you figure out some solutions?

In the process of moving upwards within the ranks of a company's management, work relationships are formed, which are crucial. "Guanxi" has aparticular meaning in China, but the importance of forging relationships in and around the workplace is universal. How do you "Guanxi" is different from relationship?

What is the dilemma which MNCs face in markets like China?

What are the reasons that foreign direct investment（FDI）in China has grown dramatically in the 40 years?

What are the keys to a successful "going global" strategy for larger Chinese companies?

■ Chapter Three

What are the reasons forgraduates to work for multinational organizations?

Every coin has two sides, what are the disadvantages working in MNCs?

How do you comment on the diversities and conflicts such as value in MNC?

Which do you prefer when you seek job, Multinational Corporations（MNCs）and Small Companies（SCs）?

Would you like to talk about some of MNCs cultures?

What are the different time orientation between the West and the East?

Can you explain the following terms? Multiculturalism, Organizational culture, diverse workforce, deployment.

■ Chapter Four

What is M & A?

How does M & A occur as an economic phenomenon? What are the reasons and process?

How do you comment on the M & A? It is a good thing or bad thing?

Can you offer some advice for employees of companies in the midst of an acquisition?

Try to define the following words and phrases in English: Affiliate, distribution channel, consolidation.

■ Chapter Five

Try to illustrate Facebook's Buying Spree.

What does Facebook attain with "buying"?

What is the shared mission of Facebook and WhatsApp?

_____ refers the total dollar market value of a company's outstanding shares. Commonly referred to as "market cap," it is calculated by multiplying a company's shares outstanding by the current market price of one share. The investment community uses this figure to determine a company's size, as opposed to using sales or total asset figures.

_____ (EPS) is the portion of a company's profit allocated to each outstanding share of common stock, which serves as an indicator of a company's profitability.

_____ (NI) is a company's total earnings (or profit), calculated by taking revenues and subtracting the costs of doing business such as depreciation, interest, taxes and other expenses. This number appears on a company's income statement and is an important measure of how profitable the company is over a period of time.

What is clientele?

■ Chapter Six

The phrase M & A is seldom used separately, but actually they are different things. How are they different from each other?

What troubles will be produced in the process of M & A, such as new organizational culture?

Define the following terms and expressions: target company, Lay-off, mandate.

■ Chapter Seven

"Designed by Apple in California. Assembled in China." This line is found on every Apple product. Why do you think Apple has outsourced virtually all of its manufacturing overseas?

What is the Comparative Advantage in the international trade or globalization? Can you give an example?

Try to explain the following words in English: outsourcing, mercantilism, free trade, tariff.

■ Chapter Eight

Why can't iPhones, iPads, and all the rest of Apple's magic gadgets be built in the States? More generally, why can't more US - based consumer electronics and computer companies do their manufacturing work domestically, helping to create American jobs and boost the struggling economy?

Do you think labor force an important factor in international trade?

Can you find a word or words to describe the electronic goods manufacturers or its employees?

How do you think of the saying "This globalization of the labor market is making the world more diverse, and less diverse at the same time"?

Try to interpret the following words and expressions: corporate tax, Labor cost/cost, scrutiny, consumerism, consumerism.

■ Chapter Nine

It is a common misconception that China, where the iPad is assembled, receives a large share of money paid for electronics goods. That is not true of any name-brand products from U. S. firms. Why?

How do you understand the saying, "What these data illustrate is that the U. S. -China trade deficit reflected in the trade statistics for electronic goods is comprised of China's small direct labor input plus large inputs of parts and components (including the labor) from the U. S. , the E. U. and other countries in Asia. " Or what does the saying indicate?

Chinese enterprises' "going global" process is still in itsinfancy. Why?

China should, therefore, continuously deepen its institutional reforms to sharpen its competitiveness edge and draw up a well - conceived, long - term strategy for its manufacturing sector. How to achieve this goal?

Try to define the following words and expressions: gross profits, shareholder, offshore, trade deficit, first-tier supplier, intellectual property, R&D, value-added, division of labor, foreign direct investment, foreign-exchange reserves/household savings, re-industrialization.

（5）教材体系（部分代表教材）。

《商学导论》（*Introduction to Business*），Jeff Madura，人民邮电出版社2008年版.

《跨文化交际实训》，刘重霄，对外经济贸易大学出版社2017年版（校级优质教材）.

《财经英语看世界》，刘小溪、刘重霄，首都经济贸易大学出版社，2019年版.

《翻译理论、技巧与实践》，刘重霄，首都经济贸易大学出版社2021年版.

（6）基于创新创意项目的实践。

■ 有关新冠疫情期间失业调查的情况（案例）

● 三班（参见图2.12和图2.13）

Affected by the outbreak, there are indeed many enterprises facing the crisis of closure, but according to household surveys, urban unemployment is generally relatively low, only one rural family in the sample of 10 families is at risk of unemployment, possibly because the rural family's cultural level is not high lead to job replacement or layoffs.

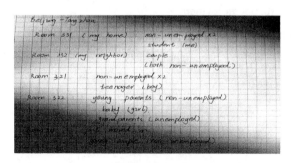

图2.12　三班同学疫情失业调查1

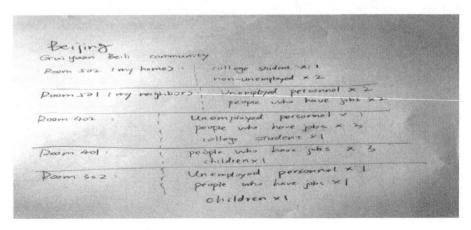

图 2.13　三班同学疫情失业调查 2

● 二班

I investigated several friends' families and my neighbors. During the novel coronavirus pneumonia outbreak. Because most of their family members are government workers and work very stable. So most of them did not lose their jobs in this new coronary pneumonia epidemic. Only one of my friends runs a restaurant. Due to the impact of the new coronary pneumonia epidemic, their restaurants are difficult to maintain. I think their situation is frictional unemployment.

The number of 5-10 households is a little small data, and may not be very representative. I surveyed some family around me and summarized with the National published data.

My family: No unemployment

My friend's family 2: No unemployment

My neighbor: No unemployment

My classmate family: No unemployment

My neighbor 2: No unemployment

My friend' family 1: No unemployment

My relative family 1: No unemployment

My relative family 2 (doing business)：Decrease in income.

However, these data cannot prove that the current unemployment rate is low, because there are still some individual businesses, small shops, small restaurants, etc. this survey did not involve.

In order to get the real unemployment rate, I checked the relevant information (数据来源：第一财经)：

21 日，人社部新闻发言人卢爱红表示，1—3 月，全国城镇新增就业 229 万人，同比减少 95 万人，3 月份环比降幅收窄。3 月份城镇调查失业率 5.9%，环比小幅回落。一季度末全国城镇登记失业率 3.66%。对此，杨伟国表示，3 月份城镇调查失业率在 5.9%，这个数据应该还是比较接近实际情况的。

It can be seen that in this epidemic, various national actions to promote employment and promote the economy have made the unemployment rate under control. Well, it's GREAT!

I'm investigating my family, almost all my family members work in state-owned enterprises, so there is no unemployment. Some of them now go to work every day, others work online. But there was one in the middle, is my sister. She had just found a job, working for a private company, before the outbreak. For private enterprises, lack of financial resources is the biggest blow. They do not have enough capital to pay the rent, employees' salaries and so on. So she lost her job in this outbreak.

- 一班（参见图 2.14 和图 2.15）

I conduct seven friends whose families had lost their jobs, six of whom had not lost their jobs, and one whose father had lost his job. It is understood that his father's company is facing a large number of layoffs conduct unemployment situation survey based on 5-10 households.

For this assignment, I made a questionnaire in the Wechat app "questionnaire

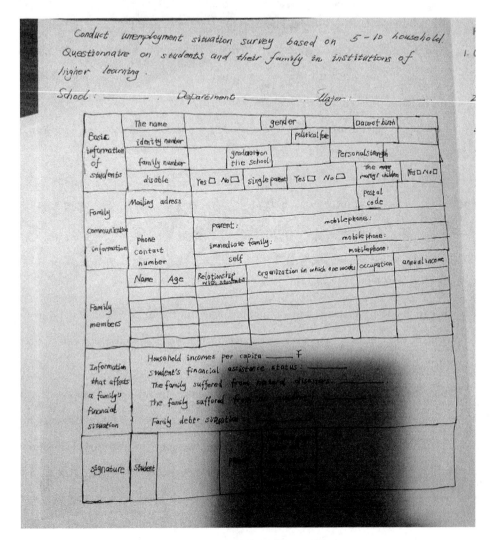

图 2.14　一班同学疫情失业调查 1

star" (The QR code of the questionnaire is shown at the bottom right of the document), and 21 people filled it out. 15 of them said no one was unemployed, while 6 said they were unemployed people in their family. For the six people's family unemployment situation, I made the following tables (参见表 2.6).

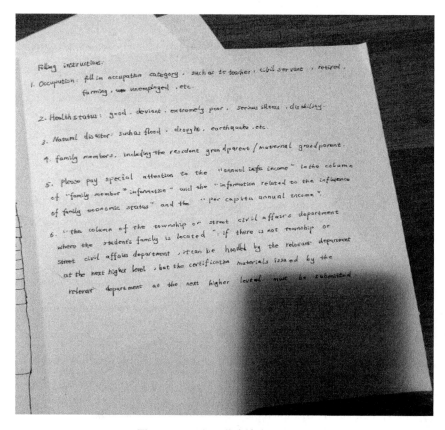

图 2.15 一班同学疫情失业调查 2

表 2.6 失业调查统计

	Number of family members	Number of the unemployed	Causes of unemployment	Whether there is economic burden?	Satisfied with your present life?
1	4	2	④	yes	yes
2	3	1	②	yes	yes
3	6	3	④⑤	yes	no
4	5	1	③④	yes	yes
5	3	1	②③	yes	no
6	3	1	④	yes	yes

Causes of unemployment:

①have no patience with the work and want to change the work frequently.

②the work is related to the reason, and now is the reason that no need for work.

③society's total demand for such work is insufficient, so there is no work for them.

④ability does not meet the requirements of today's economic market, ability can't adapt to economic change quickly.

⑤The body suffers from disease or disability and does not have the ability to work.

Conclusion:

Based on the survey above, we can know that almost no one was out of work because of impatient with work. Most of them were forced to lose their job because of the outside quick change. Andall of these families who were unemployed indicated that there was an economic burden in their family. But some people are very satisfied with their current life, and some are not.

When investigating the unemployment situation of five families, it is found that one person in one family is unemployed. The reason is that this person was interviewed before the spring and the year after, he failed to find the new job due to the epidemic. The company's personnel department called him to find another job. The remaining four households have no unemployment situation.

I surveyed five neighbors, all between the ages of 30 and 50. And there is no unemployment, there is a stable job.

■ 有关毕业典礼的创意

Do you have any expectations on the graduation ceremonies this year? How would you design a virtual graduation celebration?

● 三班

①I'm looking forward to seeing all kinds of online graduation ceremonies. I think the most important part of graduation ceremony is to issue graduation certificate. Because the graduation ceremony by video online can't meet this demand. So we can use virtual characters to simulate this behavior. For example, in the game, role-based graduation is also a very interesting and memorable graduation ceremony.

②Graduation ceremony can arrange the characteristic costumes to take graduation photos, hold graduation evening, the principal issued a graduation certificate and take a selfie, can hold some small games on campus. And at the same time prevent some possible emergencies such as power failure.

③In modern time, university campus life memorable for each student, and the graduation ceremony is essential every year. However, students cannot be assembled in the school to attend the graduation ceremony this year due to COVID-19. My view is that the graduation ceremony can be divided into two parts, online and offline, are my expectations about it.

Initially, for offline, students and professors can send gifts each other by Courier, when the school's leadership in a speech on the Internet, we can open our graduation gift, at the same time, wearing our academic dress is an indispensable part. Another significant part is an online part, other than the regular video presentation, we can regain the university's scene through a game— "my world" to make a virtual graduation ceremony, We can use this game to set up virtual characters and virtual scenes, in the game, students can stand on the playground, listen to President's speech and take photos with friends. Meanwhile, students can wear the academic dress and open their graduation gifts in their home.

In conclusion, the virtual game can help students feel that they are in school and "a sense of ceremony" is necessary for their student's career.

④In fact, this year's graduation ceremony will most likely be held on the

Internet. The epidemic prevented students from getting together for the last time when they graduated, but holding it on the Internet is also a special memory.

If I were to design the ceremony, I would like to create a virtual graduation ceremony. The virtual environment uses the campus as the background. In this virtual environment, graduates can see the faces of their friends, teachers, principals, hear the speeches of teachers and classmates, and chat together. Although they are far away from each other, it can't stop them from celebrating graduation and feeling nostalgic for the campus.

⑤The year 2020 is a very special year, and a lot of things can't go right because of covid-19. It is also a pity for this year's graduates, because most of them will not have the graduation ceremony. Many things have become online, but online graduation ceremony is still a little less feelings and more regrets. Although we can't go back to school to take our graduation photos, maybe we can get some good friends to take a group of graduation photos near home. Although there is no graduation ceremony, but we need to remember the friendship between students, the feelings will be turned into a lamp to illuminate the road ahead.

⑥I have no expectation for this year's graduation ceremony, hahaha, because this year's graduation is not us. But, if I was asked to design a virtual graduation ceremony, I would choose the live broadcast form, because it is a very important day, so it is still more formal face-to-face, and then arrange the speech of the president and the teacher, to give these young people who are about to rush to the society a final suggestion. It's better to leave the students an hour to have a good exchange, because it's hard for us to have so many people together in the future, maybe we'll go our separate ways. At last, we set up a website to make e-message boards, leaving them with the best memories.

⑦I look forward to this year's graduation ceremony, on the one hand because I have n't been in touch with my classmates for a long time, on the other hand, the first online graduation ceremony is full of excitement. If I were to design the graduation ceremony, I might have it on a big open game.

⑧I hope the graduation ceremony will be held live. Most of the programs and speeches should be held in my own home to avoid gathering. It is better to add a lottery and invite famous people to give a speech through the Internet. Distribute graduation certificate by mail.

- 二班

①Actually no, I watched a lot of videos about the graduation ceremony on the Internet. Some of them are online. Others were hold in their school but with a mask on their face. In my opinion, it doesn't matter how the graduation ceremony is held but the process of studying means a lot. The graduation ceremonies is just a ceremony. What you actually learned during your college life is the most valuable thing to remember.

Well, if i am the director, I will choose an online graduation ceremony. This kind of form does not affect students' health and its also an excellent measure to save the money.

② According to the current domestic epidemic situation, this year's graduates have some special conditions. It seems unrealistic to get together for the graduation ceremony. This is also a great pity for this year's graduates.

Designing a virtual graduation ceremony seems to be a good solution. China's fast-growing cloud computing and 5G enable these ideas to becomereality. Log in to a conference at the same time through various mobile application software. Then go through the normal process, such as the headmaster's speech. But it's all online.

③ Although I'm not a graduate, I'm also very interested in this year graduation ceremonies. If I'm one to plan the graduation ceremony, I'd like to hold a visual graduation party. We can endure our party with online games such as singing and talk show. Every people can take turns to share her or his college environment in this four year. Maybe it's like a tea party the forms will be very free. We can also design some surprise part to make party very interesting. The most important thing is to make everyone understand the value of college life.

④ A. I am looking forward to today's commencement. Because of the epidemic, the graduation ceremony has to be moved online. However, I have never experienced an online graduation ceremony since I was a child, so it is inevitable that I will expect a new form of online graduation ceremony. However, for the graduates, they may feel that the graduation ceremony would be incomplete without offline. I feel pity and regret for them.

B. If I were to design a virtual graduation ceremony, the performance would be essential. In addition, teachers and students should also combine their blessings to make the graduates feel motivated to strive for the future life. Finally, it's a good idea to have an online degree-awarding ceremony so that graduates can feel the full weight of the ceremony as if they were in the real scene.

⑤Actually, I don't have too much expectations on the graduation ceremonies this year, maybe because I'm the student union members that I have to help to plan the the ceremony.

In my opinion, we should have a brief talking that dean give us. Then we'll have a party that every class hold. And the school can prove some virtual school views that the graduate can take picture with.

⑥A few days ago, I saw the graduation ceremony of A University in Nanjing. Because of the epidemic, Instead of face-to-face degree award, they use robots with ipad. In this form, the use of new technology has prevented the spread of viruses, but it looks a bit strange.

Recently, students from many universities in China have returned to school to prepare for graduation-related matters. Under the conditions of ensuring that it will not be infected, an extremely profound and meaningful graduation ceremony can be opened this year.

I will add a holographic projection to the virtual graduation celebration. You can see mountains and rivers in the air, Places of interest, and any other elements you want to show. At the same time, students can also interact with holographic images to add more fun and good memories.

⑦Although I'm not graduating at present, I've also experienced graduation, and I know something about graduation ceremony. Compared with the usual graduation ceremony, the online graduation ceremony has less communication with some students and less bustle. Therefore, it is necessary to add some interactive links, design more interesting links or programs, so that graduates can enjoy the graduation ceremony.

⑧In my opinion, I'm forward to the real graduation ceremony, because only it has the most sense of ceremony. It will be the last time we sit in the gym and listen to the president's speech. Then we will go to the podium to get our diploma and shake hands with the president. This must be one of the most unforgettable and precious experiences in our life.

If we have to hold a virtual graduation ceremony, I think the following links can be designed.

A. First of all, there is a map of Capital University of Economics and Business on the internet. We can choose to enter from any of its gates. Click the school gate to automatically play the video of the opening ceremony which takes us back to our school days.

B. Then we click on the dormitory building, the picture of our dormitory and the photo of our roommates will appear on the screen. This is our home in University. After that, it will play the message from housemaster to us.

C. What's more, we can also click to the playground, teaching building, canteen or Zhuoyu lecture hall which recording our four years of growing time.

D. Then, we click on the library, where we write graduation thesis, prepare for postgraduate entrance examination or go abroad.

E. Finally, we click on the stadium. The teacher's message to us and the headmaster's speech are automatically played on the screen. We can take photos with the headmaster and classmates online.

F. Click the web link to synthesize the graduation certificate, and the graduation ceremony officially ends.

- 一班

①What I look forward to most for graduation is the graduation photo. I will take a group of meaningful photos with my classmates to leave my last memories at school. For the virtual graduation ceremony, I will look forward to the President and teachers for our speech and hope. I will use VR to let us participate in this virtual graduation ceremony.

②This year, due to epidemic, student had to reply online. For the graduation ceremony, but this is for security reason, it is also worth advocate, the graduation ceremony, I am most looking forward to graduation photo, the graduation ceremony, can take advantage of the technology, synthesize all interesting pictures, make graduation photos, over the years it is memorable and beautiful.

③Part One: the name of the party: the ×× College of ×× University in 2015 x graduates party.

Part Two: party theme: gather the end of the world according to the Great Wall.

Part Three: party purpose: the flow of time, the first graduates of our college to bid farewell to college life, the time of college life may not be long, but in a young student era is particularly precious. At the end of this special time, we make this special feast to cherish the memory of our past and to do great things for our future. This is not only the way we commemorate, but also the tradition we continue. I would like to dedicate this to the young people who are about to leave their alma mater who have spent their happiness and sorrow in the university.

Part Four: the time of the party.

Part Five: the venue of the party.

Part Six: the organizer: the organizer of the Youth League Committee of the College: the association of student associations of the College, the co-organizer of the College Art Troupe: the basic tone of this graduation party of the students of all departments is nostalgic, warm and happy.

④Due to covid-19, many students are unable to return to school for the graduation ceremony. Therefore, in order to let everyone have a sense of participation, I think it is a good choice to choose VR technology to attend the graduation ceremony. Every graduate wears a VR glasses, even at home, he/she can feel as if he is attending the graduation ceremony at school. Everyone will stand in line to get his/her graduation certificate. There are red carpet and flowers in the auditorium, and lighting equipment on the stage, so that everyone have the feeling of being on the scene.

⑤This year, due to the epidemic, the graduation ceremony can not be carried out as usual. I personally think it is better to carry out a virtual graduation ceremony, and don't risk opening a physical graduation ceremony.

If I were to design this virtual graduation ceremony, I would focus on memory and summary. Although it's a virtual graduation ceremony, it's also necessary for graduates to have a complete ending. I will collect many photos of the past years and recall their four years of college life with the graduates. then I will also pay attention to the sense of ceremony, let teachers and leaders communicate with some representatives of graduates through live broadcast, and grant graduation certificates. In short, I think virtual graduation ceremony should inherit the elements of traditional graduation ceremony.

⑥After this epidemic, the graduation ceremonies this year must be pretty special to every college graduate. And for ensuring the safety of the students and the whole Beijing, graduates this year cannot go back to school. However, it is also a special point of the graduation ceremonies. How to make the ceremonies successful and unforgettable is becoming one of my expectations.

If I were to design it, I would like to make people online to do some interesting interactions that can only be done online, which is a memorable point and own this year's unique characteristic. Such as on the screen with multiple video chat of graduates, the teacher will pass the graduation certificate to the graduates in the next chat box, and pass it in this way until the last graduate (of course it's not really a passing between spaces, it's a passing illusion) . Then the graduates will open the certificate and come out with many campus pictures. That's the beginning of the graduation ceremony.

Then we can see many performances from graduates and other grades' students which are recorded in different places but spliced in the form of live broadcast. Finally all graduates can be photographed in one video with modern face matching technology. The video is to celebrate their graduation, and hope them fly their ideals and go ahead bravely.

⑦What I'm looking forward to most is the degree awarding part of the graduation ceremony. I hope that the virtual online graduation ceremony I designed will be more creative, and all the staff will participate in it. I hope that there will be advanced equipment to simulate the on-site group photo.

⑧Given in the last graduation ceremonies, there had the activities of taken graduation photos and holding ceremony, so I imagined that we can finish those activities online. Using photo shop, we could get graduation photos and using online conference applications to hold ceremony.

Furthermore, there are new ways to hold a virtual graduation celebration. Holding ceremony in school, and schoolmaster are present, the graduates watch the ceremony by live broadcast platform. Who will receive a diploma on stage? Maybe your favorite teacher, maybe an artificial intelligence robot.

2. 构建深度学习动力系统。

（1）硬件环境保障体系——北京高校语言教学示范中心。

①18 间语言实验室。

②五大自主学习平台：中国大学 MOOC 网、FiF 云学习平台、句酷作文批改网、空中英语教室学习平台、新视野平台。

③图书馆外刊资料库、外文图书阅览室、自然与生态文学书库。

（2）师资建设。

①教师教学能力培训。

为进一步提升我校教师的在线教育教学能力，特组织教师参加中国高等教育培训中心举办的"后疫情时代学校在线教育教学能力提升培训班"。现将有关事宜通知如下：

> 培训对象和报名方式
>
> 培训对象：我校专职教师及教学管理人员，限额 260 人，先报先得。
>
> 报名方式：我们将在两个网络教学大家庭群内发起报名接龙，请各位老师切勿重复报名。在汇总确认名单后会邀请大家进入培训报名群，烦请大家及时关注。
>
> 培训时间、培训主题、培训形式、结业证书
>
> 请查阅附件：关于举办后疫情时代学校在线教育教学能力提升培训班的通知。
>
> 培训要求
>
> 获得培训名额的人员须全程参与，完成所有主题培训。

（该资料来源于首都经济贸易大学教务处网站）

②教师思政大赛。

为了发挥课程的育人功能，推进外语课程思政建设，发挥外语课程在立德树人方面的积极作用，全面提升外语教师的思政教学能力，外国语学院特举办"外语课程思政教学比赛"。

比赛时间：2020 年 6 月 10 日。

参赛对象：45 岁及以下的教师要求参加；45 岁及以上的教师自愿参加。

比赛内容：

参赛者自选教学素材，基于一堂课（50 分钟）进行课程思政教学设计，将专业与育人相结合，充分挖掘教材中的德育内容，思考外语课堂的德育功能，力求实现专业能力培养和思政教育双重教学目标。

参赛资料：

提交 50 分钟课程的教学方案设计表（中英文皆可，模板见第 2 页）；

提交教学方案阐述（中文，包括主要思路、教学实施过程说明、教学反思和方案的主要创新点等，无模板）；

提交教学资源（教学过程中使用的主要辅助材料，音视频文件、PPT 或 Word 文件）。

③课程思政培训之五——北京冬奥会——"奥"妙早知道。

12 月 1 日，外国语学院在明辨楼 120 教室开展了本学期第五次课程思政培训活动——北京冬奥会——"奥"妙早知道。本次活动由黄××主讲。

黄××以"不一样的冰雪——奥妙早知道"为题，介绍了冬季奥林匹克运动的发展历程，奥运会命名由来、方式、历史溯源等，并向大家介绍了中国冬奥史、2022 冬奥会中国队看点。

培训期间黄××向同学们讲解冬奥英语运用注意事项，从用语规范、项目知识概览、冬奥新闻英语分类与学习方向等方面为同学们梳理了英语知识点。此外，在视频剪辑方面以冬奥相关的视频创作为例，分享快讯类、赛事二创类及人物短片类视频的制作思路和小白学习指南。

（3）学生激励。

①课程激励。

课程考核成绩的分配：

期末考试：30%

口语考试：10%

平时成绩：60%

　　　　　课前小测验成绩

　　　　　课堂演讲成绩

　　　　　课堂回答问题成绩

　　　　　小组准备成绩

　　　　　作文成绩

　　　　　听说教材课后作业成绩

　　　　　慕课学习成绩

（该资料来源于首都经济贸易大学外国语学院网站）

②竞赛激励。

积极鼓励学生参与各类竞赛及学生专业活动组织，将竞赛成绩折合成一定比例计入课程期末考核成绩。具体竞赛项目参见表2.7。

表 2.7　竞赛项目及情况（部分）

学科竞赛名称	级别	日期
全球商务谈判挑战赛	国际级	2013 年至今
"外研社亚马逊杯"全国大学生英语辩论赛	国家级	2013 年至今
"外研社杯"全国英语写作大赛	国家级	2013 年至今
"外研社杯"全国阅读大赛	国家级	2015 年至今
全国口译大赛（英语）	国家级	2016 年至今
全国商务英语实践大赛	国家级	2021 年至今

续表

学科竞赛名称	级别	日期
北京市大学生英语演讲比赛	北京市	2012 年至今
北京高校外语好声音大赛	北京市	2013 年至今
首都高校英文演讲风采大赛	北京市	2015 年至今
首都经济贸易大学英文电影配音大赛	校级	2007 年至今
首都经济贸易大学"英语沙龙"	校级	2007 年至今
首都经济贸易大学单词拼写大赛	校级	2009 年至今
首都经济贸易大学英文写作大赛	校级	2012 年至今
首都经济贸易大学"寻找译中人"翻译大赛	校级	2014 年至今

3. 搭建深度学习影响因素分析体系。

以情境（学习情景中各要素间的依存关系和关联构造）、交互（学习主体、客体与媒介之间、学习过程的各个维度与环节之间、学习动力要素之间的互动与影响机制）和思辨（目标、内容、过程、方式及效果的辩证性理解与思考）为核心要素，进行深度学习模式的影响因素分析，探索教学中情景创设的问题、维度及任务，交互呈现的方式、界面及评价，思辨建构的层次、异质及程式，及其对课程形成的影响，保证深度学习育人的方向和社会效益。

（三）二元融合："中西合璧、古今兼容"

将教师主导（手把手教）与学生主体（探究式学）、输入式教学（重知识获取）与输出式教学（重能力应用）、实体课堂（真实有效）与网络课堂（实时互动）相融合，有效提升课堂教学效果；将中国商务文化与国际语言（英语+专业的复合型人才培养模式）、中国的创新性实践案例与西方的经典理论相结合（西方理论本土化，中国本土实践理论化），培养学生的家国情怀和全球思维。

四、课程育人成效与社会效应：强我、利他、协同、共生

（一）课程育人成效：学生成长

1. 竞赛成绩。

自本项目开展以来，特别是实行了竞赛成绩与课程考试挂钩的政策，极大激发了学生参与竞赛的积极性。以 2014 级学生为例，我校举办了全国大学英语竞赛选拔赛，共有 320 名学生参与，在决赛过程中，获得北京市一等奖 2 名，二等奖 5 名，三等奖 10 名；举办了"外研社杯"全国英语写作大赛选拔赛，150 名学生参与，获得北京市二等奖 1 名；举办了英语配音大赛，52 名学生参与，获得了北京市三等奖 1 名；举办了第五届北京市英语演讲比赛，78 名学生参与，获得北京市三等奖 1 名；举办了"亚马逊杯"全国英语辩论赛选拔赛，47 名学生参与。参与学生共计 647 人次，占该届学生总人数的 27%。

2. 课业成绩。

近几年，学生的课业成绩大幅提高，综评及格率达 98%，优良率达 79.5%。

（二）课程育人成效：教师发展

教师教学及教学研究成果参见表 2.8、表 2.9、表 2.10。

表 2.8　教学成果获奖情况（部分）

项目名称	奖励名称	级别	时间
"商务英语"本科优质课程	北京市优质本科课程	市级	2019 年
财经类高校校本大学英语"三位一体"教学模式建构与实践	北京市高等教育教学成果奖二等奖	市级	2018 年
教学管理人员	北京市优秀教学管理人员	市级	2021 年

续表

项目名称	奖励名称	级别	时间
外语语言综合实验中心	北京市高等学校实验教学示范中心	市级	2015 年
数字课程建设	高等教育出版社数字课程建设基地优秀奖	市级	2016 年
首都经济贸易大学青年教学基本功大赛	首都经济贸易大学青年教学基本功大赛一等奖、二等奖、三等奖	校级	2007—2019 年
全国教学之星大赛	全国教学之星大赛一等奖、二等奖		2016—2020 年
首都经济贸易大学课堂教学效果优秀奖	首都经济贸易大学一等奖	校级	2009—2019 年
首都经济贸易大学课堂教学效果优秀奖	首都经济贸易大学二等奖	校级	2018—2019 年

表 2.9 教材建设成果（部分）

教材名称	作者	出版社	出版时间	入选规划或获奖情况
大学英语实用写作	刘重霄	中国人民大学出版社	2010 年	国家级规划教材
跨文化交际实训	刘重霄	对外经济贸易大学出版社	2018 年	教育部高等学校商务英语专业教学协作组推荐教材校级优质教材
财经英语看世界	刘小溪 刘重霄	首都经济贸易大学出版社	2019 年	校内本科生以上使用教材
翻译理论、技巧与实践	刘小溪	首都经济贸易大学出版社	2021 年	校内本科生以上使用教材
经贸翻译综合教程	刘重霄	首都经济贸易大学出版社	2011 年	校内本科生以上使用教材
外贸英语函电	刘小溪	东北财经大学出版社	2015 年	校内本科生以上使用教材

表 2.10 教学改革项目（部分）

项目名称	项目来源	起止时间
人机结合语言服务京津冀一体化建设	教育部	2021 年 1 月—2021 年 12 月
基于深度学习模式建构与应用的财经高校混合式大学英语"金课"建设研究	首都经济贸易大学	2020 年 1 月—2021 年 1 月
《综合英语》课程的"金课"建设实证研究	首都经济贸易大学	2020 年 1 月—2021 年 1 月

续表

项目名称	项目来源	起止时间
基于社会认知框架的大学生英语听说教材听力任务设计评价研究	首都经济贸易大学	2020 年 1 月—2021 年 1 月
基于翻转课堂互动话语模式下混合式大学英语教学改革	首都经济贸易大学	2020 年 1 月—2021 年 1 月
新时期外交理念下首都复合型外语人才培养初探——基于 2019 北京世园会工作实践	首都经济贸易大学	2020 年 1 月—2021 年 1 月
中西文化对比视角:《大学英语》课程思政教育构建与创新	首都经济贸易大学	2020 年 1 月—2021 年 1 月
首都经济贸易大学研究生公共英语能力评测体系建设与应用研究	首都经济贸易大学	2019 年 1 月—2020 年 1 月
基于"产出导向法"理论的大学英语教学模式	首都经济贸易大学	2019 年 1 月—2020 年 1 月
大学英语机考对外语教学的反拨作用的实证研究	首都经济贸易大学	2018 年 1 月—2019 年 1 月
互联网环境下大学英语教学主体人文性建构研究	首都经济贸易大学	2017 年 1 月—2018 年 1 月

（三）社会协同

1. 教学经验分享与学术交流。

（1）"大学课堂教学——问题与解决策略"沙龙成功举办。

（2）滨州学院等高校到外语系调研考察。

（3）关于大学英语教学改革的调研与研讨会（参见表 2.11）。

表 2.11　教学交流与研讨

序号	研讨会名称	研讨内容
1	教学改革调研交流	对外经济贸易大学、北京工业大学、首都师范大学教学改革情况
2	教学改革调研	南京大学、南京师范大学等高校的教学改革情况
3	校际教学交流与研讨	北京工业大学外国语学院党委书记王燕霞等一行五人到我系交流教学、实验室建设经验

续表

序号	研讨会名称	研讨内容
4	校际教学交流与研讨	山东滨州学院外语系主任孟丽华等一行三人到我系调研写作软件使用情况、大学英语教学和语音室建设
5	翻转课堂教学研讨会	翻转课堂教学内容、方法、考核体系建构
6	大一新生晚自习辅导模式改革暨"大学英语人文素养课"慕课建设研讨会	针对以往辅导模式的问题进行探讨,提出"大学英语人文素养课"的解决策略
7	翻转课堂、慕课教学学习交流	深圳大学、华南师范大学、中山大学、暨南大学、四川大学等地进行学习交流
8	翻转课堂、慕课教学学习交流	北京邮电大学等高校进行学习交流
9	OTA 翻转课堂、慕课教学研讨会	翻转课堂教学经验交流及问题探讨

注:研讨含对相关高校、企事业单位调研、考察以及学院组织的会议研讨等。

2. 校企合作。

高等教育出版社与首都经济贸易大学联合开发"大学财经英语"慕课。

3. 成果在其他高校的应用(参见图 2.16)。

图 2.16　课程采用学校

五、建设成果评价与论证

（一）学生网课评价（参见图 2.17）

非常喜欢这种形式的学习，有真正的场景，有外国朋友，整体上都特别喜欢。

发表于 2019 年 12 月 06 日　第 4 次开课　　　　　　　　　　　　　　　👍 0

22019213045　★★★★★

简单易懂，但是内容含金量还是比较高的

发表于 2019 年 12 月 06 日　第 4 次开课　　　　　　　　　　　　　　　👍 0

FALLINGmooc70　★★★★★

很生动形象，可以学习专业的词汇表达，还可以练听力。很日常很实用的对话，喜欢。

发表于 2019 年 12 月 06 日　第 4 次开课　　　　　　　　　　　　　　　👍 0

22019213013 卜帅　★★★★★

I LIKE THIS COURSE

发表于 2019 年 12 月 03 日　第 4 次开课　　　　　　　　　　　　　　　👍 0

mooc8222077146146418　★★★★★

useful good hard complicated

发表于 2019 年 11 月 30 日　第 4 次开课　　　　　　　　　　　　　　　👍 0

mooc2426827909416258　★★★★★

很实用，讲解结合实例

发表于 2019 年 11 月 30 日　第 4 次开课　　　　　　　　　　　　　　　👍 0

mooc4335123336070705　★★★★★

讲解详细，感受颇多

发表于 2019 年 11 月 29 日　第 4 次开课　　　　　　　　　　　　　　　👍 0

随便起个昵称了　★★★★★

课程很有趣，讲的很明白

发表于 2019 年 11 月 27 日　第 4 次开课　　　　　　　　　　　　　　　👍 0

185

mooc71792658852801936 ★★★★★

学到了很多财经知识

发表于2019年11月26日 第4次开课 👍 0

mooc6708934862208476 ★★★★☆

好的地方：有外教上课，每课时内容比较精炼，并且有课后作业，有利于巩固。不好的地方：互动有限，没有反馈，内容比较有限，希望能看到更多的学习内容和多种形式的互动

发表于2019年11月08日 第4次开课 👍 0

mooc40188560578712306 ★★★★★

很好，收获良多

发表于2019年10月29日 第4次开课 👍 0

Mia曹剑兰 ★★★☆☆

课程难度适中，不过可能因为是财经英语吧，还是有点枯燥。知识的掌握还是需要课下长期的练习和记忆。

发表于2019年10月25日 第4次开课 👍 0

SunChungmooc ★★★★★

Much better than expected~ Thank you all~

发表于2019年10月24日 第4次开课 👍 0

内容好，超级好，多多开课，支持支持支持，超级支持。请收下我的膝盖！

发表于2019年07月03日 第3次开课 👍 0

对眸望月 ★★★★★

老师的授课非常生动易懂，感觉金融经济词汇不再那么晦涩难懂，很不错。

发表于2019年07月01日 第3次开课 👍 0

王慧0102 ★★★★★

学习财经知识和提高英语口语都是不错的选择。

发表于2019年06月24日 第3次开课 👍 0

许梦林 ★★★★★

太好了太棒了

发表于2019年06月20日 第3次开课 👍 0

奔跑吧Carl ★★★★★

对于学金融的同学来讲 很不错

发表于2019年05月21日 第3次开课 👍 0

静水流深··· ★★★★★

外教还行，多一点听力测试就好了！

发表于2019年05月17日 第3次开课 👍 0

mooc55437354658883904 ★★★★★

是我喜欢的教学风格

发表于2019年03月19日 第2次开课 👍 0

图 2.17　部分学生课程评价

JasonXu402

课程非常好，希望老师多留点时间给我们学习，非常感谢！

发表于 2021-12-11

第 8 次开课

ivan 盘

This course is a very good a course. It's content, structure, organization, impart knowledge, manner, share, all of them very beautiful. I gain lot of elicitation from this course.

发表于 2021-11-07

第 8 次开课

余大勇 22020020222

内容很实用，效果很好，结合测试。

发表于 2021-04-27

第 7 次开课

晋亚举 22020020111

老师很专业，术语解读很棒，与课程紧密相关。

发表于 2021-04-05

第 7 次开课

郭东兴 22020020244

非常实用，帮助很大。

发表于 2021-04-01

第 7 次开课

冯林 22020020240

很实用的知识点大多数都能讲到。

发表于 2021-03-29

第 7 次开课

丁一 22020020125

学习后对英语的感觉加深了。

发表于 2021-03-28

第 7 次开课

王睿瑀 22020020169

授课内容深入浅出。

发表于 2021-03-28

第 7 次开课

（二）学生混合课程评价

第一组：

（1）课程结合时事（内容上突出"新"），在上课时我学会了很多新词和翻译（收获）。老师备课认真，准备材料充分（教师素质），确实扩充了我的知识，一学期下来还是很有收获的，如马斯洛需求层次理论（具体案例明确说明了收获）。

（2）很喜欢这门课，用英语学习商业知识，对于我确实困难（ESP 的难度）。我最喜欢的是"近期重大事件的英文解释"，让我们在学习英语的同时，也能了解租金的新闻（语言+专业或者英语新闻词汇的教学模式）。

慕课与上课学习的知识很多，对英语不好的同学造成了一些难度（课程有难度）。但是老师在课上能通过举例子生动地讲解（授课形式：讲故事，举例子）。老师真的辛苦了，谢谢老师。

（3）喜欢课前的时事部分，了解时事的英语表达十分有用。（新、实用）

课程内容有干货，但存在一定的语言障碍，无法完全理解（语言与内容的矛盾。语言+内容有好的一方面，但也有其难度）。希望老师课前把会讲到的内容先过一下。（授课模式建议）

慕课制作精良，但课下负担有点大，有种有心无力的感觉（对课程本身评价良好，但学习负担大）。有良好英语基础的同学应该收获不小吧（学习者的个体差异）。老师辛苦了。

（4）×××老师的课堂很丰富（内容）而且认真负责（教师素质），只是每周都留一份小组作业，对于我们学传媒专业的同学来说工作量和难度有些大（课业负担）。

慕课之前没有登录，错过了部分课程内容和测试，希望可以有机会进行弥补，因为要出国读研，绩点很重要很关键，希望能多给一些加分机会（分数需求是一个重要杠杆）。

（5）××老师一开始介绍一些简单的基础知识，就是做简答的专业名

189

词讲解，由简到繁，再到应用和自己的理解。以最新发生的事情做案例进行分析会更容易理解。（教学方法为案例教学，案例要新）

Mooc 的学习应是自主性的学习而非强制性的学习。（慕课应自主性而非强制性）

（6）这门课的内容与我的专业课密切相关，甚至与我辅修的劳动经济学也颇有联系（作为大学英语的 ESP，与学习者的专业相关性很重要）。课程不仅巩固了我的知识，还让我熟练掌握了相关的英语词汇。慕课难度有点高，感觉比我的专业课讲的都多。（慕课作为一般常识性的课程，难度不应太高）

（7）很喜欢这个课，老师人很好。老师备课认真（教师素质），内容很充实，也很专业，课堂形式多样化，能结合热点展开讨论，课程很不错。不足之处：较难。Mooc 的确很有趣，但是内容有点多，讨论环节用处不大，可作为非必做内容。（慕课本身）选课时就是希望能对商务英语进行了解，通过一学期的学习也确实收获很多，虽然专业的东西记不准，但有了一个大概了解。网课基本都看了，讨论只做了几个，test 错过了两个，其余 test 和期末考试都做了。

（8）上课的形式很丰富，讨论题的难度也适中，但线上课程造成了一定的负担（虽然有负担，但也能达到"让学生忙起来"的效果），视频里用电影讲解部分很有意思。（语言类课程可以增加影视内容及形式，增强趣味性和形象性）

（9）把英语与经济商务联系起来，能学到更多知识。课前的时事环节很好（教学内容设计：语言+专业的 ESP）（两性一度的创新性）。

老师很负责（教师素质：人文关怀，负责感）。

缺点：作业有些多，Mooc 任务有些重（不愿承担压力，不愿忙起来）。

（10）I think this course is useful and I can learn much I have never known. And the knowledge of economy is very important and useful for me. At the same time, I also learn much English knowledge and like the vocabulary section.

（实用价值；语言与专业融合的 ESP；新教学材料）

（11）I learned many knowledge. But sometimes, I don't have this interest to listen to, perhaps because some knowledge belongs to management or economics that we have studied. I prefer listening some stories behind the business. （ESP 在内容上要注意避免与学生所学专业知识方面的重复，要更强调语言为主。此外，要强调内容讲授的故事性和趣味性。）

（12）Current affairs section is good. It can improve my knowledge and content is also interesting. （教学内容的新颖）

（13）教师很耐心，幽默（教师素质）。不过由于个人的原因（个性化教学的基础，是学生个性化的真实状况），我对商务英语兴趣不大。我觉得可以在课件里加一些同学们身边的例子（案例的生活性和真实感），或者一些能引起思考的有意思的话题，比如商业道德那节课中说过一个列车变轨的问题，很能引发思考（培养批判性思维）。多一些新颖的课堂形式，会让同学们听得更认真。

（14）老师讲课内容非常实用，只是我们都不太能听得进去。（为什么实用还听不进去呢？）谢谢老师的辛苦付出（教师素质）。

（15）其实小组讨论在课下是没有任何效率的，大家就是各分各的。课堂上可以充分讨论，让每个组一一起立回复，让他们进行 PK，得分高者则加成绩。（要注意课堂活动的时效性）

第三部分　五位一体，三向驱动，二元支撑：中国情境下北京财经高校外语人才全球胜任力培养的体系建构与实践

一、理论模式及实践体系概述

（一）研究背景：为什么要培养全球胜任力？

1. 全球关注。

所谓全球胜任力，是指个人参与全球合作与竞争的能力，对全球和跨文化议题知识的掌握与理解，与多元背景的人们共处、互相学习的能力，以及带着尊重与他人互动所需要的态度和价值观。自经济合作与发展组织（OECD）与哈佛大学联合发布《PISA 全球胜任力框架》，正式提出将"全球胜任力"纳入 PISA 测试项目之中以来，便在国际上引起反响，如何使学生成为具备全球胜任力的公民，成为各国教育系统思考的问题。目前英国、美国、加拿大、澳大利亚、联合国教科文组织、经合组织、亚洲协会等国家和国际组织都启动了全球胜任力的研究与实践。

2. 国家战略需求。

当下的中国比任何时候都需要提升和加强国际沟通和交流对话的能力。一方面，中国已经从全球治理的参与者向引领者转变。中国在联合国及相关国际组织的地位日益重要，但是国际组织人才却严重缺乏。另一方面，在"一带一路"倡议下，中国企业"走出去"战略步伐加快，重要

的海外利益需要维护与拓展。习近平总书记在中共中央政治局就二十国集团领导人峰会和全球治理体系变革进行的第三十五次集体学习会议上强调，要提高我国参与全球治理能力，就要大力培养熟悉党和国家方针政策、具有全球视野、通晓国际规则、熟练运用外语、精通中外谈判和沟通的国际化人才。对于中国外语教育规划而言，满足这些需求的主要任务就是提升以外语能力为核心的全球胜任力。全球胜任力也是提高我国国民素质、实现中国式现代化建设、推动我国经贸组织走向世界的关键要素。

3. 顶层设计与政策引导。

2018 年 9 月和 2019 年 3 月，中组部和教育部先后两次召开专项会议，要求在 22 所试点高校推进基于国家战略发展的大学外语教学改革。2018 年，教育部高等教育司在"四新"建设中明确提出"新文科"概念。新文科建设路径就是要融合创新，要与现代信息技术融合，与其他学科交叉融合，与相近的专业集群融合。作为兼具工具性与人文性双重特征、语言与文化密切相关的外语教学，必然要承担起学科交叉融合、培养具有全球胜任力人才的任务。

（二）研究思考：培养什么？如何培养？

1. 内涵界定：全球胜任力是什么？

全球胜任力需要概念本土化和培养校本化落地。本研究以中国新时代为背景、以新文科建设为指导，聚焦财经高校经贸外语人才的全球胜任力，强调经贸特征，突出人类命运共同体理念下的全球发展责任、"一带一路"合作的跨语言文化意识和国际话语权建构力、理解当代中国及沟通世界的国际传播力、利用专业优势服务地方的语言能力等内容维度，完善全球胜任力的内涵体系及内容架构。

2. 方向设定：全球胜任力培养的依据什么？

全球胜任力培养需要以现实为依据。

通过梳理国内外数百篇学术研究成果，了解外语人才及全球胜任力培养当前面临的问题、解决方案和发展思路。在此基础上，对 1 236 名师生、103 家单位进行了问卷调查，了解学生和社会对外语能力及全球胜任力的需求状况；调研了 6 所高校，召开了两次研讨会，咨询了 10 位专家，基于数据分析完成前期报告，形成调研依据。

研读了国家战略规划（"一带一路"倡议、国际话语权建构等）、教育部及北京市发布的关于国际化人才培养的相关文件；解读了英语专业国标、指南、《大学英语教学指南》（能力培养三阶段：基础—提高—发展。课程设置三层次：基础—专门用途—跨文化），形成政策依据。

以人类命运共同体理论（生态价值观、社会价值观、政治价值观）、全球胜任力理论（概念内涵、内容与维度、大学外语的相关性与任务承担）、新文科理念（交叉融合、实践能力、信息处理能力）为指导。前两个理论在于解决全球治理失衡、全球产物与本土化冲突、内在动力与外在环境等问题，新文科理念则为具体的实施和操作提供了依据和保障，以此形成理论依据。

3. 资源厘定：全球胜任力培养靠什么？

人才培养必然落地于但又不限于校本资源与环境。学校"立足北京、服务首都"，以财经专业为特色和优势，外语人才全球胜任力培养的内容维度和运行模式必然以此为基础。在人类命运共同体理论指导下，以校本资源为主体，协同对外经济贸易大学、北京外国语大学、上海对外经贸大学、上海外国语大学等京内外财经和外语高校；校内以外国语学院为主体，协同文传学院、工商学院、会计学院等相关专业，充分利用其课程、师资、留学生及实践基地等资源，形成孵化和培育全球胜任力的外驱力。利用学校本硕博不同层级学生的语言和专业优势，打通学生的专业隔阂，实现不同层级学生间的融合与优势互补，以学生育学生，打造学生协同共进共同体，形成人才自我培养的内生力。

4. 模式锁定：全球胜任力怎么培养？

全球胜任力的培养需要利用北京高校的地缘优势，从全球视野和国家战略角度创建或参与育人项目，立足校本，借力校外财经、语言等学科优势打破专业界限进行复合；立足技术赋能、数字革新，打破教学模式的中西对立、新旧对立，实现融合；立足校政、校企、校校协同发展，实现育人主体多元联合；立足实践能力培养，挖掘社会资源进行共享，以实现高效组合。

人才培养需要落实于具体的课程设置、教学运行、实践历练之中。全球胜任力需要什么样的课程体系？该课程体系对应的育人目标、师资团队、教学内容及方法、教学流程、评价手段如何设计和运行？实践是能力培养的重要途径，全球胜任力培养需要什么样的实践平台？这是本成果需要解决的主要问题。

（三）研究设想

1. 研究简介。

本研究将中国情境下北京财经高校外语人才全球胜任力解构为知识（跨文化交际知识）、能力（中国传播能力）、思维（批判性思维）、精神（全球合作精神）、素养（北京素养）5 个要素，在新文科理念指导下，通过专业复合（课程、师资、学生）、模式融合（中西互鉴、古今共融）、主体联合（校政、校企、校校）、资源组合（实验室、实践基地、实践项目），打造了课程为本（基于全球视野、国际交流、本地需求的新开课）、教学为基（全人培养、商务内容、数智手段、"翻转"形式、国际环境）、实践为径（实践基地项目+实践项目+专业竞赛项目）的培养模式，拓宽了全球胜任力的概念内涵，创新了外语人才培养的理论模式。

2. 研究思路。

在新文科理念的指导下，本研究将公共外语与专业外语、外语与商务/传媒等专业交叉，实现工具+人文+专业多重属性的融合，从全球胜任力培养角度打通课程、师资、学生在专业和课程属性上的界限；研究利用现代教育技术、数字手段，融合古今教育理念和中西教育方法，创建全新育人模式；将中国外文局等实践基地及有合作关系的国内外高校视为人才培养的联合主体，实现课程、师资、实验室、实践基地及项目等资源的组合与共享，为全球胜任力培养提供新动能。

以此为基础，本研究打造了课程为本、教学为基、实践为径的模式。

（1）课程为本，建构线下课程为主、线上课程和实践课程为辅的复合型课程群。

全球胜任力培养涉及多个学科和知识领域，这与新文科强调不同学科之间的交叉与融合，培养学生跨学科的综合技能及创新思维的理念一致。本研究以认知力+胜任力、专门用途英语+其他外语、外语专业+其他专业、本土化课程+全球化课程构建人才培养的课程群，聚焦全球商务、国际传播、语言服务三大主题，设置多语言文化知识储备、财经知识、本土语言服务体系、国际传播力、跨文化谈判能力以及国际视野和全球素养等相关的课程群和课程体系架构，以及配套教材、技术嵌入、授课形式、实践活动。

考虑到学生的专业背景、个人兴趣和未来职业规划，课程设置具有模块化和选择性特征，成果构建了线上线下、必修选修、通用知识和专业素养、文化意识和语言应用等课程类别和模块。从人才培养的共性与个性、能力与素质、思政与商务、语言与文化等层面构建课程思政学习平台。

（2）教学为基，建构全人培养、商务内容、数智手段、"翻转"形式和国际环境的教学运行。

教学设计的基础是需求分析和目标预设。本研究依据全球胜任力的培养目标将其内涵和内容解构为知识、能力、思维、精神和素养 5 个维度。

借鉴人类命运共同体理论，本研究打造具有开放性、多元性、交叉性等团队特征和双师型、复合性、创新性等个体特征的学习共同体师资团队，融合外语（英、法、日）、中文、国际传播、工商管理、国际法、金融等不同专业，团队成员均具有海外留学背景和指导学生专业实践的经验。

配合课程建设，团队编写并出版了《跨文化交际实训（双语)》等教材和《在华跨国公司跨文化整合模式选择研究》等专著以及《提高英语应用能

力　提高跨文化人文素养》等论文集，引进了《理解当代中国》系列教材。

创建平等开放的课堂环境，打造全球公民的课堂文化氛围。教学内容兼具财经知识的经典性与前沿性、语言的工具性与人文性、研讨问题的全球性与中国地方特色、专业案例的历史性与时代特征、实践教学的专业性和本土化，形成了一主五辅、三大资源库、八大模块、十七大主题，有助于培养学生与时俱进的思想和批判性创新思维。

教学流程科学规范，根据语言习得特点和国际传播力培养路径，打造内生机制、动力机制、外生辅助机制的三个课堂体系，通过教师输出、学生输入、学生输出的第一课堂（互动教学）体系，形成内生机制；通过学生输出、教师输出、教师成长的第二课堂（自主学习）体系，形成动力机制；通过学生输出、社会输入、社会反馈的第三课堂（语言实践）体系，形成外生辅助机制。

教学理念前沿，采用数智化工具打造硬件环境；以学生为中心，采用案例教学、研讨式教学、项目式教学；教学评价以前期目标设定为标准，强调参与性和过程性评价。

（3）实践为径，搭建平台，创建项目，形成课内实践和专业实践协同的育人路径。

课内实践以"硕博辅助、本硕博一体化"为组织与运行模式，硕博助教对本科生的课堂实践教学进行辅助性指导，通过参与本科生课堂，形成教、学一体化。专业实践以基于国家战略和地方发展的项目、专业竞赛为载体。

（四）研究创新

1. 视角创新。

中国式现代化建设落位于真实的载体和明确的个体，着眼于全球发展的大局。当前全球胜任力研究与实践聚焦一般性的国际组织，对象虚化，内容宽泛，实证性、实验性研究不足，缺乏地方特征，成果的实践转化与指导意义有待提升。国内主流研究主要是在顶尖高校（清华、浙大）或师范类高校（北师大）进行，样本范围窄。本成果以经贸内涵的全球胜任力为切入点，同时强调国内特别是在京经贸组织的人才需求及培养，随着中国国际地位提升，它们将同样发挥国际性功能。研究以北京市属地方性院校为主体，以大学外语课程、协同其他相关课程为载体，对象聚焦，主体具有更广泛的代表性，载体具有更强的普适性，对于细化、丰富和拓宽全球胜任力培养的理论模型和实践路径，提供了样本参照与数据支撑。

2. 模式创新。

传统的人才培养研究强调课程与教师等外在驱动因素，主体与客体截然分开，具有非同一性特征。本研究将学生视为内生动力源，将在读硕士、博士作为大学外语教师教学的辅助性主体，同时又将其视为间接培养对象。硕博的这种双重身份使得他们具有更好的理解力、接纳力和执行力，这本身就是全球胜任力的核心要素。本、硕、博三位一体，专业交叉，层次互补，协同发展。课堂教学引入留学生，打造学生多元化课堂，不同文化交流互鉴，批判创新，吸收接纳，有意识打造国际性学习共同体，创建全球胜任力培养的创新模式。人类命运共同体理论、新文科理念和全球胜任力模型为模式创新提供了依据与指导。

3. 方法创新。

本成果借鉴教育学、语言学、社会学、统计学等不同学科的研究方法，以问卷与访谈等数据为基，以已有成果和专家论证为鉴，建班检验，日志跟踪，对比参照，边建边改。

二、研究设计与论证

（一）现状与背景分析

1. 现状与背景。

（1）国家战略需求。当下的中国比任何时候都需要提升和加强国际沟通和交流对话的能力。一方面，中国已经从全球治理的参与者向引领者转变。中国在联合国及相关国际组织的地位日益重要，但是国际组织人才却严重缺乏。另一方面，在"一带一路"倡议下，中国企业"走出去"战略步伐加快，重要的海外利益需要维护与拓展。习近平总书记在中共中央政治局就二十国集团领导人峰会和全球治理体系变革进行的第三十五次集体学习会议上强调，要提高我国参与全球治理能力，就要大力培养熟悉党和国家方针政策、具有全球视野、通晓国际规则、熟练运用外语、精通中外谈判和沟通的国际化人才（胡伟华等，2022）。对于中国外语教育规划而言，满足这些需求的核心任务就是提升以外语能力为核心的全球胜任力（陈静，2021）。全球胜任力也是提高我国国民素质、实现中国式现代化建设、推动我国经贸组织走向世界的核心要素。

（2）国内外关注与研究。自经济合作与发展组织（OECD）与哈佛大学联合发布《PISA 全球胜任力框架》，正式提出将"全球胜任力"纳入PISA 测试项目之中以来（OECD，2018），便在国际上引起反响。如何使学生成为具备全球胜任力的公民，形成对多元文化开放包容的态度，以及具备解决全球性问题的意识和能力，成为各国教育系统思考的问题（谭卿玲，2021）。目前英国、美国、加拿大、澳大利亚、联合国教科文组织、经合组织、亚洲协会等国家和国际组织都启动了全球胜任力的研究与实践（李娜等，2022）。所谓全球胜任力，是指个人参与全球合作与竞争的能力，对全球和跨文化议题的知识掌握与理解，与多元背景的人们共处、互相学习的能力，以及带着尊重与他人互动所需要的态度和价值观（徐星，2016）。基于此，外语教学及跨文化能力建设要从战略高度提升中国在不同领域参与和推动全球治理的能力，促进中国全面融入世界。

（3）顶层设计、政策引导与部门支持。2018 年 9 月和 2019 年 3 月，中组部和教育部先后两次召开专项会议，要求在 22 所试点高校推进大学外语教学改革（沈骑，2019），高校大学外语及其教学被纳入国家战略。2018 年，教育部高等教育司在"四新"建设中明确提出"新文科"概念

（樊丽明，2020）。吴岩（2021）指出，新文科建设路径就是要融合创新，要与现代信息技术融合，与其他学科交叉融合，与相近的专业集群融合。作为兼具工具性与人文性双重特征、语言与文化密切相关的大学外语课程，必然要承担起学科交叉融合、培养复合型国际组织人才的任务。

2. 研究实践基础。

首都经济贸易大学响应国家战略，于 2017 年酝酿、2020 年调研探讨、2021 年全面启动大学外语全球胜任力教学改革，完成了以下工作：

（1）前期准备。学校成立领导小组，召开了 5 次研讨会，在文献研究的基础上，结合学校的人才培养定位和学科专业优势，以新文科理念为指导，确立了"国际经贸组织全球胜任力培养"主题，制订了初步的建设方案。2022 年 3 月，邀请山东大学、首都师范大学等高校专家进行论证，完善改革方案。同年 4 月，学院制作问卷，对 1 234 名学生和 103 家单位进行了问卷调查，了解学生和社会对外语能力及全球胜任力的需求状况，基于数据分析完成项目前期报告。

（2）项目启动与实施。2022 年 9 月，参照学生高考英语成绩和个人意愿，在全校范围内选取 300 名学生，分为 9 个教学班，进行以大学外语系列课程建设和教学模式改革为核心的全球胜任力培养探索与尝试。第一阶段为大学外语基础阶段和全球胜任力认知维度。3 位任课教师、9 名研究生助教及改革领导小组组建虚拟教研室，每 3 周开展一次集体备课，交流教学内容、学生学习等情况。项目启动初期，组织学生召开了线上项目说明会。11 月，举办了期中教学座谈会。第一阶段结课后，召开总结会。11 月至 12 月期间，组织教师参加了"《理解当代中国》多语种系列教材课程建设与教学研讨"和"全球胜任力视域下的大学英语教学改革"两场专题培训会。2023 年 2 月进入第二阶段，即大学外语提高阶段和全球胜任力人际维度。同年 5 月，启动了为期一周的"国际经贸组织全球胜任力工作坊"活动，接触大使馆外交官，与留学生"共上一堂课"，参加国际化考试训练，了解"一带一路"多国语言，对话跨国企业领导人，拓宽国际视野，提高国际传播力。

（3）平台搭建。代表学校加入了全球外国语大学联盟校长论坛国际高等教育联盟组织，与北京外交人员语言文化中心、中央编译出版社、北京市丰台区商务局等建立合作关系，成立课程实践基地，服务外事活动，参与翻译或编辑英文版中国红色故事，传播中国优秀文化。学院成立了北京自贸区语言服务文化中心和区域国别研究中心，召开了系列学术论坛，出版了《中国（北京）自由贸易试验区语言服务蓝皮书》，在国际传播力打造的理论与实践方面取得了初步成效。

以上工作为推动全球胜任力培养的理论与实践研究奠定了基础。

（二）研究目标和内容、要解决的问题

1. 研究目标。

在明晰全球胜任力内涵及构成要素的基础上，搭建以大学外语系列课程为主体、多专业课程融合的递进式、模块化课程体系，打造中外一体、跨校协同的多元化师资队伍，采用匹配的教学设计策略和适宜的教学方法，建构财经高校国际商务人才全球胜任力培养的大学外语教学模式，并建班实践验证其效果。

2. 研究内容及要素结构。

（1）全球胜任力概念及内涵界定。

兰伯特（Lambert）认为，全球胜任力包含知识、同理心、支持、外语能力、工作表现5个要素（谭卿玲，2021）。PISA2018全球胜任力结构框架包含4个维度：审视具备地方、全球和文化意义的议题和情境的能力；理解和欣赏不同观点和世界观的能力；与不同民族、种族、宗教、社会文化背景或性别的群体建立积极互动关系的能力；为可持续发展和集体福祉采取建设性行动的倾向与能力（OECD，2018：4）。清华大学全球胜任力的核心素养框架由认知（世界文化与全球议题、语言）、人际（开放与尊重、沟通与协作）与个人（道德与责任、自觉与自信）3个层面、6个核心素养构成。全球胜任力培养首先需要基于内容进行主题维度分类，将全球胜任力的知识、能力、思维、精神、素养等要素整合到每一个主题维度中。

本研究以中国元素及环境为背景，以国内高校学生为研究对象，参照清华大学对全球胜任力的界定，结合国际经贸组织的专业属性，进行概念深化及拓展。

（2）全球胜任力培养的内容架构。

本研究认为，课程建设、教学设计、教师发展是人才培养的关键要素，也是全球胜任力建构的主要内容和重要支撑。

①课程体系。课程是人才培养的根本性载体。课程组织模式主要包括两种类型：一是多学科模式（渗透模式），即依据课程目标，将适当的全球胜任力内容渗透到各门学科之中，使之成为各学科关联的核心；二是跨学科模式（单一学科模式），即以全球胜任力为核心，从各个学科领域中选取有关全球胜任力内容的主题，将其组合一体，打破不同学科原有界限，发展出一套独立的课程（李新，2019）。全球胜任力培养涉及多个学科和知识领域，这与新文科强调不同学科之间的交叉与融合，培养学生跨学科的综合技能及创新思维的理念一致（杜清媛，2022）。大学外语本身具有工具性与人文性的跨学科属性，使其可以采取单一学科模式，根据语言学习与知识储备规律，积聚全球胜任力相关知识、能力、素质类课程，参照李景萱（2019）提出的认知力+胜任力、专门用途英语+其他外语、外语学科+其他学科构建课程体系。本研究立足国家战略，聚焦国际经贸组织全球胜任力培养，设置多语言文化和跨文化知识储备、财经知识、国际传播力、跨文化谈判能力以及国际视野和全球素养等相关的课程群和课程体系架构。考虑到学生的专业背景、个人兴趣和未来职业设计，课程设置具有模块化和选择性特征。配套教材、技术嵌入、授课形式、实践活动也是课程体系建设的组成部分。

②教学设计。宏观的教学设计包括教学环境、教学内容、教学流程、教学策略及教学评价。亚洲协会提出，优质的全球胜任力教学设计要考虑

话题设定、学习内容、教学方式等（李娜等，2022）。OECD 提出了旨在提升全球胜任力的教学设计策略，包括建构符合全球胜任力价值观、有助于互动、强调尊重他人重要性的课堂文化；了解全球正在发生的事件并将其与课堂教学主题相联系的时事性学习；能够锻炼沟通和论证技能、提供全球议题的多视角结构性辩论；允许学生表达自己的差异、理解他人不同的观点、保持开放心态的小组讨论；基于课堂所学知识参与社区发展，有助于学生经由真实世界的体验发展多种全球性技能，经由活动后需批判性地反思他们的服务经历，以深化对课程学习及如何履行公民责任和重塑价值观的服务性学习；能提升学生推理和合作技能的项目式学习（Edwards and Virginia，2018）。此外，教学设计还需考虑师资、生源、平台、基地、软硬件环境等因素及其运行机制。本研究创建平等开放的课堂环境，打造全球公民的课堂文化氛围；教学内容兼具财经知识的经典性与前沿性、语言的专业工具性与普世人文性、研讨问题的全球性与中国特色、专业案例的历史性与时代特征，有助于培养学生与时俱进的思想和批判性创新思维；教学流程科学规范，符合国际传播力培养的路径；以学生为中心，采用案例教学、研讨式教学、项目式教学；教学评价以前期目标设定为标准，强调参与性和过程性评价。

③师资团队。教师是人才培养、课程建设、教学设计的主体和能动性因素。教师对全球胜任力的理解与学习，在学科设计、教学与评价中的全球胜任力意识直接影响学生的全球胜任力发展（熊万曦，2017）。学习与反思是教师自我提升的重要方式，通过建构并参与全球胜任力学习共同体，教师进行培训、交流与反思，展示如何整合有意义的全球性内容并将其纳入全球胜任力培养体系。借鉴人类命运共同体理论，本研究认为学习共同体教师应具有开放性、多元性、交叉性等团队特征和双师型、复合性、创新性等个体特征。本项目师资来自英语、国际教育、跨文化、中国文化、工商等不同学科专业，均具有海外留学背景和指导学生专业实践的经验。后期拟增加国际法、会计、金融等专业师资，扩充跨学科师资

队伍。

3. 要解决的问题。

（1）国际经贸组织全球胜任力内涵解构。

全球胜任力是一个宏观概念，应根据具体主体和语境进行概念细化和内涵分析。本研究聚焦国际经贸组织的全球胜任力，不同于国际卫生组织、法律组织等全球胜任力，更强调经贸特征，突出人类命运共同体理念下的全球发展责任、"一带一路"经贸合作的语言文化服务意识、理解当代中国与沟通世界的国际传播力等核心内容；其主体不仅是国际经贸组织工作人员，还包括国内经贸组织工作人员，在全球化时代，他们应具有相同的能力要求；以大学外语为载体和核心的全球胜任力培养在课程体系、教学内容、方法与手段等方面有其独特性；地方非综合性高校在全球胜任力培养模式及运行方式上更强调其专业特色，以上内容需要在研究中予以明确。

（2）全球胜任力校本为体、协同为翼的体系建构和模式创建。

人才培养必然落地于校本资源与环境。全球胜任力有其服务于全球国际组织的统一标准，但不同高校的生源水平、专业结构、师资力量及软硬件环境将形成不同的人才培养体系与模式。目前全球胜任力的研究重在宏观理念、靶向建构及导向意义，若对其落地进行实证检验，一般性理论指导应与校本现实相结合。首都经济贸易大学以立足于北京，以服务首都为宗旨，以财经学科专业为特色和优势，在全球胜任力培养的内容维度和运行模式上有所侧重。全球胜任力培养是一个系统工程，而大学外语课程重在培养沟通交流与传播能力，在课程体系和师资结构方面单一而偏颇。如何建构符合人才培养目标的课程体系是本研究的一个核心问题。本研究以校本资源为主体，协同中央财经大学、对外经济贸易大学、北京外国语大学、北京第二外国语学院等区域内财经和语言类高校，上海对外经贸大学、浙江工商大学等区域外财经高校，充分利用其课程、师资、留学生及专业实践基地等优势，创建人才培养体系特别是课程体系，形成孵化和培育国际经贸组织全球胜任力的外驱力。学生是教育的客体，更是教育的主体。学生需求、意愿、接受程度和参与，决定着课程建设和人才培养的成效。本研究利用学校本、硕、博不同层级学生的语言和专业优势，打通学生的专业隔阂，实现不同层级学生间的融合与优势互补，以学生育学生，打造学生协同并进共同体，形成人才自我培养的内生力。

外驱力与内生力发挥作用的着力点是教学模式。时代背景、技术因素、学习氛围和国际化环境、师生间相互理解程度及产出预期，都会影响教学模式的选择。理论上，国际化人才培养需要国际化的授课模式，它不是完全西方化或彻底东方化，而应具有东西交融的全球性特征。但这种理想化的教学模式是否适用于一所普通地方高校，抑或如何将其本土化落地，是本研究的另一个核心问题。

专业实践是全球胜任力培养的重要环节。北京高校具有全球胜任力实践的地缘优势，但作为一所"双非"院校，如何建立与学生数量匹配的全球性实践基地与项目，如何在考虑非本专业的大学外语学习者的时间、精力等前提下鼓励其参与实践，如何将学生当前所学与未来职业发展挂钩，是一项挑战性任务。

（三）研究的预期效果

该研究将为全球胜任力培养提供可资参考和借鉴的公共外语改革框架。全球胜任力培养的教学改革是综合性系统工程，本项目从改革的背景与当前存在的问题、启动改革的依据、全球胜任力培养的模式建构、模式运行以及预期成效等维度进行系统化设计。

该研究已经完成了前期的准备工作，如通过对当前国家战略的解读和大学外语教学状况的分析，形成了项目实施的背景；通过对国内外学术研究成果的梳理、政策性文件的学习以及在校师生、毕业生和社会企事业单位的调研，确立了项目的理论依据、政策依据、调研依据。人类命运共同体理论（生态价值观、社会价值观、政治价值观）、全球胜任力理论（概念内涵、内容与维度、大学外语的相关性与任务承担)、新文科理念（交叉融合、实践能力、信息处理能力）支撑和引领研究，前两个理论在于解决全球治理失衡、全球化产物与本土化冲突、内在动力与外在环境等问题，新文科理念则为具体的实施和操作提供了依据和保障。该研究的支持性政策来自两个方面：一是国家战略规划（如"一带一路"倡议、国际话语权建构等）、教育部和北京市发布的相关文件；二是教育部高等学校大学外语教学指导委员会制定的教学改革指导性文件《大学英语教学指南》（能力培养三阶段：基础—提高—发展。课程设置三层次：基础—专门用途—跨文化）和教育部高等学校外国语言文学类专业教学指导委员会制定的《普通高等学校本科外国语言文学类专业教学指南》。该研究的整体设计和框架经过专家论证，形成了学校初步的改革方案。

研究的主体框架由课程体系、教材体系、教学方法体系、实践教学体系、评价体系、思政育人体系等组成。研究秉承"语言为本、一精多会、一专多能"理念，以大学外语课程为核心建构了多元课程体系。教材体系以权威性的规划教材和校本自编教材组成。课堂教学拟采用翻转课堂、辩论式、研讨式、项目式、案例教学等教学方法。实践教学分为课内实践和专业实践。课内实践以"硕博辅助、本硕博一体化"为组织与运行模式，硕、博助教对本科生的课堂实践教学进行辅助性指导，通过参与本科生课堂，形成教、学一体化。专业实践以既有和新开发的实践性项目、全球胜任力青年大赛、英语演讲、辩论、配音等专业竞赛为平台，促进中国经贸概念的国际传播。评价体系包括课业学习评价和实践能力评价，注重过程性。思政育人体系在于建构全球思维和国家情怀的人文环境，包括专家讲座、驻地参观、项目实践等活动。

模式运行通过支撑体系、保障体系和运行机制来实现。师资（中教+外教的主体性师资、硕博团队的辅助性师资、校外业界专家的补充性师资）、数字化技能平台（国家高等教育智慧教育平台、经管试验中心国家级实验室、语言示范中心省部级实验室、校本语料库学习平台、外教社、外研社等课程学习平台以及作文批改网等语言技能平台）、专业实践基地（全球外国语大学联盟校长论坛、北京外交人员语言文化中心、中国宋庆龄青少年科技文化交流中心、区域国别研究中心）建构了支撑体系。生源质量（选拔机制、动态过程管理、奖惩制度）、硬件（政策、专项、资金）、软件（环境与平台）形成了保障体系。运行机制包括学校顶层设计、外国语学院+教务处+研究生院+相关学院多部门协同管理；双师型师资、实体与虚拟教研室多主体、多渠道共同培育；学生自主、自助、自愿的课程选择，信息化、数字化全程融入的分级、分类、分段培养模式。

该研究的终极成效表现为知识、能力、思维、精神和素养全面提升的学生全球胜任力培养，教学、科研、社会服务全面提高的教师发展，服务于学校、社会、国家共同发展的社会效益。

（四）研究的安排及进度

本项目研究的焦点是人才培养，而人才培养是一个长效机制，短期内效果难以显现。项目以大学外语两轮课程为单位（4 年 8 学期），达到项目的基本预期和目标。

前文已经阐述，经过长期的酝酿、思考、探索和调研，项目的前期工作已经结束，当前处于项目的实施期。表 3.1 展示了研究进度。

表 3.1　研究进度

时间与阶段	主要任务	建设内容	研究方法	人员分工
2021 年，第一阶段：背景分析（已完成）	项目筹划	预设项目主题	社会观察	刘老师、栾老师
		了解国家战略、大学英语教学现状	文献研究	刘老师、王老师
	前期准备	建立团队		刘老师
		查找、梳理学术文献资料	文献研究	栾老师、高老师、刘老师
		学习相关政策文件		刘老师、栾老师、高老师

续表

时间与阶段	主要任务	建设内容	研究方法	人员分工
2022 年 3—5 月第二阶段：蓝图设计与规划（已完成）	项目调研	制作调查问卷，规划访谈	调查问卷与访谈	刘老师、王老师、栾老师、赵老师
		发放、回收问卷，数据分析	统计分析	赵老师
		团队研讨		刘老师等
		形成改革初步方案		刘老师等
	方案论证	召开专家论证会	头脑风暴	刘老师、栾老师、王老师等，校外专家
		修订、完善方案		刘老师等
2022 年 6—9 月第三阶段：部门衔接与项目准备（已完成）	项目落地	跟学院、教务处、学校进行项目汇报，获得各部门支持		刘老师、栾老师
	项目任务分解	针对项目建设内容，分解具体任务，落实到团队成员		刘老师等
	组建授课教师团队	根据方案中的课程设置，选拔优秀教师组建团队		刘老师、王老师、罗老师
2022 年 9—12 月第四阶段：实施运行（一）（已完成）	项目实施（大学外语基础阶段、全球胜任力认知维度教学）	选拔学生，组建教学班	数据统计分析	王老师等
		综合性英语教学	社会观察、日志	刘老师、王老师、罗老师
		大学英语竞赛等实践活动		刘老师、王老师、罗老师
	经验交流与探讨	期初、期中、期末师生交流会	调查问卷与访谈	刘老师等

续表

时间与阶段	主要任务	建设内容	研究方法	人员分工
2023 年 2—6 月（进行中）2023 年 7—12 月 第四阶段：实施运行（二）（未完成）	项目实施（大学外语提高阶段、全球胜任力人际维度教学）	中西文化教学、语言技能提升暑期专业实践	田野调查、日志	刘老师等
		跨文化能力大赛、青年人才国际胜任力大赛等实践活动		赵老师等
	学术性研究	教学研讨会	头脑风暴	刘老师等
2023 年 9—12 月 2024 年 2—6 月 第四阶段：实施运行（三）（未完成）	项目实施（大学外语发展阶段、全球胜任力公民/个人维度教学）	国际组织、国际规则、领导力等课程教学；模拟国际经贸组织	社会观察、教学日志	全校范围内选拔专业教师
2024 年 2—8 月 第五阶段：实验总结与改进（未完成）	完成一轮以大学外语为核心的全球胜任力课程学习与实践	对 2 年 4 学期的人才培养过程、初步效果进行全面总结，查找问题，为第二轮尝试做准备	基于统计数据的论文撰写与发表	刘老师等
2024 年 9 月—2025 年	以修订后的新模式为指导启动第二轮人才培养实践	优化生源，调整部分课程，打造理念先进、专业融合、配合默契的师资团队，提升人才培养质量	结合第一轮数据、参照第二轮数据撰写调研报告	刘老师等

三、研究的数据分析与讨论

（一）基于学生需求的调研

1. 客观性问题的数据分析。

英语教学改革调查问卷（学生卷）

第 1 题　我所就读的年级是（　　）。［单选题］（参见图 3.1）

选项	小计	比例	
大一	581		47.16%
大二	377		30.6%
大三	222		18.02%
大四	51		4.14%
已毕业	1		0.08%
本题有效填写人次	1232		

图 3.1　学生年级情况

第 2 题　我的性别是（　　）。［单选题］（参见图 3.2）

选项	小计	比例	
男	416		33.77%
女	816		66.23%
本题有效填写人次	1232		

图 3.2　学生性别情况

第 3 题　我学习英语最主要的目的是（　　）。［多选题］（参见图 3.3）

选项	小计	比例	
了解英语国家文化、文学等	337		27.35%
通过大学英语四、六级等考试	925		75.08%
提高就业竞争力	712		57.79%
为出国做准备	174		14.12%
专业领域内的学术需求	277		22.48%
为了修够学分	316		25.65%
提高用英语进行日常交流的能力	536		43.51%
其他	9		0.73%
本题有效填写人次	1232		

图 3.3　学生学习英语的目的

第 4 题　我认为自己最需要提高的英语能力是（　　）。［多选题］（参见图 3.4)

选项	小计	比例	
听的能力	912		74.03%
说的能力	961		78%
读的能力	476		38.64%
写的能力	674		54.71%
笔译能力	333		27.03%
口译能力	369		29.95%
跨文化交流能力	346		28.08%
全球胜任力	64		5.19%
涉外商务谈判能力	223		18.1%
多语种交流能力	150		12.18%
涉外经贸知识	219		17.78%
其他	7		0.57%
本题有效填写人次	1232		

图 3.4　学生英语能力需求情况

第5题 我期待的大学英语课堂教学内容是（ ）。[多选题]（参见图 3.5)

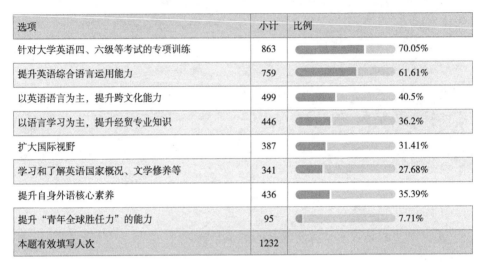

选项	小计	比例	
针对大学英语四、六级等考试的专项训练	863		70.05%
提升英语综合语言运用能力	759		61.61%
以英语语言为主，提升跨文化能力	499		40.5%
以语言学习为主，提升经贸专业知识	446		36.2%
扩大国际视野	387		31.41%
学习和了解英语国家概况、文学修养等	341		27.68%
提升自身外语核心素养	436		35.39%
提升"青年全球胜任力"的能力	95		7.71%
本题有效填写人次	1232		

图 3.5 大学英语教学内容

第6题 目前大学的英语课程设置能够满足我的学习需求。（ ）[单选题]（参见图 3.6)

选项	小计	比例	
完全不同意	63		5.11%
不同意	230		18.67%
不确定	419		34.01%
同意	455		36.93%
完全同意	65		5.28%
本题有效填写人次	1232		

图 3.6 课程设置与学生学习需求的关系

第7题 我对目前的大学英语课堂教学很满意。（ ）[单选题]（参见图 3.7)

选项	小计	比例
完全不同意	48	3.9%
不同意	185	15.02%
不确定	373	30.28%
同意	527	42.78%
完全同意	99	8.04%
本题有效填写人次	1 232	

图 3.7 对大学英语教学的满意度

第 8 题 提升"全球胜任力"的能力对我很重要。(   ) ［单选题］（参见图 3.8）

选项	小计	比例
完全不同意	48	3.9%
不同意	94	7.63%
不确定	420	34.09%
同意	515	41.8%
完全同意	155	12.58%
本题有效填写人次	1 232	

图 3.8 "全球胜任力"需求

第 9 题 我想修的基础英语课程有（   ）。［多选题］（参见图 3.9）

选项	小计	比例
综合英语	722	58.6%
视听说课程	715	58.04%
英语写作	589	47.81%
英汉笔译	414	33.6%
英语口译	497	40.34%
英语语法	421	34.17%
英语阅读	534	43.34%
其他	21	1.7%
本题有效填写人次	1232	

图 3.9 基础英语课程需求

第10题　我想修的跨文化类课程有（　　　）。［多选题］（参见图 3.10)

选项	小计	比例
中国文化	504	40.91%
英美概况	495	40.18%
演讲与辩论	514	41.72%
商务礼仪	550	44.64%
跨文化交际	565	45.86%
英美文学	476	38.64%
英美报刊选读	466	37.82%
其他	11	0.89%
本题有效填写人次	1232	

图 3.10　跨文化类课程需求

第11题　我想修的专门用途英语课程有（　　　）。［多选题］（参见图 3.11)

选项	小计	比例
经贸组织文献阅读	481	39.04%
涉外商务谈判	422	34.25%
国际公文写作	308	25%
国际法	216	17.53%
第二外语（日语、法语等）	477	38.72%
商务英语	522	42.37%
国际英语考试（雅思、托福等）	464	37.66%
旅游英语	410	33.28%
外贸商务函电	110	8.93%
其他	17	1.38%
本题有效填写人次	1232	

图 3.11　专门用途英语类课程需求

第12题 英语课程学习过程中，我愿意参加社会实践活动，如听讲座、报告、参观外企等实习基地，提升自己的综合能力。（   ）[单选题]（参见图3.12）

选项	小计	比例
完全不同意	38	3.08%
不同意	62	5.03%
不确定	242	19.64%
同意	617	50.08%
完全同意	273	22.16%
本题有效填写人次	1232	

图 3.12 实践与综合能力提升

第13题 我认为目前的大学英语教学需要改进。（   ）[单选题]（参见图3.13）

选项	小计	比例
是	719	58.36%
否	120	9.74%
不确定	393	31.9%
本题有效填写人次	1232	

图 3.13 对大学英语教学的看法

第14题 大学英语教学需要改进的地方有（   ）。[多选题]（参见图3.14）

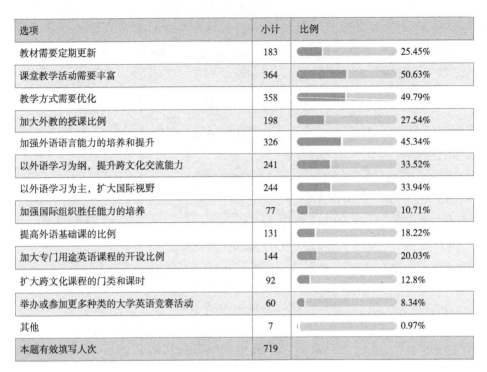

选项	小计	比例
教材需要定期更新	183	25.45%
课堂教学活动需要丰富	364	50.63%
教学方式需要优化	358	49.79%
加大外教的授课比例	198	27.54%
加强外语语言能力的培养和提升	326	45.34%
以外语学习为纲，提升跨文化交流能力	241	33.52%
以外语学习为主，扩大国际视野	244	33.94%
加强国际组织胜任能力的培养	77	10.71%
提高外语基础课的比例	131	18.22%
加大专门用途英语课程的开设比例	144	20.03%
扩大跨文化课程的门类和课时	92	12.8%
举办或参加更多种类的大学英语竞赛活动	60	8.34%
其他	7	0.97%
本题有效填写人次	719	

图 3. 14　大学英语教学需要改进的地方

2. 主观性问题的描述性分析。

第 15 题　你对大学英语教学课程改革的其他建议（　　）［填空题］

（以下为学生回答的原文本，剔除一些重复项和与本研究不相关的无效回答）

> 希望能够灵活安排课程，试听说比较乏味。
>
> 上课方式可以更有趣一些。
>
> 希望各班级总体任务量能一致。
>
> 除了课本之外多一些内容。
>
> 课堂效率有待提高。
>
> 教学可以更有趣味性。
>
> 读和写的练习最为重要。

应提升学生的英语使用能力。

希望老师上课氛围可以更轻松一点。

多做做针对六级的专门课。

文化熏陶不要超越课本。

针对之前没学过英语的学生，专门开设班级，或者考试或在其他方面降低一点难度。

锻炼说的能力，尽量把目标设立得再高些，而不仅仅是为了应试。

课程设置上，选课系统两个学期不能选一个老师导致课程不流畅。

上课避免有些尴尬的讨论。

测试方式方面，建议取消机考，影响视力，也不符合正常人答题习惯。

优化授课内容。

老师课程活动设计可以更丰富一点，话题可以更多元化。

改变成绩设定。在第一学期时，因为我一直以来的英语听力能力的缺乏，我想利用选修课的时间进行提升，于是我选修了雅思听力，后来我才知道选修成绩竟然还要计入总成绩。

希望可以把机考改为笔试，可以提高速度。（问题：现代教育技术和设备是否有利于提高教育教学效率？）

多练习外语交流能力。

多讲一些实用的知识，如语法常用单词短语等。

增加交流机会。希望上课效率更高。

提高课堂教学的趣味性。

多加入西方文化的教学，有助于提高国际意识和全球胜任力。

外语教学需要朝更全面、更实效的方向发展。

增加听说的比例，提高酷文化交际能力。

有部分学院大一就修完了全部英语课程，后面的学期基本没有英语课程，只能选修，希望这一教学安排有所改善。

增加四六级专项练习（思考：改变应试教育有一定的难度，学生有需求，可以引入国际化考试，如雅思、托福等）。

不是很建议老对着课本讲，可以多科普一些课外知识，拓宽知识面。

既然是培养全球胜任力，可以多开展外国交流。

上课内容应该更实用丰富一些。

在应用情境下学习效果会比较好，要注意提高国际交流能力。

希望增加生活日常英语、口语化的英语。

希望能够将不同用途英语课程相融合。

提前结束学分性质的英语学习，应当以培养学生口语交流能力以及语言兴趣为主旨学习英语，大学生不是高中生，英语不是用来考试的，是用来交流使用的。

可以适当对英文文学作品进行学习，增加人文知识。

每节课留出时间诵读英语课文，提升语感，易于开口。

课堂交流效率低，学生参与度低，多数学生未来更可能将英语作为一种工具，听读能力需要更大的比重，外刊阅读会是很有意义的作业。

增加与考试相关的内容，特别是四六级考试辅导。

增加实践活动和与外教的交流，同时增加游学访学等机会。

少弄些形式主义和没用的，多贴合学生需要的实际（项目组感觉学生指的是语言应用的活动，特别是与专业和未来职业相关的英语学习）。

增加实践机会，在体会中学习。

加大口语和听力的练习和运用。

就是不要全英文，我真的没能力听懂……（对不同英语基础的学生个性化教学提出了需求）

建议英语课可以多一些发言和交流的机会，并且有针对性地练习考试题目。

加强口语训练，提高口语表达。

多加入商务元素，这样对未来就业有用（这涉及课程的知识结构和内容体系）。

可以涉及一些和经贸有关的内容。

增加外刊阅读，这样的英语才是地道的。

大学英语好像对英语能力提升没有太大帮助，希望能专项突破，比如针对四六级、雅思、托福。

希望能够加强实用性，比如与专业相关的英语表达（对改革一般性语言教学提出了要求）。

希望能增加对四六级的训练。

希望英语课会变得越来越好（学生这个问题较为笼统，但说明对当前的英语课程较为满意）。

多讲四六级（项目组认为，虽然学校已经将大学英语四六级与学位脱钩，但由于社会需求的存在，四六级考试训练仍有市场）。

针对英语能力薄弱的学生给予帮助。

外教与中国老师联合教学。

不要像高中大部分针对课本学习，应该多讲一些书籍阅读等跨文化英语培养，不拘泥于课本。

阅读适合班级平均水准的文学名著。

更加实际一些，不用教程。大学英语教程很不利于学习，不利于培养实际应用能力。

希望课堂形式更加丰富多彩，激发同学们用英语交流的热情。

教学形式可以更多样，增加学习的兴趣。

需要抢课很麻烦，不能选择同一老师（项目组发现这是模块课分级教学存在的问题)。

对于英语选课，应该开放多样化课程来由学生自主选择而不是学院调剂（问题同上）。

提升运用能力，加强交流类的考察。

文化类体验活动太少，活动举办受限（学生对语言类课程的实践体验、虚拟仿真有需求）。

现在居家学习，可以适当多给学生时间进行个性化练习（疫情特殊环境对语言学习的影响）。

增加趣味性（在大学阶段，何为趣味性教学？特别是对于全球胜任力的人才培养而言）。

进行针对性训练（学生没有明晰指出这里的"针对性"具体指什么）。

增加一些师生之间、学生之间互动的形式。

希望英语学习难度可以加大一点，希望引入西方人文作品选读和戏剧鉴赏。

我觉得应该丰富英语课程，光弄教材上面的内容过于单调，课堂互动性不高，我觉得应该不只局限于课本全英上课，可以多做一些互动类游戏，在玩儿中学（该问题对本研究提出的挑战是大学人才培养目标和教学模式之间的关系）。

少一些应试教育，增加实用性内容教学。

不要只关注书上的内容，多使英语出现在日常生活中。

希望有更多的机会去用英文交流，和外教交流。构建一个良好的英语氛围，让英语水平不是很高的同学也敢于开口交流。

加强自主学习。

与四六级和考研衔接不紧密，应平时增加联系机会。

听、说、读、写能力需要全面提高，应更好地因材施教，引导学生补短板。

少写练习册多动嘴，有趣一些。

讲授的知识希望会越来越有用。

请老师多做一些听力以提高听写能力，多些能提高四六级考试成绩的内容训练。

建议在大学英语改革时直接借鉴国外大学的语言班或预科班，模仿他们的教学方式，全面系统地进行调整，增加英语使用的学术性，比如用英语写论文、做 pre、进行针对专业课主题的小组讨论。真心觉得现在的大学英语教学没什么用，完全不具有实用性，既不能在应试时提供助力也不能帮助进行日常交流，什么都要自学或者报班，学的词汇平时都用不到，有些词甚至连外国人都看不懂，都大学了还在学国外小学生、初中生学的东西，不具备学术性。

希望针对英语考试设置相关课程。

希望老师不拘泥于教材，能带我们多学点教材以外的东西，比如外刊。

多进行英语沟通交流的练习。

希望能系统学习英语以及西方文化。

训练一些翻译的能力。

多组织课外的语言实践活动。

想多了解一些英美国家的文化、历史。

加强日常交流英语和四六级英语的教学，希望注重口语。

课堂互动压力过大，更重要的是调动主动性。

建议英语课的时长少一点。

对部分有四六级提高需求的可以开设专门的课。

做点阅读什么的，现在感觉好虚（项目组认为受到中学应试教育的影响）。

建立英语教学体系，感觉学习内容逻辑性不强（这的确是当前英语教育中的问题，全球胜任力的课程设置已经部分改变了这一局面）。

还有应试需求，希望增加应试部分。

希望给一些自主学习时间，推荐一些相关英语视频。

增加英语运用能力。

加大读写，引导学生多说英语。

外教上的课教的东西太简单了，没什么针对性，针对四六级考试做一点专项训练也可以啊（外籍教师教学是提高国际化氛围的一个重要手段，但教学质量不可忽视）。

提高大一学生参加四级考试的比例。

增加考研英语的培训和学习。

希望上课内容可以更加丰富，presentation 就是个很锻炼大家英语的活动，希望能不仅仅局限于单词课本语法这些，更多的是让同学们在英语这门课感受跨国文化的魅力，展示自己的自信，我觉得这都有利于同学们今后的发展。

专业化是不是不太够？（项目组认为是与专业内容结合的英语教学）

外教班的学生普遍反映，了解竞赛信息、报名参与各类竞赛十分不方便，个别外教对竞赛信息不予转发到群中，即使转发到群中了但后续竞赛的时间地点等信息也不一定转发，导致外教班学生只能通过中教班学生了解竞赛信息，如上次报名大英赛就是委托中教班学生发给我中教老师微信才得以报名，上次校内英语写作比赛也是通过中教班学生得知，到了考试现场却被告知外教班在另一栋楼考试，而外教自始至终没有告知竞赛相关信息。总之，外教班学生了解比赛无法像中教班那样得到保障，而且外教普遍给分低、中教普遍给分高也是许多同学们的困扰。希望能改善这一现象，谢谢。（外教原本是一个极佳

资源，如何有效利用，是教师的问题，还是学生的问题，值得进行深入研究）

由于全球疫情形势严峻，原本打算出国的人很可能留在国内考研，因此开设考研英语课以及四六级的课程我认为是很有必要的；虽然教委降低了英语的课时，但是对英语的学习程度并没有减少，反而增大了词汇量，且英语作为一门实用性语言，更应该重视而不是轻视。

学校给平时成绩60%的分数我们很感激，但希望成分不要太复杂，连老师有时候也不清楚平时分怎么给（项目组认为是课程评价体系问题，需考虑形成性评价应该如何合理发挥作用）

作业无针对性，趣味性不强。太多的小组对话增大课余压力，占用课外时间却不能学到更多有用的知识。

能否考虑给新疆双语类学生开设英语课程，现在的课程跟不上（分级教学的全面性问题）。

课堂互动性可以适当增加，教学手段更多元化。

能够学到实质性的东西，比如听力的提升，但形式可以更加有吸引力一点，比如看电影听听力。

其实课程内容可以深化，毕竟大家保研、考研、出国要求的英语难度大于课内。并且提升考试成绩占比，减少日常占比（教学内容和评价体系的问题）。

增加外教比例。

就我个人上课而言，中教里也有很负责任的老师，不局限于课本，教学灵活化，形式多样化，内容丰富化，能够学到很多有用的知识，也同时提升了各方面能力。相反一些外教老师仅仅只是讲授课本知识做相应练习，能力提升效果较差。所以也希望课堂教学灵活化，不那么死板，能够真的让学生运用好英语这个语言工具，而不仅仅只是提高应试能力。

多实践课。

开展更多竞赛活动（实践教学方面）。

希望更加符合为了就业和深入研学需求的英语教学。

开展英语角等多种活动（实践教学方面）。

建议加强对英文文学、外国历史地理政治、专业新闻（如经济新闻或政治类新闻、疫情期间的医学类新闻等）等内容的教学。但不应像教课本文章那样教。具体怎么教我也没想清楚。

应纳入类似雅思口语考试形式的口语测试，考试不能一味讲究读写听；对低年级学生进行更多的应试技巧训练，高年级更多为实用英语训练；以四六级或者口语考试为标准进行分层教育。

建议允许学生在大一就随意报考四级，而不受高考成绩或者期末考试成绩限制。

希望老师上课时可以不要让学生强制互动，强扭的瓜是不甜的，这样会导致学生上课互动几次后就不再听课，因为满脑子想的都是"完成这个互动的任务我就不用再听课了，反正老师也不会再叫我。"也会导致学生对老师这种强制性的教学方式产生抗拒，最终让一个大课堂变成只属于几个人的课堂；再一个，我认为大学英语主要锻炼的还是英语交流能力，我们学习英语不是为了做题、整天读课文，是为了将来的发展。如果能和国际相关、有一个与外国人流畅交流的方式就好了，这一点我认为现在的大学英语并没有注重。（课程互动是语言教学中一种重要的教学形式，但如何做到有效互动，对于培养未来从事国际交流活动的人才来讲，大有文章可为）

上课时有些内容可能难以消化，希望老师多给时间，并对我们反复强化训练（个性化需求）。

多点交流会什么的活动，与专业相结合。

增加实践活动，提高综合能力。

其实外教上课有一定局限性，会发现同学不是很想和外教交流，有点尴尬。

目前线上学习可以不用采取直播课的形式，可以布置自主学习的内容，每个学生对课堂内容的需求不同，直播课较为低效；未来线下课堂，可多些实践学习，进行英文交流的实践活动。

加强外刊阅读能力教学。

希望能提高学生的跨文化交际能力。

可以带着我们读一些与我们的专业（国际金融）相关的英文资料。

英语课不要就只在大一才有。（课程设置的问题，但英语课有限，如何做到英语学习的延续性，需要有终身学习的理念）

希望老师多讲些语法，多讲写作的好句子以及口语方面的句型词汇。

国际班为啥大二没有英语课？感觉英语能力退化了。（分类教学的问题）

先进行基础的训练再提高听说能力，在外教班老师很注重听和说，但是对于基础较差同学来说，语法词汇等基础不扎实会导致在视听说的训练中什么也学不到。

教点有用的。

希望课堂更丰富，实际情景更多。（对虚拟仿真和情景教学提出要求）

提高综合能力，加强日常交流能力的培养。

选修课可以设置更多英语方面的。

针对不同需求，分不同的教学模式（项目则认为英语教学改革仍需深入）。

更加注重交流能力而不是应试技巧。

教学任务尽量课上完成，课下不必花太多时间。

不要局限于考试，不要一直安排相关英语课作为必修课。

大三已经没有英语课了，之前一直上外教课，感觉外教挺好的，希望可以在有趣的课堂氛围中提高英语能力。

希望给同学们更多自主时间，可以采用打卡方式，不限学习内容，自主学习。

增加专业英语的课程开设。

希望可以提升同学们的见识，增加对西方的了解（各方面）。

不要那么多形式化。（如何理解"形式化"？是不是真的存在"形式化"？这需要调研）

我大二开始就没有英语课了，大一的英语课是外教教的，我觉得我们外教挺好的，虽然他已经辞职了。上了一年锻炼了听力和口语能力。

不要死板地讲授教材，应该更多地允许同学们用口语交流。

课本教材内容过于陈旧了，希望课程与时俱进。（教材建设问题，教材内容要与时俱进）

对学生有一些实质性提升，不要做无意义 presentation。

无论是课堂上还是课堂下，实践能力很重要。

我认为现在大学生最薄弱的环节是英文写作，有许多单词我们认识但在写作的时候无法写出，语法问题严重，逻辑不清晰。我希望可以加强写作能力训练。

外教课堂比例可以减小，自愿参与外教课。

感觉听说的能力不足，想拥有和外国人交流的机会。（有的认为外教课没有价值，有的认为缺乏与外教接触的机会，问题在哪里？）

喜欢能带动学生兴趣的老师。

多锻炼学生的交流能力，加强英语听说课程。

课上练习难度高。

英语选课能不能更有针对性一些，虽然有点难以实施但还是希望能做到双选。

加强对口语和听力的培养、口语标准训练。

减少 presentation 的时间，可换作外刊的阅读品鉴，或者听外语相关资料提升视听能力。

如有可能，是否能开设相应的讲座，比如说商务英语的基本运用之类的。

组织游学，适应语言环境。（项目组认为，有针对性的短期项目实践或"游学"，对于国际组织人才培养有一定作用）

增加语法方面的学习，提升外刊阅读能力。

拓展文化历史方面的知识。

多增加英语类校内活动。

可以考虑在课堂上留出一些阅读文学经典的时间。

可以寓教于乐，让课堂更有活力，更加生动。

平衡不同老师的评分标准，有老师认真负责，给同学严格打分；有老师善良体贴，为绩点着想，评分较松，主要问题为教学难度不适配，希望分等级教学，或提供多样化的英语课程让同学自行选择。（课程教学模式与体系问题，如何做到课程教学的统一、规范，对于规则意识的培养具有一定的影响）

（二）基于企业需求的英语教学改革调研

1. 客观性问题的数据分析。

企业对高校毕业生英语能力需求调查问卷如下：

第 1 题 贵单位行业门类为（　　　）。[单选题]（参见图 3.15）

选项	小计	比例
能源	6	5.83%
原材料	2	1.94%
工业产品	3	2.91%
消费品	0	0%
医疗保健	6	5.83%
消费服务业	5	4.85%
电信	4	3.88%
公用事业	3	2.91%
金融	40	38.83%
科技	8	7.77%
其他	26	25.24%
本题有效填写人次	103	

图 3.15 调研单位行业门类

第 2 题 贵单位性质为（ ）。［单选题］（参见图 3.16）

选项	小计	比例
国有企业	39	37.86%
集体企业	1	0.97%
私营企业	17	16.5%
个体工商户	0	0%
合资企业	14	13.59%
联营企业	0	0%
股份合作制企业	0	0%
有限责任公司	20	19.42%
股份有限公司	12	11.65%
本题有效填写人次	103	

图 3.16 单位性质

第 3 题　贵单位规模为（　　）。［单选题］（参见图 3.17）

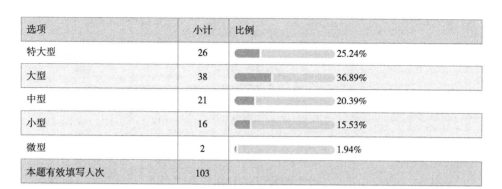

选项	小计	比例	
特大型	26		25.24%
大型	38		36.89%
中型	21		20.39%
小型	16		15.53%
微型	2		1.94%
本题有效填写人次	103		

图 3.17　单位规模

第 4 题　我单位期望应聘者具有较高的跨文化交际能力。［单选题］
（参见图 3.18）

选项	小计	比例	
非常不同意	0		0%
不同意	8		7.77%
不确定	13		12.62%
同意	41		39.81%
非常同意	41		39.81%
本题有效填写人次	103		

图 3.18　跨文化能力需求

第 5 题　我单位期望应聘者具有较丰富的涉外经贸知识。［单选题］
（参见图 3.19）

选项	小计	比例
非常不同意	3	2.91%
不同意	15	14.56%
不确定	22	21.36%
同意	37	35.92%
非常同意	26	25.24%
本题有效填写人次	103	

图 3.19　涉外经贸知识需求

第 6 题　我单位期望应聘者熟知西方文化和掌握西方礼仪。［单选题］
（参见图 3.20）

选项	小计	比例
非常不同意	3	2.91%
不同意	21	20.39%
不确定	20	19.42%
同意	37	35.92%
非常同意	22	21.36%
本题有效填写人次	103	

图 3.20　西方文化知识需求

第 7 题　我单位期望应聘者能熟练用英语介绍中国文化。［单选题］
（参见图 3.21）

选项	小计	比例
非常不同意	4	3.88%
不同意	20	19.42%
不确定	26	25.24%
同意	33	32.04%
非常同意	20	19.42%
本题有效填写人次	103	

图 3.21　中国文化传播情况

第8题 我单位期望应聘者具有很好的英语口语能力。［单选题］（参见图 3.22）

选项	小计	比例
非常不同意	2	1.94%
不同意	8	7.77%
不确定	8	7.77%
同意	34	33.01%
非常同意	51	49.51%
本题有效填写人次	103	

图 3.22 口语能力需求

第9题 我单位期望应聘者具有很好的英语听力能力。［单选题］（参见图 3.23）

选项	小计	比例
非常不同意	2	1.94%
不同意	8	7.77%
不确定	5	4.85%
同意	33	32.04%
非常同意	55	53.4%
本题有效填写人次	103	

图 3.23 听说能力需求

第10题 我单位期望应聘者具有很好的英语写作能力。［单选题］（参见图 3.24）

选项	小计	比例
非常不同意	2	1.94%
不同意	9	8.74%
不确定	9	8.74%
同意	31	30.1%
非常同意	52	50.49%
本题有效填写人次	103	

图 3.24　写作能力需求

第 11 题　我单位期望应聘者具有很好的英语阅读能力。［单选题］
（参见图 3.25）

选项	小计	比例
非常不同意	1	0.97%
不同意	7	6.8%
不确定	4	3.88%
同意	32	31.07%
非常同意	59	57.28%
本题有效填写人次	103	

图 3.25　阅读能力需求

第 12 题　我单位期望应聘者具有很好的英-汉笔译能力。［单选题］
（参见图 3.26）

选项	小计	比例
非常不同意	4	3.88%
不同意	10	9.71%
不确定	18	17.48%
同意	34	33.01%
非常同意	37	35.92%
本题有效填写人次	103	

图 3.26　英-汉笔译能力需求

第 13 题　我单位期望应聘者具有较好的英-汉口译能力。[单选题] （参见图 3.27）

选项	小计	比例
非常不同意	6	5.83%
不同意	12	11.65%
不确定	20	19.42%
同意	34	33.01%
非常同意	31	30.1%
本题有效填写人次	103	

图 3.27　英-汉口译能力需求

第 14 题　我单位期望应聘者具有很好的全球胜任力。（全球胜任力是一种更好地胜任全球范围内多种职务，适应全球生存和发展的能力或素养。）[单选题]（参见图 3.28）

选项	小计	比例
非常不同意	2	1.94%
不同意	11	10.68%
不确定	16	15.53%
同意	35	33.98%
非常同意	39	37.86%
本题有效填写人次	103	

图 3.28　全球胜任力需求

第 15 题　我单位期望应聘者具有一定的涉外商务谈判能力。[单选题]（参见图 3.29）

233

选项	小计	比例
非常不同意	3	2.91%
不同意	10	9.71%
不确定	19	18.45%
同意	36	34.95%
非常同意	35	33.98%
本题有效填写人次	103	

图 3. 29　涉外商务谈判能力需求

第 16 题　我单位认为应聘者应具备多语种（如英、法、日）交流的能力。［单选题］（参见图 3. 30）

选项	小计	比例
非常不同意	8	7.77%
不同意	15	14.56%
不确定	27	26.21%
同意	32	31.07%
非常同意	21	20.39%
本题有效填写人次	103	

图 3. 30　多语种交流能力需求

第 17 题　我单位看重的高校毕业生的英语能力是（　　）。［多选题］（参见图 3. 31）

选项	小计	比例
听的能力	63	61.17%
说的能力	74	71.84%
读的能力	58	56.31%
写的能力	60	58.25%
笔译能力	19	18.45%
口译能力	15	14.56%
跨文化交流能力	31	30.1%
全球胜任力	20	19.42%
涉外商务谈判能力	30	29.13%
多语种交流能力	9	8.74%
涉外经贸知识	24	23.3%
其他	1	0.97%
本题有效填写人次	103	

图 3.31 英语能力需求类别

第 18 题 我单位认为应聘者在校期间应多参加各类英语比赛来提升自己。［单选题］（参见图 3.32）

选项	小计	比例
非常不同意	5	4.85%
不同意	8	7.77%
不确定	28	27.18%
同意	35	33.98%
非常同意	27	26.21%
本题有效填写人次	103	

图 3.32 英语能力提升途径

第 19 题 高校毕业生在校期间所掌握的英语能力能满足岗位的技术

235

要求。[单选题]（参见图 3.33）

选项	小计	比例
非常不同意	5	4.85%
不同意	16	15.53%
不确定	18	17.48%
同意	50	48.54%
非常同意	14	13.59%
本题有效填写人次	103	

图 3.33　岗位英语能力满足状况

第 20 题　我单位认为高校大学生求职应聘者英语能力亟须改进的方面有（　　）。[多选题]（参见图 3.34）

选项	小计	比例
口语表达能力	66	64.08%
听力能力	36	34.95%
阅读涉外资料的能力	43	41.75%
英文写作的能力	23	22.33%
英语口译能力	20	19.42%
英语笔译能力	10	9.71%
跨文化交际能力	25	24.27%
专门用途英语水平（如商务英语、旅游英语、经贸英语）	48	46.6%
全球胜任力	16	15.53%
多语种交流能力	12	11.65%
涉外商务谈判能力	35	33.98%
其他	1	0.97%
本题有效填写人次	103	

图 3.34　英语能力改进建议

第21题　我单位希望高校毕业生在校期间参加并取得优异成绩的英语考试有（　　　）。［多选题］（参见图3.35）

选项	小计	比例
大学英语四级考试	40	38.83%
大学英语六级考试	71	68.93%
全国翻译资格考试（CATTI）	21	20.39%
雅思考试	44	42.72%
托福考试	42	40.78%
国才考试	4	3.88%
英语口语考试（如大学英语口语考试）	24	23.3%
其他	4	3.88%
本题有效填写人次	103	

图3.35　入职英语资历要求

2. 主观性问题的描述性分析。

第22题　您认为高校毕业生还需要具备哪些与外语相关的能力？［填空题］

［填空题数据请通过下载详细数据获取（下面为部分原始数据，剔除一些重复项和与本研究不相关的无效回答）］

> 外语只是工具，一定要在其他行业拿下专业资格证书，否则没有竞争力。
>
> 全球视野，跨文化理解能力。
>
> 对国际新闻方面的阅读和理解能力。
>
> 专业行业外语能力。
>
> 海外实景、生活场景口语模拟。
>
> 基本口语表达及行业相关专业性外语文件的阅读理解能力。

商务英语业务知识。

敢于用英文表达的勇气。

听懂非英语国家 speaker 带有不同口音的英语的能力。

跨文化交流能力。

公文写作的能力。

除非专门的涉外业务团队，其他工作人员只需具备日常交流、接待和资料查询的英语能力即可，文书写作和谈判中的口译笔译会交给专业译员处理。（一般性工作中的真实体验后的感受，但与本研究中的培养目标稍有差距）

英语教学应该增加对国外文化的了解。

国际政治经济的理解能力。

英语教学要有国际文化的融入。

business English deployment。

主要是六级，六级能过就够用了。

口语交际能力。

深度了解跨文化知识。

听说要流利。

将来要能做翻译。

应当广泛地与在京外国友人进行交流、交友。

非课本外语，情景类外语，地道外语表达。

增加日常交流。

提高商务英语写作能力。

文书写作能力。

英语不断自学能力。

查找英语资料的能力。

增强实际应用语境的体验。

　　直接与老外进行简单沟通的能力；要把本科生通过四级、研究生通过六级作为大学生基本素质的要求加以重视和要求。

　　跨文化交际能力。

　　提高学生的英语演讲能力，国际上比较注重演讲能力。

　　商务英语。

　　实操中的商务谈判能力。

　　听说读写等语言基本功。

　　科技类外语能力（数理统计，建模分析）。

　　Presentation 的能力。

　　只有以对中国文化深刻理解为前提，对西方文化的理解才有意义（教学内容设定的问题）。

　　跟老外交流时应能提出自己的观点并自圆其说。

　　国际文化积累。

　　了解行业的中外区别。

　　不要基于课本，得能看得懂新闻和合同，有基本的邮件沟通能力。

　　商务写作。

　　深度理解中外文化。

　　沟通得更 local 一点。

　　阅读国外文献的能力。

　　大量阅读研究及撰写外文报告。

　　与外国客户及政府沟通协调。

　　口语能力。

　　与所学专业相关的英语应用能力。

　　当前绝大部分的工作不用英语，但国际化人才不同，根据需要进行教学，要求：①听：听懂。②用：实用，最重要的是沟通能力，涵盖书面和口语交际，口语流利。

从查找文献到总结观点，从交流观点到汇总纪要的能力是比较关键的，英语是工具，需要提前预设环境才能练好英语，可以从了解一个公司和行业，到介绍一个公司和行业开始培训毕业生的英文能力。

熟知当地文化。

翻墙看外网资料，但是能不受西方意识形态影响。（项目组认为这是当前课程思政教学的主要关注点之一，学习国外优秀文化，但又不能被国外不良文化影响或左右）

专业外语（教学的专业内容方面）。

建议培养学生对不同文化的包容度，工作后如果从事国际业务，涉及的国家可能五花八门，主要是不拘泥于一种文化成见，其余技术层面的提升可以在工作中完成。

外语专业技术能力（教学的专业技术方面）。

学以致用，生活英语即可。现在大家翻译工具用得多，但是自己对于符合英文文法习惯的听说读写都不行，要么刻板，要么意思都对但是别扭不通顺。

四、问题的解决策略

基于以上调研分析，本研究提出了全球胜任力培养的整体方案，即通过建构本土化内容体系，打造多元化实践路径，创建生态性保障机制，建立中国情境下北京财经高校外语人才全球胜任力培养的体系。

（一）建构本土化内容体系

本研究基于文献研读、政策解读、理论借鉴和社会调研，立足校本培养目标、专业特色和全球胜任力内涵，提出知识（跨文化交际知识）、能力（中国传播能力）、思维（批判性思维）、精神（全球合作精神）、素养（北京素养）五位一体的全球胜任力构建本土化理论体系。

1. 跨文化交际知识（世界文化与全球议题的认知）：搭建跨文化交际学术研究和教学实践平台，教研一体；开展跨文化交际实训项目，提升学生跨文化交际能力。

"跨文化交际"是指本族语者与非本族语者间的交际，也指任何在语言和文化背景方面有差异的人们之间的交际。由于不同民族所处的生态、物质、社会及宗教环境不同，各自的语言环境产生了不同的语言习惯、社会文化、风土人情等诸多语境因素，而不同的文化背景造成人们的说话方式或习惯也不尽相同。因此，在交流中，人们总喜欢用自己的说话方式来解释对方的话语，从而可能对对方的话语做出不准确的推论，继而产生冲突和障碍。为了加深对不同语言、文化和交际之间关系的理解，解决跨文化交际中因文化差异所产生的困惑和问题，需要提供处理不同语境下的跨文化交际问题的基本知识、技能以及环境，提高人们跨文化交际的意识和能力。

跨文化交际能力涉及不同文化背景下的信息交流与沟通，它要求个体或组织能够理解和适应不同的文化环境，有效传递信息，避免以上提及的误解和冲突。这种能力的提升有助于增强国际传播的效果，使信息更加准确地被目标语受众理解和接受。

跨文化研究作为全球化、多元化、信息化时代的一个新兴交叉融合学科，以探究多元文化或跨文化语境下不同文化背景的个体和组织如何沟通、相处与合作为核心主题。这种研究不仅为国际传播提供了理论支持，还为加强国际传播能力建设提供了理据来源。跨文化研究的发展成熟，为国际传播提供了丰富的理论资源和实用的沟通技巧，帮助传播者更好地理解和适应不同的文化环境，从而提高国际传播的效果和效率。此外，跨文化交际能力的培养也是国际传播人才培养的重要组成部分。通过培养具有较强语言表达交流能力、跨文化沟通交际能力的汉语国际传播人才，可以更好地讲好中国故事、传播好中国声音，推动中国走向世界、展示自身形象、促进中西方文化交流。

跨文化知识由中国文化知识、西方文化知识、跨文化交际知识以及校本特色的跨文化商务交际知识等内容构成。在课程和课堂教学过程中，在第三学期至第七学期这5个不同学期，分为必修和选修两个不同类别，有序开设中国文化（英语）、英语国家概况、英美文学选读、西方文明史、跨文化交际、跨文化商务沟通导论6门课程，分阶段由浅入深、由宏观到微观增加学生的中西文化知识、中西文化对比分析和跨文化知识，增强学生的跨文化理论基础、跨文化交际意识和素养。配合课程建设，编写出版《跨文化交际实训（双语）》等教材，建设中西文化案例库，为教师教学和学生学习提供系统的跨文化交际理论知识和实践案例。邀请出国访学的师生现身说法，为师生讲授自己的文化体验。项目和学院工会合作，打造中国传统文化展示中心和以西方文化为特色的教师交流中心，每学期定期举办4~6场文化活动。

■ 中西文化对比的知识要点内容体系

Unit 1　Languages 语言

1. Chinese Language and Dialects 汉语与方言

2. English Language and Dialects 英语与方言

Unit 2　Literature 文学

1. Four Chinese classics 中国古典四大名著

2. The Evolution of Western Classics 西方经典文学的进化脉络

Unit 3　Philosophy 哲学

1. Ancient Chinese philosophers and their theories 中国古代哲学家及其重要理论

2. Ancient Western philosophers and their theories 西方古代哲学家及其重要理论

Unit 4　Customs 文化习俗

1. Solar Terms，Lunar Calendar，and related subjects 二十四节气、中国传统历法及相关主题活动

2. Horoscopes，Western Calendar and other traditions of Astrology 星座、西方历法及星象学的其他传统活动

Unit 5　Traditional and Modern Arts 传统艺术和现代艺术

1. Music and other Performing Arts in China 中国音乐和表演艺术

2. Music and other Performing Arts in West 西方音乐和表演艺术

Unit 6　Drinks 饮品

1. Tea Culture 中国茶文化

2. Coffee Culture 西方咖啡文化

Unit 7　Science and Technology 科技

1. Four Great Inventions of Ancient China 中国古代四大发明

2. Industrial Age of the West 西方工业文明

Unit 8　Life Abroad 国外生活

1. Life of a Westerner in China today 西方人眼中的现代中国生活

2. History of Chinese Americans and Chinese going abroad 华裔美国人及华人海外发展史

■ 跨文化交际的知识要点体系

Unit 1　Understanding Culture，Communication and Intercultural Communication 理解文化、交际和跨文化交际

1. Culture 文化

2. Communication 交际

3. Intercultural Communication 跨文化交际

Unit 2　Cultural Patterns and Communication 文化模式类型和交际

1. Cultural Values 文化价值观

2. Belief and Religion 信仰和宗教

3. Hofstede's Five Values Dimension 霍夫斯泰德的文化五维度

4. Kluckhohn and Strodtbeck's Value Orientation 克拉克洪—斯托特柏克价值取向

5. Edward T. Hall's High and Low Context 爱德华·霍尔的高语境和低语境

Unit 3　Managing Intercultural Conflicts 跨文化冲突管理

1. Intercultural Conflicts 跨文化冲突

2. Culture Shock 文化休克

3. Effective Management 有效管理

Unit 4　Verbal Communication 言语交际

1. Verbal Communication 言语交际

2. Oral Communication 口头交际

3. Written Communication 书面交际

Unit 5　Nonverbal Communication 非言语交际

1. Nonverbal Communication 非言语交际

2. Body Language 体态语

3. Paralanguage 副语言

4. Object Language 客体语

5. Environmental Language 环境语

Unit 6　Business Customs and Etiquette 国际商务习俗和礼仪

1. Greeting 打招呼

2. Superstitions and Taboos 迷信和禁忌

3. Holidays and Holy Days 节假日

4. Bribery 贿赂

5. Business Card Exchange 交换名片

6. Position and Status 社会地位和职位

7. Electronic Communication Etiquette 电子交流礼仪

8. Dining Practices 餐桌礼仪

9. Tipping 服务小费

Unit 7　Business Negotiation across Cultures 跨文化商务谈判

1. Influence of Cultural Differences on Negotiation 文化差异对谈判的影响

2. Negotiation Strategies 谈判策略

3. Phases of Negotiation 谈判的过程

对于具体的国际商务知识，建构了七大板块、十五大主题的专业知识体系和三大资源库（参见上文商务英语课程系统化专业知识架构）。

为了增进学生对跨文化交际理论前沿的了解认识，拓宽知识面，立足本校本院多语种、多元文化背景和多学科的交流对话平台，以对外传播中国文化、践行不同文明之间交流互鉴的理念为宗旨，本研究联合学院成立了区域国别研究中心、跨文化交际研究中心和比较文学研究中心，邀请法国著名汉学家白乐桑（Joël Bellassen）、法国巴黎第七大学跨文化与应用语言学专业教授布隆·米歇尔（Michel Prum），以及中国的户思社、罗选民、郭英剑、封一函、王异虹等 20 余名跨文化研究知名专家学者开展了一系列的学术讲座，如"跨文化视角下中西思维的碰撞和交织""跨专业求学过程中对学科融合的感受和对新文科的理解""法国象征主义及外语学科研究方法""典籍翻译与中国文化走出去——从文化自觉谈起""全球化意识与外语文化自觉""全球化语境下，我们该怎么进行英美文化的教学与研究""翻译的文化会通之道""从语言文学到跨文化交际理论与方法的变迁""英国文明史"；举办了 2 场国际性学术交流活动，即"跨文化的世界文学史理论与翻译研究高端学术论坛"和"跨文化交际与二语习得国际研讨会"。此外，开设全球性问题讨论沙龙，涵盖 16 个全球性关注话题：国际体系与全球治理、国际和平与发展、环境保护与可持续发展、全球经济失衡与发展、全球一体化、生物多样性、全球性气候变化、全球海洋治理、公共卫生、疾病与健康、正义与公平、人工智能、地缘政治冲突、世界人口、贫困、资源等。

在以上活动的带动和帮助下，项目参与教师在跨文化交际教研方面取得了显著成效。荣获校级教学成果一等奖 1 项（"财经类大学跨文化外语教育创新模式"），校级教学成果二等奖 2 项（"基于'异文化体验'模式的多语言教学"和"英语课堂中国际化人才培养的协同效应"）。微课"Louer un appartement"在全国各高校 2 590 件作品中脱颖而出，获中国外语微课大赛北京市三等奖。跨文化交际微课获得学校课程建设立项。"非洲区域性国际组织语言政策研究""语言治理视角下国际组织间的语言政策互动机制研究：以法语国家组织为例""'一带一路'下中国高校英语教育文化维度多元化政策研究"3 个跨文化学术研究项目获批教育部人文社科、北京哲社基金和教育部语合中心等省部级项目；"新文科背景下国际经贸组织全球胜任力校本培养的公共外语教学模式与体系研究""基于留法学生跨文化适应动态变化的跨文化能力培养研究""中美国民对中国刻板印象之跨文化研究""英语专业本科教学中的中国文化导入策略研究""中国文化（英语）课程思政建设：推进'中国文化走出去'的外语人才培养"等跨文化教学研究项目获批北京市级教改立项、校级教改立项。发表近 10 篇跨文化交际研究与实践相关论文，如《跨文化交际——关于"印尼海啸灾区食品过期与否"引发的思考》《中西企业文化整合策略及应用——基于中西传统文化的分析》《企业文化跨国移植的可行性研究》《企业文化跨国移植的一般管理理念与权变策略》《课堂教学国际化模式研究设想》。出版 3 部跨文化交际相关内容专著（《在华跨国公司跨文化整合模式选择研究——关系资本建构视角》《在华跨国公司内部价值观冲突管理研究》和 *A Comparative Study of Education and Culture between China and America with Experience Cases—The Integration and Thinking with Dual Cultural*

Identity），2 部教材（《跨文化交际实训（双语）》《跨文化交际实训（双语）（第二版)》），2 部论文集（《全球化视野下的语言、文化、社会》《提高外语应用能力　提升跨文化人文素质》），教材《跨文化交际实训（双语）》获评校级优质教材建设立项。此外，学院每年安排 2~10 名教师到国外高校访学，进行学术交流、异文化学习和体验。

　　同时，为了为学生搭建实习实践平台，本项目和学院一起组织跨文化交际活动，如"中外学生一堂课"、"一带一路"小语种学习、"外语角"等，让学生们在参与中体验和感悟跨文化交际的内涵与问题，在体验中将外语学习与跨文化交际实践相结合，切实提高学生的口语水平及跨文化交际能力。项目开展了"北京跨文化初体验——法语学生街头采访"活动，学生以开放、友好、自信的风貌与外国人交流，帮助外国人更好地了解中国、了解北京，从而服务北京国际形象建设。举办法国文化中心之旅，师生一起进行富有深度和文化内涵的法国文化中心参观学习。邀请中外教师聚集在一起，在中秋节、圣诞节等特殊中西文化节点，以传统的文化活动为媒介，体验中西文化的交融。学院与孔庙和国子监博物馆签订共建协议，学院派出近百名学生到孔庙和国子监博物馆做语言服务志愿者，在向外国友人展现北京传统文化的同时，建设该地的语言景观，习得与异文化人群接触交流时的方式、礼仪以及要注意的一些问题，传播北京国际形象，提升自身的跨文化交际能力。项目还邀请涵茗斋茶道讲师徐明讲授中国的茶道文化、海外传播及在跨文化交际应用中应该注意的问题。

　　为进一步学习贯彻党的二十大精神，践行习近平总书记关于加强国际化人才培养的要求，本研究积极引导学生参与外语学科竞赛，拓宽国际视野，坚定文化自信、增强文化自觉，以赛促教、以赛促学，努力培养能"讲好中国故事，传播好中国声音"的全球胜任力人才。近 5 年来，逾百名学生参加"外教社杯"全国高校学生跨文化能力大赛，赵宇滢、吴欣钰、李佩婷、张雪嵘、戴晟等 20 余名同学获得不同等级的奖项（参见图 3.36）。管理工程学院 2021 级安全工程专业本科生李天朗谈及自己的收获时说："比赛不仅提高了我的英语口语水平，也拓宽了我的知识面。此外，我还逐渐养成了了解时事、社会和关注周边事物的习惯，学习到了很多跨文化理论知识，见识到了异国文化，拓展了全球文化交流视野。"

图 3.36　代表性获奖

2. 中国传播能力（基于国家文化软实力建构的本土文化认同及国际传播的外语能力）：传播经贸中国、红色中国、体育中国、文学中国、生态中国、教育中国。

限于不同国家和民族之间的语言与文化的差异，信息的国际传播和有效的跨文化沟通便显得尤为重要。无论将来是否能在国际组织工作，作为信息化时代的全球性公民，特别是在北京这一国际化大都市，具备国际传播力，不仅可以向世界传递中华民族优秀的传统文化、现代中国发展的成果，为其他国家和民族发展提供中国方略；还可以引进国际先进科技成果和发展理念，推动国际和平发展，更好地构建人类命运共同体。

项目组通过与退休教师交流、查阅档案文献、调研访谈、梳理现有成果，发现首都经济贸易大学利用其优势的语言专家资源，进行国际语言服务与国际传播的研究与实践历史较长，积淀深厚。20 世纪 50 年代，我校教师徐义涵教授曾在抗美援朝期间承担板门店谈判翻译任务，同时代的大批曾在国家部委担任翻译工作的专家后来都到校任教，从事外语教学和翻译教学工作。20 世纪 80 年代，以朱曼华教授为代表的一批学者从事中华诗词外译，在学术界产生了较大影响，朱曼华教授获得"资深翻译家"荣誉称号。21 世纪初，程虹教授领衔的自然文学团队通过翻译引进美国自然文学经典著作，出版《醒来的森林》《遥远的房屋》《心灵的慰藉》《低吟的荒野》等多部有影响力的自然文学译著，引领国内自然文学研究。2010 年以来，朱安博教授聚焦莎士比亚翻译研究和实践，推动中外戏剧文学交流。2020 年，响应国家战略，学院成立北京冬奥会首经贸译站和北京自贸区语言服务研究中心，承接北京 2022 冬奥会奥组委官网部分新闻翻译项目，聚焦经贸翻译；打造"译丰台"项目，重点关注北京市丰台区双语商务信息建设和国际化环境建设；翻译《京津冀发展报告（蓝皮书)》，撰写并出版《中国（北京）自由贸易试验区语言服务蓝皮书》。

国际传播力是全球胜任力的重要维度，也是语言类人才技能培养的主要内容之一。本研究基于全球胜任力的内涵、培养目标、校本资源与环境，将国际传播力解构为传播经贸中国、红色中国、体育中国、文学中国、生态中国、教育中国。为了培养师生的国际传播力，项目开展了一系列的活动，聚拢资源，创造机会，搭建平台。以 2021—2024 年为例，项目开展与国际传播力提升相关的活动 50 余场（参见表 3.2，因北京 2022 冬奥会期间活动较为频繁，仅列举部分有较大影响力的活动）。

表 3.2　全球胜任力之国际传播力系列活动

序号	活动名称	活动时间
	2024 年开展的活动	
1	北京市丰台区中关村科技园园丰台园区"英语角"	2024 年 9 月
2	高端外语翻译人才培养研讨会	2024 年 5 月 16 日
3	以"文明"概念的翻译为例，谈如何有效进行跨文化交流	2024 年 5 月 16 日
4	北京市丰台区委书记王少峰会见外企 CEO	2024 年 2 月 27 日

续表

序号	活动名称	活动时间
5	商务部发展中国家全球价值链研修班研修活动翻译实践	2024 年 4 月 3 日
6	新时代中国国际传播实战	2024 年 3 月 6 日
7	中非民间商会与非洲大使对话会翻译	2024 年 1 月 26 日
2021—2023 年开展的活动		
1	第二届北京自由贸易试验区语言服务论坛	2023 年 12 月 22 日
2	新时期翻译批评的发展趋势及当下应关注的几个问题——兼谈翻译研究的问题意识	2023 年 12 月 13 日
3	"让世界读懂中国"——国际传播思维与意识的养成	2023 年 12 月 13 日
4	丰台区政府外办党支部与我院教师党支部开展联合党日活动	2023 年 12 月 8 日
5	"新时代下翻译学科建设与人才培养"圆桌论坛	2023 年 12 月 2 日
6	破解中文密码——以中国式现代化相关文本为例 探讨中译外遇到的典型翻译问题	2023 年 11 月 30 日
7	法国食品协会波尔多葡萄酒展会	2023 年 11 月 28 日
8	首都经济贸易大学圆满完成中国与南非商协会工作交流会翻译任务	2023 年 11 月 23 日
9	如何像大使一样用英语演讲	2023 年 11 月 23 日
10	首经贸外国语学院举办人才培养基地签约揭牌暨客座教授聘任仪式	2023 年 11 月 23 日
11	校党委副书记孟波一行到中非民间商会调研交流	2023 年 11 月 13 日
12	我院与中央编译翻译服务有限公司举行战略合作框架协议签订暨翻译研究与实践基地揭牌仪式	2023 年 10 月 27 日
13	我院教师参加中国英汉语比较研究会翻译传译专业委员会 2023 年年会	2023 年 10 月 26 日
14	外国语学院一行拜访北京思必锐翻译有限公司	2023 年 10 月 26 日
15	中国外文局翻译院副院长邢玉堂莅临我院交流指导	2023 年 10 月 25 日
16	我校李润宁同学荣获第三十五届韩素音国际翻译大赛优秀奖	2023 年 10 月 18 日
17	2023 级校园网翻译团队召开首次总结大会	2023 年 9 月 27 日
18	外国语学生党员和积极分子代表参加《中国共产党简史》多语种首发式	2023 年 7 月 4 日
19	"新时代翻译专业师资职业规划：思路与方法"讲座成功举办	2023 年 6 月 28 日
20	"译事"——朱曼华教授诗歌翻译座谈会	2023 年 6 月 8 日

续表

序号	活动名称	活动时间
21	第十四届"四川外国语大学—《英语世界》杯"翻译大赛暨首经贸赛区启动	2023 年 6 月 5 日
22	"译好中国故事"讲座	2023 年 6 月 1 日
23	"北京高校外语教学与语言数据应用论坛"	2023 年 5 月 29 日
24	2022—2023 首经贸新闻网翻译研讨会顺利召开	2023 年 5 月 15 日
25	中央编译出版社副社长张远航一行来校洽谈合作意向	2023 年 5 月 15 日
26	语料库语言学的概念和应用	2023 年 4 月 25 日
27	机器翻译与译后编辑技术的发展与应用	2023 年 4 月 6 日
28	计算机辅助外语研究与论文写作常用软件应用介绍	2023 年 4 月 10 日
29	精益课堂 译读人生	2023 年 3 月 23 日
30	国家社科基金中华学术外译项目申报与研究	2022 年 10 月 5 日
31	冬奥志愿者语言服务译站，北京冬奥会官网翻译系列活动（近 20 场次）	2021 年 10 月—2022 年 5 月
32	我校多名同学荣获第十二届"北京师范大学—《英语世界》杯"翻译大赛优秀奖	2021 年 9 月 25 日
33	成功举办本地化翻译课程交流会暨冷餐会	2021 年 4 月 24 日

通过以上维度和内容的翻译与传播实践，参与项目师生的翻译和国际传播能力得以提升，平原老师翻译的《夫妻的房间》被评为 2020 傅雷翻译出版奖入围终评作品，李润宁同学荣获第三十五届韩素音国际翻译大赛优秀奖。

（1）传播经贸中国——依托真实或模拟项目，多模态译介中国财经建设成果，建构当代中国发展的国际形象，树立民族自信。

首都经济贸易大学外国语学院借助学校财经学科和专业优势，积极开发经贸翻译项目，创新经贸翻译和国际传播人才培养模式。项目和学院一起支持 60 余名师生参与中国农业部《中国农业发展报告》、ESG 研究院《中国农场动物福利 2013—2022 年发展报告》、特大城市研究院《京津冀发展报告（蓝皮书）》等著作的翻译，抖音集团大模型训练数据采标之英文 caption 的英文翻译校对（参见图 3.37），北京市丰台区商务信息双语资料 10 万余字的翻译，苏州晨曦生物科技有限公司 4 万字的文件翻译，系联软件（北京）有限公司 166 万字的科技文件翻译。

首都经济贸易大学外国语学院·

在智能创作-视觉效果团队与数据与模型服务中心-大模型运营与创新团队联合负责的大模型训练数据采标之英文caption改写项目中，贵校外国语学院5名学生在刘重霄老师带领下，参与英文翻译校约24.3万词，数据质量满足需求方标准。

特此证明，以资感谢。

抖音集团-CQC-数据与模型服务中心
-大模型运营与创新-新业务2组
英文cpation专项组
2024年4月

图 3.37　抖音翻译项目证明

项目依托中国国际贸易协会和北京学研智汇网络科技有限公司联合主办的"'学研智汇'杯全国高校商务外语综合能力大赛（微视频作品赛项）"，审定经贸、商务类翻译作品 17 件，中英文字数 47 102；英文视频 16 个，时长 112 分钟，内容涵盖山东沂蒙煎饼、江西景德镇陶瓷、赣南脐橙、潮汕美食红桃粿、云南普洱茶、辽宁博物馆《洛神赋图》体验类盲盒、大连自贸区电商推介、海南椰汁饮品、上海进博会展出的香囊产品、重庆大足石刻、福建天福茗茶、湖北省蕲春县荆楚经济的蕲艾、湖南浏阳东信烟花、湖南湘绣、海南振兴农产品贸易公司的海南特产。

项目和学院连续两年承办"'高教社杯'全国商务英语实践大赛"华北赛区的比赛，辅导商务国际传播竞赛作品文字材料和视频材料 7 件，2

件作品获评全国三等奖；审定商务国际传播竞赛作品文字材料和视频材料几十件，涉及电子商务、金融、智能产品、农业产品、制造业等。学院获批大赛组织奖。

主持完成教育部高等产学合作协同育人项目"多模态经贸语料库翻译实践基地建设研究"项目。

（2）传播红色中国——建设中国共产党十四大至二十大党代会报告中英、中法双语经贸语料库，向世界讲述中国红色故事。

党代会报告是中国发展的指导性文件，历次党代会报告为国家今后几年的发展指明了方向，确定了目标。党代会报告也是世界了解中国、认识中国的重要渠道和窗口。鉴于此，结合校本和专业特色，践行利用专业学党史，项目组收集整理中国共产党第十四次至第二十次全国代表大会报告中英、中法经贸类双语术语语料，并对其进行分析探究，周周推送，推送达 33 期，举办 3 次学习交流会，融于课堂教学，在进行党史学习、传播红色中国的同时，提升师生的专业素养。特别是对于党的二十大报告，内容涉猎广泛，术语词汇丰富，学习深度增强。在进行党代会报告红色传播期间，项目还组织师生召开了"'学习党的二十大，用好译读新资源'——译读二十大座谈会"等活动，在提升师生国际传播能力的同时，更高效地建设党代会报告经贸翻译语料库，有效进行红色中国的传播。

案例：中国共产党十四大至二十大中英、中法双语经贸语料库推送链接（部分）

■十四大

1.【中国共产党历次全国代表大会中英语料库】（八）十四大报告
https：//mp. weixin. qq. com/s/qxzhNaACdf0prVu4jQqsuA

2.【中国共产党历次全国代表大会中英语料库】（九）十四大报告
https：//mp. weixin. qq. com/s/ovlxHlmKU-VAxcQsjN7mWA

3.【中国共产党历次全国代表大会中英语料库】（十）十四大报告

https://mp. weixin. qq. com/s/dlKyemfI3Qnw-gA7EINXLg

■ 十五大

1.【中国共产党历次全国代表大会中英语料库】（十一）十五大报告

https://mp. weixin. qq. com/s/OV9R0ozoXNWfUi5tVeyyRw

2.【中国共产党历次全国代表大会中英语料库】（十二）十五大报告

https://mp. weixin. qq. com/s/igmhj6IrTYCrv9efR2aRzw

3.【中国共产党历次全国代表大会中英语料库】（十三）十五大报告

https://mp. weixin. qq. com/s/uaX0ZCwAyK_Y2hCdk_o7Cg

4.【中国共产党历次全国代表大会中英语料库】（十六）十五大报告

https://mp. weixin. qq. com/s/rImLIepzRY4Aicm7jcj7Lw

■ 十六大

中英

1.【中国共产党历次全国代表大会中英语料库】（一）十六大报告

https://mp. weixin. qq. com/s/IxVQXvKMaDQwW2ZzPXuX3A

2.【中国共产党历次全国代表大会中英语料库】（二）十六大报告

https://mp. weixin. qq. com/s/m8Iwiw6J37HRb-5ZOD40mg

3.【中国共产党历次全国代表大会中英语料库】（三）十六大报告

https://mp. weixin. qq. com/s/UUKOgcnd2ZGm6QOLBNcAvA

4.【中国共产党历次全国代表大会中英语料库】（四）十六大报告

https://mp. weixin. qq. com/s/vpX_j958E2UiCQhPADwfkQ

中法

1.【中国共产党历次全国代表大会中法语料库】（一）十六大报告

https://mp. weixin. qq. com/s/3GTX-kCt4XqYor5N-DHh_Q

2.【中国共产党历次全国代表大会中法语料库】（二）十六大报告

https://mp. weixin. qq. com/s/F97DtfD8HSxaRqmWK_Q4bg

3.【中国共产党历次全国代表大会中法语料库】（三）十六大报告

https://mp. weixin. qq. com/s/ZsQWkhnRZVyJXZtd-sncfg

4.【中国共产党历次全国代表大会中法语料库】（四）十六大报告

https：//mp. weixin. qq. com/s/fJ8BCpChFL_QMODLKcToKA

5.【中国共产党历次全国代表大会中法语料库】（五）十六大报告

https：//mp. weixin. qq. com/s/qS_O8o68UB9JKvzGlfKk9g

■ 十七大

中英

1.【中国共产党历次全国代表大会中英语料库】（五）十七大报告

https：//mp. weixin. qq. com/s/S2xW3Hn7aF5AtGwR_eqLvw

2.【中国共产党历次全国代表大会中英语料库】（六）十七大报告

https：//mp. weixin. qq. com/s/7GZC0jKSudaDHx4xgz9c7g

3.【中国共产党历次全国代表大会中英语料库】（七）十七大报告

https：//mp. weixin. qq. com/s/FzSNq9WpxDtoVHa1zuFkuw

中法

1.【中国共产党历次全国代表大会中法语料库】（六）十七大报告

https：//mp. weixin. qq. com/s/RRt6Vkbg85CNYMMWmiIdBQ

2.【中国共产党历次全国代表大会中法语料库】（七）十七大报告

https：//mp. weixin. qq. com/s/etp4luMJzKBm__aXwTiWsQ

3.【中国共产党历次全国代表大会中法语料库】（八）十七大报告

https：//mp. weixin. qq. com/s/OhjhMr1OHxGHO6OapfrU6Q

■ 十八大

中法

1.【中国共产党历次全国代表大会中法语料库】（九）十八大报告

https：//mp. weixin. qq. com/s/v4vK-x6FwcT7xrYyaqPpxw

2.【中国共产党历次全国代表大会中法语料库】（十）十八大报告

https：//mp. weixin. qq. com/s/tHMzIr3wZHMSlva1LN9riQ

3.【中国共产党历次全国代表大会中法语料库】（十一）十八大报告

https：//mp. weixin. qq. com/s/4-Qj6T5Vp-2SBtGlz8SCNw

4.【中国共产党历次全国代表大会中法语料库】（十二）十八大报告

https：//mp. weixin. qq. com/s/ozIW2h2n5ARajxYcK7fhwg

5.【中国共产党历次全国代表大会中法语料库】（十三）十八大报告

https：//mp. weixin. qq. com/s/0gJr9i8g9pbNZif50－yEDQ

6.【中国共产党历次全国代表大会中法语料库】（十四）十八大报告

https：//mp. weixin. qq. com/s/r6IfQ5m6ygmdzCw95TyPVA

中英

1.【中国共产党历次全国代表大会中英语料库】（十七）十八大报告（节选）

https：//mp. weixin. qq. com/s/4_GVx0ZeamVwBhtR3vGM2g

2.【中国共产党历次全国代表大会中英语料库】（十八）十八大报告（节选）

https：//mp. weixin. qq. com/s/HHrlg4jnY4xVxc6acqwyUQ

3.【中国共产党历次全国代表大会中英语料库】（十九）十八大报告（节选）

https：//mp. weixin. qq. com/s/lWn6v3fc6ZmDnTOf4K69vg

■ 十九大

中法

1.【中国共产党历次全国代表大会中法语料库】（十五）十九大——新时代中国共产党的历史使命

https：//mp. weixin. qq. com/s/RgwajqfTc5U303aoB8yeqQ

2.【中国共产党历次全国代表大会中法语料库】（十六）十九大报告（节选）——新时代中国共产党的历史使命

https：//mp. weixin. qq. com/s/D4oAWD5BdGZC3IuJC7qwrw

3.【中国共产党历次全国代表大会中法语料库】（十七）十九大报告（节选）——新时代中国共产党的历史使命

https：//mp. weixin. qq. com/s/z6DQ1K0SbUU9ujiCyUmcsA

■ 二十大

中英

1.【双语学习平台｜译读二十大】党的二十大报告中英双语段落精析
（二十二）

https：//mp. weixin. qq. com/s/5S3hOJUIcxunEep6YgQE9Q

2.【双语学习平台｜译读二十大】党的二十大报告中英双语段落精析
（二十三）

https：//mp. weixin. qq. com/s/9yBkWVOg5q8GTRpgMBIBKg

3.【双语学习平台｜译读二十大】党的二十大报告中英双语段落精析
（二十四）

https：//mp. weixin. qq. com/s/ZQO-1yWDFTTdcFB4RQEQfA

4.【双语学习平台｜译读二十大】党的二十大报告中英双语段落精析
（二十五）

https：//mp. weixin. qq. com/s/swqj3iSGtz5n_-4-H_QUFw

5.【双语学习平台｜译读二十大】党的二十大报告中英双语段落精析
（二十六）

https：//mp. weixin. qq. com/s/0EFPfna8j0lLJz8dkEebPg

6.【双语学习平台｜译读二十大】党的二十大报告中英双语段落精析
（二十七）

https：//mp. weixin. qq. com/s/21c55LKdg4sTsoNaAnxSYg

7.【双语学习平台｜译读二十大】党的二十大报告中英双语段落精析
（二十八）

https：//mp. weixin. qq. com/s/Xqz9FJLuHK8JgQnCImGRSA

8.【双语学习平台｜译读二十大】党的二十大报告中英双语段落精析
（二十九）

https：//mp. weixin. qq. com/s/ZM7ReWr-v0pBhuMqfLZgZQ

9.【双语学习平台｜译读二十大】党的二十大报告中英双语段落精析

（三十）

https：//mp. weixin. qq. com/s/DyCmZX6p75cZV-04N-VR_g

10.【双语学习平台｜译读二十大】党的二十大报告中英双语段落精析（三十一）

https：//mp. weixin. qq. com/s/1Ox5rWEZQNcFU904WONaKA

11.【双语学习平台｜译读二十大】党的二十大报告中英双语段落精析（三十二）

https：//mp. weixin. qq. com/s/Z2UZA11-TJ7qM_ZCaW2JFw

12.【双语学习平台｜译读二十大】党的二十大报告中英双语段落精析（三十三）

https：//mp. weixin. qq. com/s/2Olt6MJJ3ph_lOEN4BDlw？from＝groupmessage &scene＝1&subscene＝10000&clicktime＝1698030264&enterid＝1698030264 &sessionid＝0&ascene＝1&fasttmpl_type＝0&fasttmpl_fullversion＝6906606-zh_ CN-zip&fasttmpl_flag＝0&realreporttime＝1698030264500

（3）传播体育中国——语言服务冬奥，展现中国向上精神，上好"冰雪+外语"大思政课。

体育代表一种精神活力和民族气质，是中国融入世界的一种交流方式。国际传播力要立足国家战略发展和重大事件，通过亲身参与和现场体验，全方位融入，充分利用语言优势和对跨文化情境的把握，从全球视野，向世界讲好中国故事，有效传递中国声音。

2022年北京冬奥会不仅是全世界冰雪运动盛会，更是展现国家形象、振奋民族精神、讲好新时代思政故事的绝佳素材源泉。项目积极响应习近平总书记善用"大思政课"的要求，将专业优势和冬奥盛会巧妙融合，精心上好"冰雪+外语"大思政课，取得丰硕成果。

自2021年10月以来，项目设立了北京冬残奥会"语言服务译站"（参见图3.38），20余名教师与70余名学生组建起一支高水平翻译团队，在 6 个月的时间里为北京冬奥组委官网、2022 年冬奥会平台、冬奥村服务团队完成了 30 万余字的翻译与审校工作，内容涵盖专题报道翻译、新闻翻译、视频字幕翻译及审校以及有关译文的探讨与协商等。并以冬奥会语言知识、翻译技能与实践等为主题，开展了"语言服务译站"系列讲座近10 场；召开语言服务冬奥教师分享交流会，分享和总结"冬奥思政进课堂"实例经验，并探索将之融入课程思政、专业思政的有效途径；学生建设了冬奥会语料库，将专业学习和服务冬奥紧密结合，将学习成果更好地服务于京津冀协同发展建设；卢青亮、韩天艺两位教师承担口笔译工作和服务主管任务；38 位语言服务志愿者工作在冬残奥会志愿服务的不同岗位（现场），做好"冰雪语者"和中国文化传播使者，获得政府的充分认可和褒奖（参见图 3.39）。

图 3.38　冬奥译站

2021 年 12 月，《北京日报》以《冬奥志愿者语言服务"译站"，翻译时连标点都不放过》为题，报道了首经贸外国语学院的"语言服务译站"。学院对接的冬奥组委官网更是对全体师生的翻译质量与敬业精神给予了充分肯定。

图 3.39　语言服务冬奥现场情况及感谢信

　　此次翻译任务是外语学子将自身专业与国家需要相结合的重要实践。在实践中，学生们提升了为国担当的责任感。"我们的译文往小处说是自己的作品，往大了说代表学校和学院，甚至是北京冬奥组委，关乎中国形象。所以，作为一名译者，要细心细心再细心，一点儿也马虎不得。每次翻译时间其实都很紧张，任务一来要立即响应，马上进入一种不吃不喝全神贯注的状态。"2018 级外国语学院本科生高维曼在翻译后发出这样的感叹。2021 级口译班张昱煊也表示："初来首经贸时，刘重霄老师曾强调服务首经贸、服务北京的精神。我想，这次冬奥翻译任务中每个人的努力就是我们对这种精神的生动诠释。"

也正因为这次冬奥会翻译服务时间紧、任务重，外语学子在高标准、严要求下，专业技能实现了质的飞跃。"这次翻译共有 16 个小组参加，每组成员 4~5 人，每组各有一名审校老师来对译文质量做最终校订。翻译任务会在工作微信群里下达，为在第一时间收到和完成任务，同学们会密切关注群里任务分配情况，并在老师要求的时间内将译文交给审校老师审读，最终完成整个翻译任务。每个翻译小组成员都会参与翻译，但会有 1~2 名主翻译，译文会在主翻译的基础上打磨，有疑问的地方大家会在群里反复讨论，力求做到完美。"2021 级口译班王媛在回忆起这段难忘的经历时说道。

外国语学院教师们在指导学生翻译的同时，也审校了 24 期"双奥之缘"系列视频的字幕翻译。在"语言服务冬奥"总结与分享交流会上，张宏峰老师谈道："在语言服务过程中，要把握好政治方向。带领学生一起翻译时，老师要尊重学生的意见。"白云红老师也感受颇深："此次翻译任务具有严肃性、时效性等特点，涉及了大量的专业术语、日常口语以及地方方言，翻译难度大，但也给自己带来了非常丰富的学习语料，了解到了新的领域知识，并且通过视频知悉了运动员、教练员以及基建工作者的辛苦付出，更加为祖国的发展而感到自豪。"王宏玉老师也认为，"在项目执行过程中发现了翻译理论的重要性，在工作过程中边学边用，也让自己的教学和研究都有了新的领悟"。

教师将冬奥翻译素材带入课堂。2021 级英语笔译班的李晓青谈道："字幕翻译是对译者双语能力的一次综合考量。在新闻编译的课堂上，李腾龙老师反复强调译者的严谨性，大到一个术语，小到一个标点，都不能忽视。在课堂中，老师也提及字幕翻译的特性，如何对中文进行合理切分，如何整合原文逻辑，如何符合原文字幕顺序都是译者需要考虑的事情。我认为，这次任务不仅是对我专业水平的一次磨炼，更是一次凭己之所长，为祖国贡献力量的绝佳契机。我希望我能不断提高自身修养与外语能力，为祖国讲好中国故事，向世界展示中国魅力。"2021 级口译班的岳小岚补充道："感谢学院的支持和老师的指导，本次冬奥语言服务顺利完成，令大家受益匪浅。在语言服务期间，刘重霄老师在笔译理论与实践课上教导大家，冬奥翻译要积极求证，遇到不明白的地方一定要查，不能想当然地翻译，以免出现纰漏，这一点大家深有体会。作为译者，我们秉持严谨认真的态度为冬奥提供语言服务，希望奥林匹克精神以及中国人民的友谊可以传送到世界每个角落。"

（4）传播文学中国——译介中国经典文学和诗词文化，在世界文学舞台中发出中国文学声音。

中国文学是世界文学重要的组成部分，有数千年悠久历史，以其特殊的内容、形式和风格构成了自己的特色。中国文学有着自己独特的审美理想、文化传统和理论批判体系，以其优秀的历史、多样的形式、丰富的作品、独特的风格和诱人的魅力而成为世界文学宝库中的瑰宝。

本项目关注中国文学特别是中国古典文学中的诗词外译活动，除鼓励学院及团队教师积极参与外译实践活动外，还邀请经验丰富的专家、学者和译者与师生一起交流探讨翻译过程中的问题及解决策略。朱曼华教授翻译并出版了《中国历代诗词翻译》（2016 年）、《李煜诗词英译全集》（2017 年）、《李清照诗词英译全集》（2018 年）、《中国古典诗词英译 100 首》（2020 年）、《唐诗英译精选 100 首》（2022 年）、《宋词英译精选 100 首》（2022 年）6 部系列中国经典诗文集，为中国经典文学走向世界做出了贡献。

当然，项目除了译介中国经典古诗词之外，也译介了一些现代文学作品，如翻译"一带一路——中国好故事微小说精选（双语版）系列丛书"，将我国当代著名作家陈毓的微小说《谁听见蝴蝶的歌唱》译成英文版 The Singing of the Butterfly is Hardly Heard，旨在将中国当代优秀文学作品传播至海外，增进海外文学爱好者对中国当代文学作品的了解，扩大中国当代文学作品在海外的影响，促进中外当代文学的对话与交流。

在翻译实践之余，项目还开展中国文学翻译研究，成功获批"叙事文体学视角下中国现当代文学英译研究"北京市教育委员会社科一般项目等科研立项。在人才培养方案设置中开设了文学翻译课程，以大量的中国文学翻译实例为样本，讲授、分析和探讨中国文学翻译、中国文学走向世界的问题与成效，并为学生举办文学翻译工作坊，让学生亲身体验文学翻译的不易、重要性及不可替代性。邀请李正栓教授、吕世生教授、赵彦春教授等翻译界学者开展中国文学翻译专题系列讲座，如"毛泽东诗词英译原则探析""中国文学外译的困境与'忠实'概念的历史局限性""《你是人间四月天》——英译的诗性呈现"等。

项目还为学生创造传播文学中国的环境，组织"吟诵经典"中华经典诗词吟唱比赛，提升学生传播文学中国的意识和能力。

案例："译事"——朱曼华教授诗歌翻译座谈会

2023年6月8日下午，著名翻译家朱曼华教授应外国语学院邀请，以"译事"为题与外语师生座谈交流（参见图3.40）。

外国语学院院长刘重霄介绍了朱教授在诗词翻译领域的非凡成就。一直以来，朱曼华教授坚持以英译唐诗宋词，增进国外对中国传统文化的了解。他翻译的《清西陵的黄昏》等英文诗被世界诗协编入美国出版的《2005年最好的诗人最好的诗》，《唐诗英译精选100首》与《宋词英译精选100首》等经商务印书馆国际有限公司出版，帮助读者领会唐诗宋词在英汉两种语言之间的精妙转换。

图3.40 朱曼华教授讲座现场

座谈会从"个人词汇量与表达能力""写英文诗与英译诗""莫负自己生命力的激情""中国诗词有可译性，正在走出国门"4 个部分展开。会后，朱教授还向外国语学院师生赠送了珍贵的手稿与译著。

（5）传播生态中国——翻译和传播生态、绿色、可持续发展的改革成果，为解决全球性议题提供中国方略。

进入 21 世纪，特别是自中国共产党第十八次全国代表大会以来，中国解决了许多重大问题。随着"两山"理论的提出，中国在较短时间内基本消除了重度环境污染，绿色成了经济建设和环境发展的主导色；打赢了脱贫攻坚战，基本消灭了绝对贫困；摆脱了传统的资源耗费性经济发展模式，转向生态、绿色、可持续的经济发展模式。积极传播当代中国的建设成就，让世界上更多的国家了解中国的发展现状，让西方某些抹黑、污蔑中国的不当言论不攻自破，需要更好地讲好当代中国发展的故事，传播中国正面、良好的国际形象。本项目与学校工商管理学院、劳动经济学院等进行合作，翻译 ESG 研究院关于农产品发展（参见图 3.41）、中国老龄化等社会问题的解决方案。外籍老师 Cormac 全程参与中国残联《我和我的脱贫故事》一书英文译稿审校工作，并受邀出席"纪念中国恢复联合国合法席位 50 周年系列活动——中国残疾人脱贫故事分享会"。项目为贵州等西部地区的学校开展外语教育扶贫培训，与外研社和贵州道真仡佬族苗族自治县第四小学合作，共同开展"语你黔行——贵州云支教"活动，仅2024 年上半年便联合捐赠书籍 800 余册，组织 33 名中外籍教师和本、硕学生志愿者，为贵州乡村小学开展线上英语支教活动，2024 年上半年累计开展云支教 13 期，线上教学时长 78 学时，制作教学课件 88 个，受益学生3 900 人次，为中国西部国际化人才培养和西部建设成果的国际传播奠定了基础。

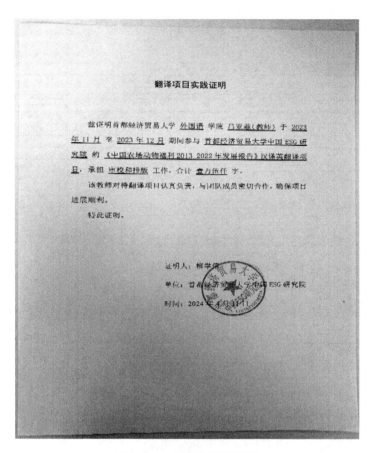

图 3.41　ESG 项目翻译证明

案例

项目名称：WEi 田园——专注绿色农业与医疗健康发展

指导教师：潘卓文、余颖丰、沙叶舟

负责人：王淼

成员：王子煊、朱睿、董静宜、李欣昕、苏舜禹

创新创业：2024 年 6 月 2 日，团队入围"青创北京"2024 年"挑战杯"首都大学生创业计划竞赛主赛道终审决赛，团队项目为"WEi 田园——专注绿色农业与医疗健康发展"，于中央民族大学（丰台校区）与各高校团队参与路演答辩，最终荣获"青创北京"2024 年"挑战杯"首

都大学生创业计划竞赛主赛道北京市银奖（参见图3.42）。

383391	「食尚鲜锋」智能鲜果保鲜解决方案	中国农业大学
383458	智润无疆——基于大型移动滴灌的高标准农田建设先行者	中国农业大学
383832	慧聚蓄能——病死畜禽高值化利用新模式助力产业振兴	北京科技大学
383931	**WEi田园——专注绿色农业与医疗健康发展**	**首都经济贸易大学**
384105	基于生态防控技术的，桃林虫害防治新策略——"诱"虫深入、"芯"植硕果	北京农学院
384374	灵草生泰南，药食焕乡颜——年轻化纹股蓝赋能豫巴地区乡村振兴	中国传媒大学
384551	闻名"虾"迩-服务水产养殖新质生产力的先锋	北京工商大学
384560	优络（YOLO）康养——智慧长者健身生态助力田园康养	北京体育大学
384565	一叶知鲜 高端鲜食玉米绿色优质品种的种植与推广	北京农学院
384610	乡创·筑梦工作室——高校青年赋能乡村振兴，开辟新农人立业建功新舞台	中央民族大学
384728	药果兴农，蜡染黔景	中央民族大学
384782	葡萄藤下，新花盛开	北京农学院
384885	东方柚园——助力乡村振兴的柚子生态产业品牌	北京舞蹈学院

图3.42 项目获首都大学生创业计划竞赛主赛道北京市银奖

在5G技术、VR/AR、网络游戏等领域极速发展的背景下，组建"WEi田园"项目团队，建设网络平台"WEi田园"官方网站，聚焦绿色农业、医疗健康等领域的科技成果转化和国际传播，致力于为群体带来更多社会效益，为建设绿色生态中国和健康中国贡献力量。

（6）传播教育中国——翻译校园网站，展现中国教育成就，助推中国教育强国"走出去，请进来"的国际化建设。

习近平总书记在党的二十大报告中首次将"实施科教兴国战略，强化现代化建设人才支撑"作为一个单独部分，充分体现了教育的基础性、战略性地位和作用，并对"加快建设教育强国、科技强国、人才强国"做出全面而系统的部署，为到2035年建成教育强国指明了新的前进方向。国家的发展靠人才，人才的培养靠教育。中国的教育不仅要走进世界，融入世界，更要通过宣传自己，帮助世界，引领世界。全球胜任力的培养包括对教育的理解能力、创新能力和传播能力。因此，要充分利用学校自身资源，在满足学校发展需求的同时，提升师生利用语言专业优势服务全球教育发展的能力。学校官网（外文版）是学校进行对外宣传、加强国际交流与合作的平台和窗口，学校官网主要信息的翻译、外文网站建设在传播中国教育成果方面具有重要的作用。但校园外文网站建设不仅面临翻译方面的问题，还面临国际传播意识和网络安全方面的问题。网络安全不仅存在于技术方面，更重要的是在内容方面。外文网站的功能是对外宣传，除了哪些内容需要翻译、哪些内容不能翻译等保密性因素外，还要考虑译入语文化、国际大环境的适应性等因素，要求网站内容在信息的甄选、传播的方式与手段、传播的有效性等方面，要有专业的研究和专门的技能，这也是未来胜任国际组织工作、具备全球胜任力所必备的素养和能力。

案例：校园网站翻译

项目组与首都经济贸易大学党委宣传部建立了校园网站翻译产学研实践基地，已有近 10 年的建设历史。每年从新生中招募 12 名学生进行网站最新稿件的翻译，每周翻译 3~4 篇文章或报道。该基地为学生提供了真实的翻译实践项目，在指导教师的帮助下，有效提升了学生的翻译能力；同时有助于学校的国际化建设，提升学校的国际知名度，为与国外高校开展教学科研合作和联合人才培养做出了巨大贡献。该基地还定期举办"译中人"翻译大赛，为学生的实践能力培养搭建平台。截至 2024 年 6 月，项目组师生共翻译稿件 800 余篇，积累双语语料 200 余万字，整理典型翻译案例 1 000 余例，整理双语术语 1 200 余条，学生基于该项目撰写校园网站翻译相关研究论文、报告等 10 余篇，申请大学生科研创新项目 3 项；同时，教师将翻译案例（参见图 3.43）融入课堂教学，有力提升了课堂教学效果，充分发挥了翻译语言资产的溢出效应。

项目除了组织开展译介中国专项活动之外，继续深化翻译世界，将国际优秀文化、发展成果引进国内。程虹教授翻译了 4 部美国自然文学经典著作。项目与中央编译出版社签订 *Why I Write* 等 4 本原版书籍的英译中工作，完成 35 万字的英译中翻译工作。翻译其他各类著作 68 部，包括译林出版社出版的文学译作《梅塘之夜》、机械工业出版社出版的经济类译作《能源定价——经济学与原理》、中国水利水电出版社出版的电力类译作《巴西电力行业改革》、法律出版社出版的法律类译作《公平游戏》、新星出版社出版的教育类译作《帮孩子强健心智》等。以上翻译实践成果不仅丰富了中国社会发展的国际案例资源，也整体提升了项目组师生的国际传播水平。

案例 001

- 案例类型：介词使用类

原文：全国法学界著名学者、中国政法大学喻中教授受邀做客**成长课堂**

译文：Yu Zhong, China's famous scholar of law and professor from China University of Political Science and Law, was invited to **CUEB's Lecture Room for Growth.**

分析："成长课堂"的内涵是通过邀请业界翘楚，名校讲师来我校举行讲座，从而帮助到学生，让其从中受益，得以成长。原译文介词使用的是"of"，这就让"课堂"和"成长"之间形成了一种所属关系，不能贴切表达原文意思，所以用 for 显然更合适，"课堂"是为了学生更好得"成长"。

案例来源：《喻中做客成长课堂 全面阐述习近平法治思想》（https://news.cueb.edu.cn/xydt/bc/145085.htm）

案例 002

- 案例类型：信息查证类

原文：喻中做客**成长课堂** 全面阐述习近平法治思想

译文：Yu Zhong Made a Thorough Analysis of Xi Jinping's Thought on the Rule of Law at **CUEB's Lecture Room for Growth**

分析："成长课堂"虽无直接文献可参考、查证，但考虑到"成长课堂"和"百家讲坛"的内涵实际上有异曲同工之妙，经查证"百家讲坛"译文为"Lecture Room"，便可借鉴该译法来翻译"成长课堂"。

https://baike.baidu.com/item/%E7%99%BE%E5%AE%B6%E8%AE%B2%E5%9D%9B/167?fr=aladdin

案例来源：《喻中做客成长课堂 全面阐述习近平法治思想》（https://news.cueb.edu.cn/xydt/bc/145085.htm）

2022 年-2023 学年新闻翻译案例

第一组六名成员一共整理了 65 个案例。

案例 1-10：罗玲

案例 11-20：王康

案例 11-20：龚彻

案例 21-45：徐思文

案例 46-55：邓小坡

案例 56-65：曹永杰

案例 001

案例类型：信息查证类

原文：北京"四个中心"

译文：Beijing as the Four Centers (namely, national political center, cultural center, center for international exchanges, and center for scientific discovery and technological innovation)

分析：译者先查询了语料库和英文巴士有无翻译，結果无。然后，译者在必应浏览器搜索猜测的英文，搜索到带有"北京市人民政府外事办公室"，网址带有"beijing.gov.cn"的官方pdf 文件，且查询到官网的解释。因此确定了翻译。在括号中补充了"四个中心"的具体内容。北京"四个中心"：全国政治中心、文化中心、国际交往中心、科技创新中心。

案例来源：北京市职工职业技能大赛审计理论和实务操作竞赛复赛在我校成功举办

案例 002

案例类型：简明英语类

原文：活动的复赛和决赛在首都经济贸易大学举办，活动得到了学校领导的高度重视。

原译：CUEB leaders attached high importance to the semifinal and final that were held in the university.

改译：CUEB leaders attached high importance to the semifinal and final held in CUEB.

图 3.43 部分校园网翻译案例内容

近几年项目组获批了"翻译专业硕士技术写作教学案例库建设研究""译者技术传播能力的构成与培养研究""语言治理视角下国际组织间的语言政策互动机制研究：以法语国家组织为例""《习近平谈治国理政》法译本中的熟语译介研究""北京百年红色文化对外传播汉英术语知识图谱构建与应用研究""叙事文体学视角下中国现当代文学英译研究"等近 10 项与国际传播相关的高级别项目，发表学术论文、出版专著和译著等各类成果百余篇（部）。

项目以国际二战博物馆协会成立、宋庆龄青少年科技文化交流中心中非青年论坛、中国国际服务贸易交易会、孔庙和国子监等国内外大型活动和重要文化场所为契机和基地，开展专业实践活动 300 余人次，覆盖参与项目的学生总人数的 95%。

3. 批判性思维（自觉与自信）：基于专题性课程、辩论式教学和情景化项目，培养独立思辨力和应变力；通过环境创设、氛围打造和平台搭建，实施浸润式培育。

"批判的"（critical）源于希腊文 kriticos（提问、理解某物的意义和有能力分析）和 kriterion（标准），该词有"基于标准的有辨识能力的判断"的含义。"批判性思维"（critical thinking）是一种通过一定的标准评价思维，进而改善思维的合理、反思性的思维过程。它既是思维技能，也是思维倾向。批判性思维要求人们对所接收的信息保持理性的、怀疑的和无偏见的分析，评估事实证据，从而形成判断。其主要目的在于尽可能求得理性、客观的判断。批判性思维是自信和自我价值判断的表征。

全球胜任力中的批判性思维是指在全球化的背景下，能够有效地分析和评估信息，形成自己的观点，并对问题提出合理的解决方案的能力。批判性思维是国际组织核心素养不可缺少的内容。这种思维能力不仅要求个体根据情境合理地运用各种类型的推理（如归纳和演绎等），还要求使用系统思维去分析问题的各个部分如何相互作用以产生最终结果，做出判断与决定。批判性思维要求用传统和创新的方式解决不同类型的复杂问题，从而适应全球化带来的挑战和机遇。

为了达成全球胜任力批判性思维的培养目标，项目打造了多元化、多文化、多语种、多模态的课程设置，拓宽学生的知识面和看待问题的角度与视野；针对该专项技能提升，中教和外教联合撰写脚本、开发制作线上课程 Debating，开设英语演讲与辩论、国际商务谈判等线下课程，培养学生用英语进行批判性辩证思考、应急性语言应用及创新性表达实践的能力；项目强调在授课过程中有意识地融入批判性思维策略与态度，注重教学方法的应用，如开展辩论式教学、研讨式教学、案例式教学和翻转课堂教学，强化在教与学的过程中学生的对话、交流、互动与建构；邀请来我校学习的留学生与项目参与学生一起进行课堂学习，共建开放性、融合性的"'一带一路'外语课堂"，进行充分的思想碰撞和文化语言交流；利用学术英语写作（研究）中心提供的写作训练项目，为学生布置写作任务，进行批判性思维训练；中教、外教和学生一起修改学生的写作作品，进行多元思维碰撞，在碰撞中刷新学生的原有认知、批判意识和创新思维，培养学生独立思考的能力和自信，同时为创造性思维的培养奠定基础。

在课堂教学之余，为学生打造实践性项目，创设探究性、调研性实践课题，举办讲座，开展工作坊，进行专业竞赛。

项目携手学院，共同举办"弄清逻辑理念，掌握翻译之道""如何像大使一样用英语演讲""英-汉、汉-英批评者角色对翻译批评者身份的干扰——以'魂断蓝桥'和 I Did Not Kill My Husband 的译名为例""2019 年政府工作报告英文译文——解析和启示""全球化语境下，我们该怎么进行英美文化的教学与研究""典籍英译与中国文化走出去——从文化自觉谈起"等学术讲座。鼓励学生积极参与学校举办的"创新型商业模式的理论与实践"工作坊。项目推动学院成立英语辩论协会，定期举办"'外研社杯'全国英语辩论赛""首经贸驼铃杯新生辩论赛""'明辩杯'研究生辩论赛"等辩论赛事，搭建批判性思维培养的实践平台，让学生用逻辑和理据将对问题的认识推到更高的水平，进入更深刻的层次。学生获得了"'外研社杯'全国英语辩论赛"华北赛区三等奖的好成绩。此外，项目和学院还为学生提供机会参与"全球谈判挑战赛""北京市大学生英语演讲比赛""'外教社杯'全国高校法语演讲比赛""'中法环境月'演讲大赛"等谈判类和演讲类竞赛，提高学生的快速反应能力和语言表达能力。项目不定期组织竞赛分享会，交流辩论、演讲与谈判的技巧和方法。项目在公众号开设有关批判性思维的双语议题与短文"一年一度网友辩论"，供学生进行自主学习。

在进行批判性思维培养的过程中，项目在相关的课程建设、教学改革和学术研究领域也取得了一定的成绩。除上文介绍的建设了 3 门线上线下辩论类课程外，"课程思政导向的线上线下混合式《商务英语辩论》课程建设研究与实践"获批校级教改立项，学院教师发表"英语专业基础课批判性思维的培养""培养大学生英语批判性思辨能力的教学模式初探""英语专业学生英语议论文写作的个案研究：聚焦思维发展及其动因""加强大学英语素质教育 提高大学生思维技能""中西方不同思维模式对大学生英语写作的影响""英语词汇学习创新思维模式与英语教学"等近 10 篇论文，出版 1 部专著《英语专业学生英语议论文写作中的思维能力发展研究》。

4. 全球合作精神（全球参与能力）：校校联合，资源共享，打造育人共同体；政产学研协同，优势互补，创造新质生产力；中外合作，开放包容，创造国际化环境。

合作精神是指个体在集体中以积极、主动、互助的态度与他人合作，共同完成一项任务或实现一个目标的心理状态和行为。它是现代社会中非常重要的一种价值观和行为准则，强调个体与个体、个体与团队之间的合作与协作，解决共同面临的问题和困难。合作精神不仅仅是一种心理状态和思维方式，更是一种实际行动的体现，它需要通过活动、人与人的交往、共同完成任务和承担责任来培养。因此，合作精神需要拥有开放的思维方式和敏锐地听取他人意见的能力。这种精神状态有助于建立友好的合作关系，促进工作效率的提升，增强团队的凝聚力。合作精神的基础和必要元素是相互尊重、信任和理解的态度。

全球胜任力旨在培养全球公民意识，倡导人类命运共同体和全面合作精神以及和谐文化。项目通过促进与国内外高校的交流互访，打造全球高校之间的合作平台，创建高校共同体，培养不同高校师生之间的理解、包容、共建、互利的合作精神，为师生更好地领会、吸收并在未来践行人类命运共同体理念奠定基础。本研究认为全球胜任力的培养还需要倡导高校与政府机关、企事业单位之间开展合作。政产学研的协同合作便于形成相互支持优势互补的合力效应，在新时代背景下创造新质生产力。

在本项目积极推动下，目前学校已经与全球 30 余所语言类高校开展各种形式的交往和合作，共建全球外国语大学联盟校长论坛；与美国、英国、法国等国的 10 余所高校建立合作关系，创新人才培养模式。自 2023 年以来，项目协同学院积极开展高校之间、政产学研不同部门之间的互访交流与调研；与南开大学等 150 余所高校一起成立了虚拟教研室；与 30 所高校开展了各种形式的合作活动（包括外单位来访和学院出访）；与 9 家政府、企事业单位建立了实践基地、横向课题开发等合作关系（参见表 3.3）；与腾讯公司合作，共同完成了北京 2022 冬奥会奥组委官网 30 余万字的新闻、人物专访视频的翻译和审校项目，建立北京 2022 冬奥会语料库；建立丰台区多语商务信息中心，完成了近 10 万字的中英文信息收集和北京服贸会现场语言服务、外事接待服务等翻译活动，建立经贸翻译资源库；与中非民间商会合作完成 10 余次的非洲使馆、企业来华外事接待；与中央编译出版社合作开发中国共产党党代会报告中英、中法双语语料库。以上合作既为国家战略发展做出了应有的贡献，实现了学校的社会责任使命，也为全球胜任力的培养搭建了广阔的平台，为 300 余人次的学生提供了 20 多个真实的实践项目，有助于开拓学生的视野、培养团队合作精神。

表 3.3　交流与合作单位

序号	调研单位	调研内容
高校		
1	南开大学	教育部教学科研一体化外语教学研究虚拟教研室建设和赋权增能外语创新教育基地建设
2	法国索邦大学	认知语言学学术前沿研讨
3	对外经济贸易大学	"一带一路"小语种人才培养
4	首都师范大学	法语专业建设及人才培养
5	国际关系学院	国际性人才培养
6	武汉大学	外语思政教学改革及基层党组织教改引导
7	湖南工商大学	财经类高校外语思政教学改革
8	上海对外经贸大学	外语学科建设及高校联合培养全球胜任力和国际化人才

续表

序号	调研单位	调研内容
9	浙江工商大学	外语学科建设及高校联合培养全球胜任力和国际化人才
10	杭州电子科技大学	外语学科建设及高校联合培养全球胜任力和国际化人才
11	中山大学	公共外语教学改革和本硕博一体化公共外语
12	广东外语外贸大学	公共外语教学改革和本硕博一体化公共外语
13	湖北大学	虚拟教研室建设和全球化外语能力培养
14	重庆工商大学	公共外语改革、外语虚拟教研室建设和全球化外语能力培养
15	北京物资学院	国才英语课程建设、国际化考试以及校企联合人才培养
16	北京体育大学	国际体育组织语言服务、国际组织能力培养模式和体系建构
17	清华大学	环境人文视域下的文学与阅读
18	中国人民大学	普里什文的绿色史诗创造
19	南京大学	以"定居景观"替代"人居景观"：缪尔《我的青少年生活》的乡村景观研究
20	北京师范大学	"根"的词语是"梦"：勒古恩《世界的词语是森林》中的道家乌托邦
21	北京林业大学	自然与生态文学研究团队建设和中国生态文明发展及传播
22	北京外国语大学	重新认识翻译学科
23	西南大学	社会认知与翻译；翻译认知与翻译中的文化概念化
24	湖南师范大学	"一带一路"和国际传播背景下翻译传播"四位一体"研究
25	中央民族大学	见证翻译学科之发展
26	北京语言大学	翻译专业博士学位点（DTI）和区域国别学——外语学科转型
27	国家法官学院	"用'法'传意，以'语'述情"，国家法官学院联合外国语学院开展"讲好中国故事"主题活动
28	爱尔兰都柏林城市大学	商务英语专业共建，博士生联合培养
29	美国阿肯色大学小石城分校	教师共同体建构和发展
30	北京工业大学	大学外语教学改革师资建设
31	北京工商大学	翻译人才联合培养师资共建机制打造

续表

序号	调研单位	调研内容
政府、企事业单位		
1	丰台区政府（外事办、商务局、融媒体中心）	"译丰台"项目，实践教学基地
2	中国外文局翻译院	财经翻译研究与实践基地
3	中央编译出版社	国外图书翻译
4	北京外交人员语言文化中心	实践教学基地
5	中非民间商会	实践教学基地
6	腾讯科技有限公司	北京2022冬奥会奥组委官网新闻翻译
7	思必锐翻译有限责任公司	实践教学基地
8	中译语通科技股份有限公司	实践教学基地
9	传神语联网网络科技股份有限公司	实践教学基地

案例1：与南开大学外国语学院合作成立"赋权增能"外语创新教育基地揭牌成立

近年来，外国语学院不断探索和推进全方位育人的方式方法，力求打通校内与校外相互协同的育人渠道，拓展线上与线下相互融合的育人平台。项目团队加入了南开大学张文忠教授领衔的教育部教学科研一体化外语教学研究虚拟教研室（赋权增能型外语教育教学理念），成立"赋权增能"外语创新教育基地，将在多方面辅助外国语学院开展课程共建和教学研究，为学生"赋权增能"，促成教师研究成果反哺教学，推动专业建设、人才培养和学科发展。

为了践行"赋权增能"所提出的"做""学""用"三者合一，项目组参加虚拟教研室的活动10余次，到虚拟教研室成员单位湖北大学等高校调研，邀请张文忠教授到校讲学指导"赋权增能"外语教学改革，在"赋权增能"公众号发表教学改革文章，进行教学精英推介，为教学共同体建设贡献资源。

案例 2："用'法'传意，以'语'述情"外国语学院联合国家法官学院开展"讲好中国故事"主题活动

习近平总书记强调："要讲好中国故事、传播好中国声音、阐发中国精神、展现中国风貌。"2024 年 4 月 26 日，为深入学习贯彻习近平新时代中国特色社会主义思想中关于讲好中国故事的有关内容，首都经济贸易大学外国语学院和国家法官学院联合开展主题活动。

在"讲好中国故事"主题交流分享会上，国家法官学院副院长王晓芳讲述了国家法官学院以构建人类命运共同体、服务"一带一路"高质量发展为核心要义的涉外法治人才培养模式。她从"国外法官研修与交流""与港澳加强合作，培养涉外法治人才""工作展望"3 个方面详细展示了国家法官学院所开办的国（境）外法官研修班/研讨班/培训班的研修数据、研修内容和课程设计，充分体现了中国对外司法交流的丰硕成果和对提升中国司法制度的国际影响力所做的贡献。

外国语学院英语系党支部书记刘欣结合话说北京课程建设进行分享，外国语学院英语系专任教师刘畅分享了其中国文化（英语）课程的备课授课经验，外国语学院法语系专任教师平原用案例的形式呈现了法语专业中国文化课程的独具特色的授课方式。外国语学院玉红玲、刘重霄两位老师表示，在服务"两区"建设的背景下，外国语学院有意愿为中国法制的对外交流事业贡献自己的一份力量。

5. 首都（北京）素养（地方参与能力）：财经（专业）素养、文化素养、政治素养、国际素养。

教育首先需要回答"培养什么人""为谁培养人""如何培养人"等基本问题。毫无疑问，全球胜任力培养指向国际化人才，但不可能所有学生未来都在国际组织工作，更多的学生仍然会在北京的一般性机构工作；

即便在国际组织工作，服务地方也是一项基本的职责。北京作为中国的首都，承载政治中心、文化中心、国际交往中心和科技创新中心四大核心功能。《北京市"十四五"时期教育改革和发展规划（2021—2025年）》指出，"到2025年，全面构建首都高质量教育体系，实现更高水平、更具影响力的教育现代化，培养具有家国情怀、首都气派、国际视野、创新精神的高素质人才"。所以，本研究认为，作为一所北京市属高校，首都经济贸易大学培养的全球胜任力首先体现为首都（北京）素养和服务北京"四个中心"建设的能力。发挥语言专业优势，服务地方经贸发展，传播地方优秀文化，是全球胜任力的主要内容维度；具有家国情怀和国际视野，传播红色文化，积极融入全球，是当代中国青年的职责和使命。

基于全球胜任力的内涵和培养要求，结合北京财经类高校发展定位、语言专业特色、北京"四个中心"功能定位，本研究将"首都（北京）素养"解构为财经（专业）素养、文化素养、政治素养和国际素养。

（1）财经（专业）素养——以语言为工具，服务北京"两区"建设、丰台区和朝阳区等地方营商环境改善和京津冀环京商务圈发展（服务"科技创新中心"）。

人才的价值体现在发挥自身优势，服务于人类和社会的发展与进步。人的社会属性决定了"培养什么人"和"为谁培养人"的基本方向和路径。作为北京高校培养的人才，既要具有放眼全球的视野，更要有利用专业服务当地社会发展的思想、意识和能力。全球胜任力的培养首先是专业素养的培养及实践，即利用专业优势服务当地社会发展的意愿和能力。

■ 研学相融，语言服务北京"两区"建设。

2021年，首都经济贸易大学外国语学院将"语言服务"确定为学科和专业建设的重要方向之一。同年成立了中国（北京）自由贸易试验区（简称北京自贸区）语言服务研究中心，专注于北京自贸区语言服务研究，并以研促学。本项目将此纳入全球胜任力培养研究的范畴，承担起该项任务的具体实施。北京自贸区项目开展近4年，每年一期。以第一期为例，

2021 年项目正式开始运行之际，召开了 5 次会议，确定工作目标、研究内容体系、运行机制和发展路径，建设语言服务研究团队，明确团队需要完成的任务。

团队工作主要分为 3 个阶段。第一阶段，搭建了项目研究的框架，将北京自贸区语言服务项目分为 4 个子项目，基本确定了 4 个子项目的大体内容：北京商务局官网调研、中国知网（CNKI）检索学术文献研究、高等学校语言服务人才的培养、企业语言服务需求调研。第二阶段，针对项目实施过程中遇到的问题，进行了深入的思考、交流和研讨。第三阶段，针对翻译技术应用、语料库建设方面的具体问题进行调研和研讨。以此研究内容为基础，撰写并出版《中国（北京）自由贸易试验区语言服务蓝皮书》系列，召开了第一届中国（北京）自由贸易试验区语言服务论坛。

经过近 4 年的研究、实践与探索，近百余人次师生参与该项目，撰写调研报告 48 篇，字数近 70 万，部分报告为丰台区政府相关部门采纳，师生的社会调研能力和语言服务水平得到极大提高。2022 年、2023 年、2024 年连续 3 年出版《中国（北京）自由贸易试验区语言服务蓝皮书》系列著作（参见图 3.44），内容涵盖 12 个北京自贸区相关专题，即北京自贸区语言服务需求概况、北京自贸区银行业语言服务、北京自贸区物流语料库开发、自贸区英文网站建设、北京市商务局官网语料分析、北京文化贸易语言服务、国际服务贸易语言服务、典型行业语言服务、中国五大自贸区行业语言服务对比、北京老字号品牌译介、高校语言服务人才培养以及北京自贸区公示语专题（丽泽金融商务区公示语、北京中央商务区公示语、首都两大机场、三大火车站公示语、医疗卫生公示语等），探讨、总结了北京自贸区语言服务存在的问题，提出了相应的解决策略。项目每年定期组织召开北京自贸区语言服务论坛，邀请行业专家、学者及从事该方面研究的师生就自贸区语言服务相关问题进行学术交流。每年选派 6~10 名师生从事北京服贸会语言服务实践和调研。

图 3.44 《中国（北京）自由贸易试验区语言服务蓝皮书》系列著作

案例 1：第一届中国（北京）自由贸易试验区语言服务论坛顺利召开

2022 年 12 月 15 日下午，由首都经济贸易大学外国语学院主办的第一届中国（北京）自由贸易试验区语言服务论坛在线举行。外国语学院师生 20 余人线上参会。论坛分为两个组别进行（参见图 3.45）。

图 3.45 第一届中国（北京）自由贸易试验区语言服务论坛

第一组别中，共有 5 位同学作了论坛发言。其中，何卓玥在其报告中展示了针对企业所设计的调查问卷，通过对问卷中的数据进行量化分析，明确了自贸区企业对语言服务的具体需求，并针对目前语言服务行业存在的问题提出了相应的对策。马逸通过对北京商务局官网上的语料进行筛选、提取、分析，阐明了北京市未来的产业发展导向与语言服务人才培养之间的对接关系。高乐高一方面指出了目前语言服务体系的现有分类与不完善之处，另一方面对比了语言服务人才培养的 3 种主要模式，就高校如何培养满足语言服务需求的人才提出了具体建议。房佳对我国语言服务行业的发展与研究进行了详细的论述，并分析了这一行业的优势与不足。刘瑜从对外文化贸易的角度探讨了语言服务建设的实施路径。

第二组别中，共有 6 位同学作了论坛发言。其中，李晓青立足语言服务行业发展现状，通过调查问卷的形式，对北京地区多所高校的语言服务人才培养方案进行分析，发现在当前语言服务人才培养过程中，存在"教学与市场脱节""校企缺少深度合作""语言人才培养质量不精"等潜在问题，并据此提出了"深化产学结合，搭建实践平台""普及语言服务行业信息，构建就业指导体系""改善专业能力考核方式，侧重加强语言基本功"等语言服务人才培养方案的改进方法。王怡姣选取近 10 年关于企业语言服务人才需求的研究文献，分析企业需要的语言服务人才类别、服务领域及其能力需求，同时结合当今企业语言服务人才需求的实践，探索高等院校如何帮助语言专业学生完善自身知识结构和能力素养。李云霞从国家战略、用人需求、人才培养和个体状况等层面，通过对近 3 年来有关语言服务能力培养提升的研究文献进行分析总结，得出目前语言服务能力研究的现状及趋势。王晨选取科技、体育、商贸 3 个典型行业和应急、"一带一路"两个特殊领域为研究对象，采用文献研究法，梳理中国知网中近 10 年的研究文献，总结相关的语言服务研究特征，为语言服务研究发展提供借鉴、指明方向。庞敏从机器翻译和技术写作两个维度进行了文献梳理与研究，指出了该领域当前存在的问题。冯敏就语言服务中的语料库研究现状、建设、应用进行了调研。

在互动点评环节，贾老师在肯定所取得成绩的同时，提醒同学们在研究中要注重数据的可靠性与样本来源的明晰性；李老师指出，做语言服务研究要以解决实际问题为导向，确保结论的科学性、对策的可行性；王老师对小语种与非通用语种之间的区别及其人才培养模式进行了详细解释；李老师从论文的选题范围、主题的确定、数据的分析以及写作中的一些细节问题和与会同学进行了交流，希望同学们做研究要精、专、细；来老师结合自己平时对学生的指导，对参与该项目的同学们所做的工作表达了感谢，鼓励同学们再接再厉，取得更有价值的研究。

在论坛总结环节，刘老师简要介绍了自贸区语言服务项目的背景和意义，以及项目实施过程中所做的工作、遇到的困难和取得的成果，对大家在北京自贸区语言服务建设过程中的辛苦付出表示了感谢，希望学院继续发挥专业优势，为北京"四个中心"建设，特别是"两区"建设做出应有的贡献。

自 2013 年 9 月中国第一个自由贸易试验区——中国（上海）自由贸易试验区成立以来，中国自由贸易试验区的发展已经走过了 10 年历程。以此为契机，项目组聚焦行业、专业、实业的语言服务研究，包括北京自贸区银行业语言服务、物流业语言服务、北京老字号品牌翻译以及行业语言服务对比研究、京津冀语言服务产业协调发展研究、跨国企业文化身份构建研究等主题和内容，对上海自贸区、福建自贸区、天津自贸区、广东自贸区和北京自贸区 5 个中国主要自贸区的研究主题进行了对比性归纳和分析；以北京丽泽金融商务区内 86 个（组）、近百例中英（日）文公示语为研究样本，对北京丽泽金融商务区公示语双语环境进行了案例式分析。项目组从研究选题、确定主题、基本确定分主题、布置任务、调整研究内容，到制作调查问卷、修改调查问卷、再次论证分主题、放弃个别分主题、一稿修改、二稿修改、三稿修改，提交出版社，后续两稿修改，最终出版《中国（北京）自由贸易试验区语言服务蓝皮书（2023）》，历时一年。在此基础上，开展了第二届中国（北京）自由贸易试验区语言服务论坛。

案例 2：外国语学院成功举办第二届中国（北京）自由贸易试验区语言服务论坛

2023 年 12 月 22 日，外国语学院成功举办第二届中国（北京）自由贸易试验区语言服务论坛。论坛以线上形式举行（参见图 3.46）。

图 3.46　第二届中国（北京）自由贸易试验区语言服务论坛

论坛分为两个线上分会场，与会人员结合《中国（北京）自由贸易试验区语言服务蓝皮书（2023）》内容，分别从行业和地域两个维度研讨北京自由贸易试验区语言服务的特点和未来发展。

2022 级口译专硕张×，以北京自贸区银行业语言服务为主题进行发言，她对北京自贸区 10 家银行的语言服务现状进行了调查，结合所获数据分析了北京自贸区银行业语言服务的现状和问题，并提出了相应的解决方案。（其他发言略）

刘老师、贾老师对主题发言进行了逐一点评和总结，认为发言者调研数据充分、研究领域丰富、论证严谨、观点新颖，体现出大家对于北京自贸区语言服务的积极探索和深入研究，研究结论也具有一定的参考价值和启发意义，值得肯定。

本次论坛的召开，是外国语学院贯彻学校第五次党代会精神，落实"登峰工程"工作部署，提升学院科研创新及服务国家和首都发展能力的举措之一，未来学院将致力于打造高质量、高水平的北京自贸区语言服务能力，为首都"四个中心"建设贡献首经贸外语人的智慧和力量。

在举办论坛的同时，为提高外国语项目组师生对于语言服务重要性和必要性的认识，增进同学们对于北京"两区"建设的理解，项目组邀请该领域专家开展中国（北京）自由贸易试验区语言服务研究论坛系列学术讲座，拓展项目组人员的研究视野，就相关问题进行交流和探讨。北京语言大学王立非教授进行了"北京'两区'建设中的语言服务竞争力评价"的学术演讲；北京第二外国语学院司显柱教授进行了"语言的经济属性与语言服务产业及其研究现状分析"的学术演讲。

■ 学用相济，以"译丰台"项目为载体，改善丰台区营商语言环境，提升国际化水平。

为了通过语言服务地方发展的方式将外语人才全球胜任力培养的内容维度落地，项目以主题教育为契机，主动联系属地单位北京市丰台区商务局、丰台区政府外事办公室和丰台区融媒体中心，通过校地交流调研，挖掘并共享资源，实现促进属地服务创新、助力丰台高质量发展和推动学院人才培养、提升社会服务质量的倍增发展、合作共赢。2023—2024 年，校地双方开展了 10 余次较为重要的活动（参见表 3.4），以丰台区商务局实践基地、丰台区外事办语言服务基地为依托，以"译丰台"项目为载体，翻译丰台区商务（42 家酒店、60 家餐饮企业、15 家大型商场）、企业（12 家科技企业、10 家医药企业）、文旅（48 个公园、30 个非遗项目）、火车站内部标识（北京西站、北京南站、北京丰台站三大火车站）、街道公示语（15 个街道）、医院语言景观（天坛医院、口腔医院、儿童医院）、高校语言景观（首都经济贸易大学、国家法官学院、北京信息职业技术学院）等资料 20 余万字，完成新发地批发市场、南苑森林湿地公园、抗日战争纪念馆等 15 个丰台宣传推介视频（中英双语）制作。此外，本项目还为丰台区进行外事培训，在中关村科技园区丰台园开设"英语角"，为企业及员工营造全英文环境，提高中关村科技园区丰台园国际化水平，受到了相关部门的高度评价（参见图 3.47）。

表 3.4　首都经济贸易大学与北京市丰台区交流合作

活动名称	活动时间
丰台区商务局副局长一行到外国语学院座谈交流	2023 年 6 月
我院教师参加丰台区高品质生活方式消费圈项目研究成果分享沙龙	2023 年 7 月
中国（北京）国际服务贸易交易会丰台政府参展志愿者	2023 年 7—9 月
首都经济贸易大学与北京市丰台区商务局签订实习实践基地	2023 年 11 月
北京市丰台区生物医药企业资料翻译	2023 年 12 月
丰台区政府外事办党支部与我院教师党支部开展联合党日活动	2023 年 12 月
首都经济贸易大学外国语学院教师为丰台外事活动提供翻译服务（图 3.47）	2024 年 2 月
首都经济贸易大学外国语学院调研丰台区政府外事办、融媒体中心	2024 年 5 月
首都经济贸易大学外国语学院全面启动"译丰台"项目	2024 年 5 月
首都经济贸易大学外国语学院启动中关村科技园区丰台园"英语角"项目	2024 年 9 月

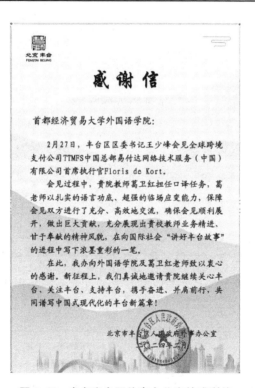

图 3.47　来自丰台区外事办公室的感谢信

案例："译丰台"

为深入开展学习贯彻习近平新时代中国特色社会主义思想主题教育，进一步促进校地合作，搭建人才培养、科学研究和社会服务新平台，2023年6月28日上午，丰台区商务局领导应邀到我院座谈交流。

校地双方就国际活动及重要交通枢纽语言服务、文旅产业对外宣传、国际化人才培养、涉外形象建设、大型活动志愿服务、学生实习实践等方面的合作模式与路径达成了合作意向。

在与丰台区外事办公室的合作过程中，达成了合作开发"译丰台"项目，校政双方协同共建，打造一批国际化项目，改善丰台国际化环境，加快丰台国际化建设。

北京市丰台区国际化建设——"译丰台"

为了改善丰台区国际化环境，推进文明城市建设进程，首都经济贸易大学外国语学院与丰台区政府外事办联合启动"译丰台"专项建设，具体项目建设内容如下：

第一，北京市丰台区外事培训规划。

宗旨：提高丰台外事人员外语水平及外事工作效率，进而提高丰台整体国际化程度。

目标：通过5个外事语言专题讲座、3个交流活动，创建外事工作环境，增加学员的外事知识，提高学员外语表达能力，提升外事工作效率，顺畅不同部门外事协调与沟通。

具体安排：

开幕式：丰台区外事部门领导、陈明明大使、外国语学院教师（现场）

活动：模拟外事国际交流会（留学生、外教、学员、部分领导）（现场）

　　　外事礼仪培训

　　　跨文化交际

　　　西方文化

　　　外国人眼中的中国

与外交官面对面（与北京外交人员文化交流中心合办）（现场）

中国文化传播（外教）

结课成果汇报交流会暨中外交流 Party（现场）

第二，北京市丰台区公示语专项调研。

宗旨：推进丰台区文明城区的国际化建设，提升丰台区国际化标准，增强丰台区国际氛围。

目标：在丰台区 12 个街道开展公示语建设调查研究，通过拍照、录像、文字记录等手段，收集各街道公示语的多模态表达形式，在归纳、分类和分析的基础上，提出丰台区公示语改进建议和未来建设规划。

具体安排：

活动概述：外国语学院组建师生团队，集中在两个阶段（2023 年 6 月 23 日—7 月 12 日、9 月份最后一周）在丰台区进行公示语查找、收集、归纳、矫正等活动，最后形成调研报告。

实习区域：方庄街道、丰台街道、六里桥街道、新村街道、马家堡街道、花乡街道、看丹街道、玉泉营街道、成寿寺街道、石榴庄街道、南苑街道、大红门街道。

参与人员：具有实践能力的优秀本科生、研究生和部分指导教师。邀请陈明明大使担任团队顾问。

组织形式：分成若干小组，每小组完成实践调研、数据统筹分析、报告撰写等任务。

活动内容：实践调研、材料整理分析、举办研讨会、撰写报告、举办小型成果发布会。

最终成果：撰写 2 万字左右的调研报告，在此基础上凝练出 3 000 字左右的咨询报告。

第三，"外国友人看丰台"专项。

宗旨：外国友人亲历丰台讲述丰台，通过外国友人宣传丰台。

目标：聚焦南苑湿地森林公园、丽泽金融商务区、宛平城卢沟桥等丰台打卡地和丰台中秋赏月、我眼中的中国等活动，撰写中英文脚本，拍摄英语短视频，在丰台融媒体发布。

具体安排：2023 年 6 月份拍摄南苑湿地森林公园，9—10 月份拍摄丽泽金融商务区、宛平城卢沟桥、丰台中秋赏月、我眼中的中国。每个视频 2~3 分钟。

在此基础上，成立"首都经济贸易大学—北京市丰台区语言服务基地"，适时发布北京国际化指数，提升丰台国际化建设水平。

项目成果：

"译丰台"第一季（成果）

总文字量：66 512

总视频时长：59 分钟（参见表 3.5、表 3.6）

表 3.5　文字翻译（商、文、旅）

译者（翻译内容）	内容名录
（丰台文旅指南 7-9，29-33）（6791）	中国人民抗日战争纪念馆/国家 4A 级旅游景区
	北京世界公园/国家 4A 级旅游景区
	北京世界花卉大观园/国家 4A 级旅游景区
	北京汽车博物馆/国家 4A 级旅游景区
	国潮艺术节
	北京国际花潮季
	四季旅游活动
	丰台各旅游景区特色活动
	北京世界公园环球风情节
	莲花池荷花节
	世界花卉大观园艺菊展
	南宫温泉冰雪嘉年华
	丰台各旅游景区特色活动

续表

译者（翻译内容）	内容名录
丰台文旅指南 1-3，19-23（5980）	丰台文旅指南
	城市公园、郊野公园
	文物保护单位名录
	非遗丰台
丰台文旅指南 16-18（2470）	北京考古遗址博物馆（金中都水关遗址）
	中国航天博物馆
	中国消防博物馆
	长辛店二七纪念馆
地图—地图面 8（2938）	地图—地图面
	丰台精品旅游线路推荐
丰台文旅指南 4-6，24-28（8909）	非遗名录、国家、北京市文化保护单位
丰台翻译 13-15，39-43docx（5281）	北京莲花池公园
	万芳亭公园
	丰台花园
	北京欢乐水魔方嬉水乐园
	北京千灵山公园
	北京考古遗址博物馆（大葆台西汉墓遗址）
	北京考古遗址博物馆（金中都水关遗址）
丰台文旅指南 49-54（2183）	Millennium Mall
	Intime Department Store
	Other Superstore Listings
	Starry Fengtai
	West International Trade Grand Hotel
	Jiangxi Grand Hotel
	Excemon Beijing Nanyueyuan Hotel
	Holiday Inn Beijing Temple of Heaven
	The Hot Spring Hotel
	Dafang Hotel
地图（文字面）	全面描述

续表

译者（翻译内容）	内容名录
指南 55—58（1583）	北京国际花潮季
	四季旅游活动
	丰台各旅游景区特色活动
丰台文旅指南 10—12，34—38（6991）	北宫国家森林公园
	中国园林博物馆
	北京南宫旅游景区
	北京青龙湖公园
	紫谷伊甸园
	南宫民族温泉养生园
	中华名枣庄园
	绿野仙踪郊野乐园
	千青爱草仙龙园
	北京郭庄子农时荟农趣乐园
	佃起金岗农业园
	大会场农家院
	紫谷家庭菜园
	洛平精品有机采摘园
	麦秀农场
	李家峪金维多草莓基地
	怪村都市农业体验园
总字数：43 126	文字翻译部分

表 3.6 视频+文字

作品名称——译者/视频制作者	时长（分钟）	社会效益
北宫国家森林公园（3723）	4：45	
二七 1897 科创园（838）	4：21	
留声咖啡（1482）	5：59	
中国人民抗日战争纪念馆（4700）	3：51	

续表

作品名称——译者/视频制作者	时长（分钟）	社会效益
宛平城（828）	3：28	
泰舍书局（3047）	5：17	
世界花卉大观园（1113）	4：54	
汽车博物馆（3683）	5：41	
莲花池公园（1115）	5：24	
莲花池公园（800）	5：03	
新发地批发市场等（2111）	6：20	被新发地批发市场采用
南宫森林湿地公园（950）	2：57	被丰台区融媒体采用
总字数：24 336	59	

部分内容呈现：莲花池公园（双语版）（配有双语字幕视频）（作者：稽童）

莲花池公园位于丰台区，属北京市一级古遗址公园。它与北京古城的起源及旧城的发展关系密切，具有深厚的历史文化内涵，距今有3 000多年的历史，故而被称为北京城的发祥地，并且还是国家2A级景区、北京市级文物保护单位。

The Lotus Pond Park, situated in Fengtai District, stands as apremier ancient heritage site in Beijing, deeply linked to the genesis of the ancient capital and the evolution of the old city. Boasting a historical and cultural heritage spanning over 3 000 years, it's called the "cradle of Beijing". Furthermore, it holds the distinction of being a national 2A-rated scenic spot and a municipal-level cultural relic protection unit.

莲花池公园以文化建园为指导，有多个景区，注重园内景观的营造和娱乐项目的开展。游人可荡舟湖中，近距离感受莲花之美；湖的南岸则可以垂钓，游客能在此怡气养性；在儿童乐园中，现代化的游乐器械可让儿童们嬉戏；中老年健身区则有200多件健身器具，可以满足各类体育锻炼者的爱好；1 000多平方米的露天舞场，可以供游人组织舞蹈节目，展示自我。

The Lotus Pond Park, shaped by a cultural vision, offers a range of scenic spots and entertainment projects designed to enrich visitors' experiences. Boat rides reveal the lotus's serene beauty, while fishing on the south bank offers tranquility. Children's Playground features modern amusements, ensuring a fun-filled experience for the younger guests. The Middle-aged and Elderly Fitness Area offers over 200 equipment pieces, catering to the preferences of a wide range of sports enthusiasts. The Outdoor Dance Floor, covering over 1 000 square meters, serves as a vibrant platform for dance performances, allowing visitors to showcase their talents.

莲花池荷花节和莲花池庙会是北京莲花池公园创建的特色文化品牌活动，分别在夏、冬两季呈现不同的热闹景象。每年荷花节，公园会从多方面挖掘荷花文化内涵，向游人充分展示荷花的风采，还推出了画展、摄影作品展等一系列丰富多彩的文化活动，从而对莲花池公园进行大范围宣传。莲花池庙会已经成为北京南城春节活动的一大亮点，形成了独具特色的品牌庙会，其中有现代文明的歌舞表演，并且与传统的民间花会、杂技绝活等相结合。

图 3.48　莲花池公园的荷花

The Lotus Festival and Temple Fair, two signature cultural events hosted at the Lotus Pond Park, offer visitors a vibrant summer escape and cozy winter experiences. Each year, the Lotus Festival explores the profound cultural significance of lotus flowers, enchanting visitors with their serene beauty. A range of cultural events, including art and photography exhibitions, are organized at the park to showcase its rich cultural heritage. Especially during Beijing's southern Spring Festival celebrations，the Temple Fair has become a highlight，combining modern singing and dancing performances with traditional folk – art displays like floral arrangements and talent showcases.

图 3.49 莲花池庙会

部分内容呈现：丰台区新村街道公示语翻译调研报告（作者：梅诗琪）

1. 医院类：天坛医院

问题 1：医院外部路标大小写不对应（参见图 3.50）。

图片中危重孕产妇抢救中心翻译为"Critical Pregnants Emergency Center"，危重新生儿救治中心翻译为"Neonatal intensive care center"，前者每个单词首字母均为大写，后者只有第一个单词的首字母大写了，翻译的格式不规范。危重新生儿救治中心应翻译为"Neonatal Intensive Care Center"。

图 3.50 天坛医院标识语

问题2：对于同一个单词，医院外部和内部指示牌翻译的内容不一致。

医院外部的牌子，危重孕产妇抢救中心翻译为"Critical Pregnants Emergency Center"，而内部翻译为"Critical Maternal Emergency Center"，同样是"孕妇"这个词，医院内部和外部一个翻译为"Pregnants"，一个翻译为"Maternal"，二者不一致。

问题分析：

词汇选择差异：在翻译过程中，不同的翻译者可能对同一词汇有不同的理解，导致词汇选择上的差异。

专业术语使用不规范：在医疗领域，专业术语的使用应当严谨、规范。在此案例中，术语使用不规范导致翻译不一致。

翻译审核不严格：医院在翻译审核过程中，未能及时发现并纠正翻译不一致的问题。

修改建议：

统一翻译标准：针对"危重孕产妇抢救中心"，建议统一采用"Critical Maternal Emergency Center"作为官方翻译。原因如下：

a. "Maternal"一词在医学领域常用于指代"孕产妇"，具有较高的专业性。

b. "Pregnants"一词虽然可以表示"孕妇"，但在正式场合使用较少，专业性不足。

更新指示牌：对医院外部和内部的指示牌进行统一更新，确保翻译一致。

问题3：医院内部指路牌翻译不准确且不对应（参见图3.51）。

问题分析：

内部翻译问题：门诊服务中心在医院内部的翻译为"Outpatient Registration"，该词汇主要强调的是注册、登记、挂号的过程，而忽略了"服务"这一核心要素。

图 3.51 翻译不对应

外部翻译问题：门诊服务中心在医院外部的翻译为"OUTPATIENT RECEPTION"，该词汇虽然包含了接待的意味，但同样未能体现出"服务"的特点。

修改建议：

内部和外部翻译修改：将门诊服务中心在医院内部和外部的翻译修改为"Outpatient Service Center"，既保留了挂号、登记的功能，又强调了服务性质。

通过对门诊服务中心在医院内部和外部的英文翻译进行修改，我们更好地传达了中文词汇的内涵，同时体现了"服务"的特点，有助于提升患者的就诊体验。

问题 4：医院内部信息功能指示牌翻译不标准（参见图 3.52）。

图 3.52 翻译不标准

问题分析：

内部翻译问题：开水间在医院内部被翻译为"BOILER ROOM"，该翻译容易引起误解。在英语中，"BOILER ROOM"通常指的是装有锅炉的房间，用于供暖或提供蒸汽，而非供人们日常饮用热水的开水间。

外部翻译问题：开水间在外部指路墙上被翻译为"Water Heater Room"，虽然比"BOILER ROOM"更接近实际用途，但"Water Heater Room"在英语中通常指的是安装有热水器的地方，而非专门供人取热水的地方。

修改建议：

建议将医院内部和外部的开水间统一翻译为"Hot Water Room"或"Hot Water Dispenser Area"。这两个翻译都能够准确地描述开水间的功能，即提供热水的区域。

通过对开水间的英文翻译进行统一和修正，我们能够更准确地传达开水间的实际用途，避免混淆，提升医院在国际患者中的形象。

问题5：火灾防烟防毒面具牌子上两侧的中英文翻译不对应（参见图 3.53）。

图 3.53　翻译不对应

问题分析：

左侧中文说明详细描述了在火灾情况下的操作步骤，而右侧英文说明仅提到了"Application"，并未涉及操作步骤。

修改建议：

左侧中文说明无须修改，内容准确且清晰。

右侧英文说明应修改为与左侧中文说明相对应的内容，详细描述操作步骤。

左侧中文说明（保持不变）：发现火情，立即开启逃生面具、正确佩戴迅速撤离。

右侧英文说明（修正后）：Instructions for Use and Emergency Evacuation: In the event of a fire, immediately activate the escape mask, put it on correctly, and evacuate promptly.

修正后的英文说明与中文说明内容相对应，能够提供清晰的指导，确保在紧急情况下能够正确使用产品，保障相关人员安全。

2. 交通运输类：丰台站

问题1：高铁站综合服务中心三号窗口的牌子翻译中英文不对应。

问题分析：

中文标识是一句欢迎标语，而英文标识则被错误地翻译为"银行卡支付窗口"，这与原中文标识的含义完全不符。英文标识传达的应当是对旅客的欢迎信息，而不是支付方式的相关信息。

修改建议：

中文标识无须修改，内容准确且适合车站环境的欢迎标语。英文标识应修改为与中文标识相对应的内容，正确传达欢迎信息。

中文标识（保持不变）：北京丰台站欢迎您

英文标识（修正后）：Welcome to Beijing Fengtai Railway Station

问题2：综合服务中心一号窗口缺少英语标识。

问题分析：

一号窗口暂停服务时，服务牌上仅显示中文"暂停服务"，未提供英文翻译。

该标识未进行双语标注，不符合公共场所双语标识的要求，不利于外籍人士获取准确信息。

修改建议：

将"暂停服务"翻译为"Service Suspended"或"Temporarily Closed"。通过本次翻译错误的修正，有助于提升一号窗口的服务质量和形象，更好地为外籍人士提供便利。

问题3：二号窗口翻译有误，内容不全。

问题分析：

二号窗口的服务标识英文翻译为"Selling tickets & Changing tickets & Refund"，未能包含"公免"服务的翻译。这可能导致外籍人士无法理解该窗口提供的特定福利服务。

修改建议：

将"公免"翻译为英文，考虑到"公免"是指铁路职工的公务免费乘坐福利，建议翻译为"Employee Free Travel for Official Business"。

在原有英文翻译基础上添加"公免"的翻译，格式如下：

中文：售改退、公免窗口

English：Ticket Sales，Changes，Refunds & Employee Free Travel for Official Business

3. 教育类：首都经济贸易大学

问题1：路标缺少英文翻译。

问题分析：

道路两侧设置了禁止停车的标识，但未提供相应的英文翻译。

缺少英文翻译的标识可能使不熟悉中文的外籍驾驶员无法即时理解禁止停车的规定，从而影响交通秩序和安全管理。

修改建议：

翻译内容：将"禁止停车"翻译为"No Parking"或"Do Not Park"。

学校内除此之外还存在很多路牌没有翻译成英文的现象，可以逐一进行翻译并修改。

问题2：学校的楼门口以及每个楼里面的标识牌只有学校的名称翻译

成了英文，其余的楼和学院名字均没有翻译（参见图3.54）。

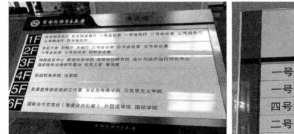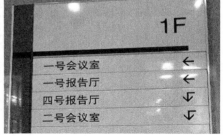

图3.54　没有对应译文

修改建议：

建议与相关学院及各楼工作人员沟通，将每一个详细的地址和学院名称均翻译成英文。

问题3：办公室门上没有翻译出所在学院以及功能。

修改建议：

与办公室内的老师沟通，确定具体的名称之后，将学院和名称翻译成英文，附在中文下面，方便外籍教师查找所在办公室。

总结：

在完成这篇翻译报告的过程中，我收获颇丰。我深刻认识到翻译工作的重要性，尤其是在公共服务领域，准确无误的翻译对于信息的传递和文化的交流起着至关重要的作用。

首先，翻译是一种跨文化的沟通桥梁。在纠正高铁站和医院标识的翻译错误时，我意识到翻译不仅仅是语言文字的转换，更是文化内涵的传递。通过精确的翻译，我们能够帮助外籍人士更好地理解和使用公共服务，提升他们的出行体验。

其次，翻译的准确性直接关系到机构的形象和服务质量。纠正翻译错误后，高铁站和医院的国际化服务水平得到提升，这不仅改善了外籍人士的就医和出行体验，也展现了我国公共服务领域的专业性和国际视野。

最后，翻译工作锻炼了我的责任心和细致性。在发现和纠正错误的过程中，我学会了如何更加严谨地对待每一个词汇和句子，这对于我未来的学习和工作都是宝贵的经验。

本次翻译报告的撰写过程，不仅让我对翻译工作有了更深的理解，也让我认识到纠正翻译错误对于提升公共服务质量的重要性。随着翻译准确性的不断提高，我们的公共服务将更加人性化、国际化，更好地服务于每一位使用者。

■ 教学相长，以北京哲社 CBD 发展研究基地为平台，优化朝阳区国际商务环境。

首都经济贸易大学（东校区）坐落于北京市朝阳区中央商务区（CBD）核心区域，很多跨国企业集聚于此，商业气息浓重，国际化程度较高，校地之间具有较强的联系和特色属性，是首都经济贸易大学进行人才培养的重要实践基地。首都经济贸易大学外国语学院师生充分利用自己的专业和学术研究优势，服务于 CBD 的发展，实现属地发展和校本人才培养双赢。

外国语学院在人才培养过程中，依托北京市哲学社会科学北京 CBD 发展研究基地，与朝阳区国际化文明城区建设、北京中央商务区（CBD）及大型跨国企业的发展和国际商务人才培养相结合，将一些国际性活动、实践性项目纳入育人体系和教学过程，探索适宜的国际化教学模式和育人方式，实现教师发展、人才培养和优化当地国际化环境等多赢效应。项目为朝阳区组织外事培训 1 次，为中国跨国企业外派员工跨文化培训 1 次（参见图 3.55），10 余名中外教师与学生参加北京中央商务区（CBD）组织的活动 7 次（参见表 3.7），促进了朝阳区国际化建设和国际商务氛围提升。在教学过程中吸收培训案例融入课程建设，商务英语课程荣获北京市优质本科课程。以当地跨国企业为研究样本，主持完成科研项目"全球化背景下我国大型国有企业与在华跨国公司工作语言对比研究"，出版专著《在华跨国公司跨文化整合模式选择研究》《在华跨国公司内部价值观冲突管理研究》。

图 3.55　为朝阳区外事和跨国企业进行培训

表 3.7　参加北京中央商务区（CBD）活动

活动名称	活动时间
2023 北京 CBD 论坛	2023 年 9 月
北京商务中心区的 2023 音乐季活动——"以曲会友，共撷秋实"国潮戏曲节	2023 年 11 月
"听·见"世界——北京 CBD 魅力之夜活动	2023 年 11 月
2023 CBD 发展论坛暨《中央商务区产业发展报告蓝皮书》发布	2023 年 12 月

续表

活动名称	活动时间
朝阳区委组织部与外事办外事培训：经贸英语关键词	2023 年 12 月
国家电网国网国际发展有限公司	2024 年 2 月

案例：外国语学院外教代表受邀参加"听·见"世界——北京 CBD 魅力之夜活动

2023 年 11 月，为促进区域国际要素的交往交流，以艺术文化交流为纽带，北京 CBD 举办"听·见"世界——北京 CBD 魅力之夜活动，全方面、多形式展现朝阳区与 CBD 的国际文化底蕴。

外国语学院党委书记玉红玲、院长刘重霄、外教代表 Cormac、Besmir 及部分留学生受邀参加系列活动。

活动中，外教和留学生们欣赏 CBD 对外开放成果影像，了解城市风貌、商圈人文等变迁，感受发展魅力。非遗集市现场，专业老师展示皮影、书法、汉服等非遗文化。穿梭于各个展区，通过多种形式的互动体验，感受了中华民族的独特智慧和文化精髓。

让外教、留学生和中国传统文化多方位融合，和北京丰富的传统文化资源融合是外国语学院在外籍教师团队日常和意识形态管理中的重要理念，学院会一以贯之，开拓渠道，争取探索更多形式的中外文化融合模式。外教 Cormac 参与活动后感慨道："It is always nice to have the opportunity to learn and appreciate traditional Chinese culture. Between the traditional crafts and music, tonight's event truly lived up to its title 'Listen See the World'."

■ 科教融汇，学术探讨与实践调研结合，国际传播京津冀建设成果，助力首都商圈全球化。

作为国家重大战略工程，京津冀协同发展是拉动中国经济发展的一个重要引擎。北京高校培养的全球胜任力人才，应该清晰把握这一重大战略，了解京津冀的发展状况，为京津冀区域化发展培养具有高站位的国际化人才。在教学实践过程中，项目以财经专业素养培养和服务京津冀国家战略为目标，开设了京津冀商务论坛、京津冀国际商务分析等区域性课程。2020 年，与传神语联网网络科技股份有限公司合作完成"大数据机器翻译在翻译教育中的应用及'京津冀一体化'校企协同翻译人才培养模式建构"教育部产学合作协同育人项目（参见图 3.56）。项目 2021 年组建14 人团队调研雄安新区及雄安自贸区建设，撰写调研报告。2024 年成功获批中国外文局项目"'政产学研'视域下京津冀高端经贸翻译人才培养模式建构与实践"。同年着手翻译《京津冀发展报告（蓝皮书)》，向世界展示京津冀协同发展成果。

此外，项目完成 2 次京津冀发展论坛和沙龙活动。2021 年 5 月 20 日下午，外国语学院在向东楼 120 室成功举办了题为"京津冀协同发展语言服务：现状、问题与对策"的经贸沙龙活动，主讲人为对外经济贸易大学崔启亮老师。2024 年 5 月 25 日，首都经济贸易大学外国语学院携手北京语言大学国家语言出口服务基地、中国教育技术协会外语专业委员会、中国教育技术协会技术标准委员会、北方工业大学文法学院在首都经济贸易大学举办京津冀智能外语教育教学创新与发展论坛。

图 3.56 "京津冀一体化"语言服务项目

案例 1：京津冀智能外语教育教学创新与发展论坛

2024 年 5 月 25 日，我校外国语学院牵头主办的京津冀智能外语教育教学创新与发展论坛在博学楼学术报告厅举办。校党委副书记孟波，中国教育技术协会外语专业委员会秘书长王峻京，中国教育技术协会技术标准委员会秘书长、清华大学李海霞出席论坛并致开幕辞。

在主旨报告环节，北京外国语大学人工智能与人类外语重点实验室主任李佐文教授以"语言智能学科建设：内涵与路径"为题，天津外国语大学教务处处长王济军教授以"人工智能赋能大学英语教学改革与实践"为题，北京航空航天大学外国语学院院长梁茂成教授以"生成式人工智能背景下的外语教育改革"为题，蓝鸽集团研究院副院长、总裁郭小莉以"AI 赋能高校外语教育高质量发展的典型应用"为题，中国人民大学首都发展与战略研究院副院长郭英剑教授以"外语学科的重大变化及其对未来的深刻影响"为题，北京语言大学国际语言服务研究院院长王立非教授以"关于智能语言服务教育的思考"为题，分别进行了演讲。

在展示交流环节，首都经济贸易大学外国语学院商务英语系主任刘丽副教授以"国家级一流商务英语专业建设经验"为题，全球语通多语种数字平台负责人纪霏以"服务'一带一路'建设，智能多语种实训平台与资源开发与应用分析"为题，进行了建设成果展示。

在个人研讨环节，三亚学院程海东副教授以"技术赋能视角下俄语语言服务人才数字化转型创新"为题，北京师范大学王德亮教授以"生成式人工智能背景下大学生外语对话能力培养路径探索"为题，全球语通总经理谷菲以"跨学科语言服务"为题，先后进行发言。(参见图 3.57)

案例 2：政产学研融合探寻自然生态文明建设——外国语学院师生赴雄安新区调研生态与发展

2021 年 7 月 7 日，外国语学院师生赴雄安新区开展生态文明与自然发展主题调研，了解新区建设未来方向，挖掘新区建设生态因子，在京津冀

图 3.57 京津冀智能外语教育教学创新与发展论坛合影

协同发展中寻找学院政产学研定位。

　　作为语言服务和语言人才培养研究的学院，外国语学院此行旨在贯彻我校"立足北京、服务首都、面向全国、走向世界"理念，深挖我校"生态文明教育基地"和"自然文学中心"潜力，破题产学研融合，实现高校服务社会的功能。调研团队由外国语学院副院长刘重霄带领，囊括学院党委委员、英语法语专业教师以及自然文学方向师生14人，形成多学科、多层次、多专业融合的调研团队。经过大量前期准备工作，团队与中轻汇丰农业科技有限公司对接，先后赴雄安高铁站、雄安市民服务中心、自贸区管委会、白洋淀、千年秀林等地展开实地考察（参见图 3.58），与林业专家刘晓杰教授等专家深入交流探讨，形成了带有雄安温度的调研成果。

图 3.58 调研雄安新区和雄安片区自贸区

本次调研以生态与发展为主题，从雄安地区的生态文明建设及对京津冀发展的贡献出发进行田野调研，在雄安新区自贸区发展、红色文学与自然文学结合等方面，收获颇丰。

雄安将聚焦"五新"目标，积极打造自贸生态，努力探索贸易投资自由化的实现形式，推动构建开放型经济体系，将制度创新摆在突出位置，大胆闯、大胆试，不断优化营商环境，完善产业生态，着力建设全球创新高地和开放发展先行区。

20世纪50年代，京、津、保地区有一群青年作者积极主动地学习孙犁的风格，形成了一个很有实力的作家群体，以白洋淀明媚如画的风景当作背景，所创作的作品具有朴素、明丽、清新、柔美的风格，洋溢着诗情，带有浓郁的浪漫主义色彩。这个作家群体的典型作品被称为"荷花淀派"，与自然文学有着异曲同工之妙。外国语学院依托自然文学研究中心，以专业教师带领团队，继续深入雄安白洋淀地区，挖掘其文学作品中的红色基因、生态内涵，进行生态研究、跨文化研究、外译研究，将白洋淀搬上讲台，将生态与党史相结合，通过文学这一载体，将人与自然和谐的理念，将中国共产党百年奋斗征程发扬传播。

至此，调研团队探寻了雄安新区生态文明建设与助力京津冀发展的实况与规划，带来最新雄安声音，将理论与实践相结合，充分发挥外语科教和科研优势，加强合作推动产学研深度融合，为高校在京津冀一体化发展中找准定位，明确方向，更好地助力生态文明建设与京津冀协同发展。

(2) 文化素养——打造精品课程与项目，调研古都文明，传播北京文化（服务文化中心建设）。

本项目在具体执行和实际操作中，将北京地方文化传播能力的培养融入全球胜任力培养的教学内容和实践项目之中，要求学生在课程学习过程中熟谙北京文化，习得如何向世界有效传播北京文化。在教学过程中，项目开设了中国文化、话说北京等课程,编写了教材《英语视听说教程——走进北京》,获批北京市教改立项。以北京文化国际传播为主题,组织教师牵头、师生一体,在体验、感受和传播北京地方文化的实践过程中进行学术凝练和理论提升,于 2022 年成功获批北京市教育委员会社科重点项目"基于多模态语料库的北京城市国际形象历时研究"、北京市教育委员会社科一般项目"北京话(市区)鼻音韵尾的变异社会语言学研究"、首都经济贸易大学校级科研项目"以北京话为母语的大学生英语语调习得规律特征与教学方法研究"等。此外,项目还组织师生实地调查了位于北京市的 18 家国家一级博物馆,拍摄照片 1 500 余张;调研了 33 家各个等级博物馆(其中,18 家国家一级博物馆、7 家国家二级博物馆、8 家国家三级博物馆)的中英文网站建设情况,探究博物馆虚拟空间语言景观建设的长处和不足,为完善博物馆虚拟语言景观提出建议。调研北京市 5A 景区(颐和园、圆明园、天坛)、798 艺术中心、白塔寺、北京胡同(6 条)、四合院(7 家)、老字号(23 家)、餐饮小吃以及京味文学作品等,撰写了调研报告。项目协同学院组织教师探索京西历史文化,记录模式口大街上很多历史文物的中英文两种版本的介绍,一起研究专有名词和文化术语的翻译;参观"丹宸永固——紫禁城建成六百年"展览,在了解历史的同时,探讨特色文化翻译的问题。与怀柔区政府合作,在怀柔区汤河口镇天河水韵公园的怀柔汤河川满族民俗风情节上进行中国传统文化展演与传播活动。还翻译了"清末画家周培春北京风俗画册——俄罗斯圣彼得堡大学东方系图书馆珍惜藏品",由俄罗斯普林特出版公司出版。(参见表 3.8)

表 3.8 本项目对北京文化的部分调研成果

题目	作者
北京市 5A 景区语言服务调查研究	赵××等
北京 798 艺术区语言景观英译现状及问题研究	范××等
北京文化中心建设视域下四合院文化分析及翻译传播研究	李××等
北京胡同文化翻译传播研究:基于《北京胡同旅游手册》双语本分析	张××等

续表

题目	作者
《中文菜单英文译法》中北京小吃翻译方法研究	张××等
中国饮食翻译探究——以北京饮食和小吃为例	王××等
京味小说地域文化元素译介研究	刘××等
方言翻译中的文化缺省补偿机制研究：以京味小说《城南旧事》为例	狄××等
中华老字号（北京）品牌翻译调查报告	汪××等
全球化背景下北京老字号品牌名称译介	何××等
北京18家国家级博物馆实地语言景观调查报告	贾××等
北京33家博物馆虚拟语言景观调查报告	贾××等

案例1：北京文化中心建设视域下四合院文化分析及翻译传播研究

宋沐瑶　王　娇　王玉娇

摘　要：北京四合院独具北京地域特色，其背后所代表的地域文化，成为北京传统文化的代表。因其建筑包含着中国的伦理秩序和伦理和谐两方面的文化内涵，所以四合院也受到了越来越多的关注。因此，作为中国北京建筑的一大特色，对于四合院著作的英译，尤其是有关其内在文化的翻译就显得非常关键。然而，国内目前关于四合院英译与其伦理价值再现的研究甚少，所以这一方面非常值得我们深入研究与探索。此外，当今世界，各国之间来往密切，翻译活动作为沟通的重要桥梁，也越来越受到人们的重视和关注。而翻译文化词汇一直是难点、焦点所在，翻译这些词汇首先要解决文化跨越的问题。本文主要从空间方位、文化相似性等角度对房屋序列和大门名称进行了翻译分析。

关键词：四合院；伦理文化；翻译

在进行北京文化传播的同时，将京津冀协同发展作为北京整体建设的一个重要部分，积极参与京津冀文化传播，特别是利用学校特色研究优势领域——自然生态文学研究，进行京津冀生态建设调研，并向世界展现中国生态文明建设的成果。

案例2：走进白塔寺　体验传统文化

9月21日上午，外国语学院师生一行在刘欣老师带领下来到妙应寺（俗称"白塔寺"）参观，开展联学共建活动（参见图3.57）。

图3.59　调研白塔寺

禹宸翰林（北京）教育科技有限公司总经理、首都经济贸易大学英语专业优秀校友胡继禹接待了教师一行。胡继禹一直热爱中国传统文化，毕业后将专业优势和个人兴趣相结合，一直致力于胡同资源整理挖掘、世遗保护推广和传统文化创意产业的发展，白塔寺地区的保护性开发是他的得意之作之一，取得了很好的经济效益和社会影响。胡继禹带领教师们先后参观了白塔寺历史展览、古建殿宇和白塔。教师们加深了对白塔寺历史发展和文化意义的认知。

师生来到白塔寺文创商店，这里的陈列巧妙融合了传统文化和现代元素，寓意美好、富有白塔特色的文创产品吸引了大家的目光。随后，大家来到白塔寺药店，作为"白塔寺再生计划"的一部分，具有百年历史的白塔寺药店将传统医药与现代文化相融合，通过植入文创和展览等新元素，焕发了新鲜活力，成为融合传统、创意、时尚的新文化白塔街区的一部分，在这里以中国传统中医药材为主题的文创产品也同样令人爱不释手。

在白塔寺药店顶楼的耀咖啡近眺白塔，大家像完成了时代的穿越，体验了文化浸润下的温暖与感动。

白塔寺的主体建筑首建于 1279 年，由尼泊尔人阿尼哥主持建造，是北京年代最早、建筑规模最大的覆钵式塔，更是中尼文化交流的象征。白塔寺作为京味文化的地标，化身为符号，蕴含着老北京的乡愁和回忆。外籍教师 Cormac 感慨道："The CUEB foreign English teachers always appreciate the opportunity to learn about traditional Chinese culture and Beijing history. Having the opportunity to visit the White Dagoba was a fun and fascinating experience and we strongly encourage everyone to go to visit. Thank you to Dr. Liu Xin（Hilary）for arranging this trip and Hu Jiyu（Mark）for being such a knowledgeable tour guide." 刘畅老师表示："感受到了中国传统文化的魅力，也看到了'外语+文化'的广阔前景和外语人传播中国文化的使命。"刘晓曦老师说："白塔寺是中国古代传统技艺与尼泊尔文化的融合体，是中尼友谊的象征，见证了北京城的历史变迁。"

此次活动进一步加深了教师对中国传统文化的了解，拓宽了人才培养思路。

（3）政治素养——思政育人，语言解读国际时政，讲好北京红色故事（服务政治中心建设）。

全球胜任力的培养，要关注大国外交和国际形势发展，了解国际政治格局；还要具有家国情怀，关注北京作为政治中心的红色文化建设和国际传播。学院成立课程思政教育中心，进行课程思政教学实践和理论研究，时政文献翻译、英语演讲与辩论（实验）、高级法语Ⅱ、笔译理论与实践4 门课程获批校级课程思政示范课，"语境理论下《高级英语》课程思政元素的发掘、整合与优化""《翻译概论》课程思政的教学实践与探索""《中国文化（英语）》课程思政建设：推进'中国文化走出去'的外语人才培养""《中级法语》课程思政的教学改革探索与实践""新文科人才培养探索：'首经贸学者的学术之旅'跨学科英文系列讲座""日语教学中的历史感问题""基于三维课堂的大学英语课程思政教学模式与路径研究：中国故事融入视角""商务英语专业教学中的思政教育路径探索""课程思政导向的线上线下混合式《商务英语辩论》课程建设研究与实践""家国情怀　以德化人——融合课程思政的大学英语模块课程研究与实践""北京市自贸区语言服务需求研究""新形势下大学英语课程思政的实施路径探索"共 12 个项目获批校级课程思政教改立项，"中法文化交流史""综合英语Ⅲ""综合英语""高级法语""业精于勤而荒于嬉""大学英语""大学教育的目的：从能力到奉献"7 个教学方案获批学校案例设计立项，"北京百年红色文化对外传播汉英术语知识图谱构建与应用研究""《习近平谈治国理政》法译本中的熟语译介研究"2 个项目获批北京哲学社会科学基金项目。实践方面，项目启动了"探访北京红色景点、收集中外文字介绍""'踏名迹·抒情怀·强党性'——外国语学院'红色景点有师说'"等活动，通过收集、归纳、整理北京红色景点翻译的实践案例，提炼出其中存在的问题，提出针对性解决策略，形成红色景点翻译的标准。为了提升教师的思政教学能力和思政育人水平，项目与学院共同举办了 4 届课程思政教学大赛，210 人次参加比赛；推荐教师参加市级、国家级思政教学大赛，获得首届全国高等学校外语课程思政教学比赛全国一等奖，首都经济贸易大学课程思政教学设计大赛二等奖、三等奖。

项目协同学院共同举办"传承恩来精神·弘扬红色文化"大型展览和专场讲座活动，为留学生和外籍教师进行讲解，让外国友人了解中国红色历史，传播中国红色故事。

学生作品《红色故事外译传播的经济价值——以北大红楼为例》荣获"青创北京"2024 年"挑战杯"首都大学生创业计划竞赛"青系四海"国际交流交往专项赛北京市银奖，与中央编译出版社开展的"1+1"红色共建活动荣获 2023 年北京高校红色"1+1"示范活动三等奖。

案例 1：红色故事外译传播的经济价值——以北大红楼为例

指导教师：武潇斐

负责人：穆宇轩

成员：李天翊、宋佳璇、陈琪、殷雨桐、易晨、孙嘉阳

2024 年 6 月 4 日，首都经济贸易大学外国语学院学生作品《红色故事外译传播的经济价值——以北大红楼为例》荣获"青创北京"2024 年"挑战杯"首都大学生创业计划竞赛"青系四海"国际交流交往专项赛北京市银奖（参见图 3.60）。

383254	微型风筝创新创业-鸢舞承艺坊	北京财贸职业学院
383948	丝路云购——"一带一路"背景下在华留学生电商培训平台搭建	中华女子学院
383980	校园驿站好帮手——智能运快递入柜机器人	北京工业大学
384024	XR赋能智学中文	北京物资学院
384069	"智行合艺"——一款最懂您的文旅之行路线设计小助手	首都经济贸易大学
384196	国匠中文：新质生产力发展模式下的职业专业中文在线学习工具设计与开发	北京电子科技职业学院
384227	嘟嘟云校园——AIGC赋能的新校园一站式服务平台	北京交通大学
384475	红色故事外译传播的经济价值——以北大红楼为例	首都经济贸易大学
384635	香远遥情——一带一路香飘的、梦织文化牵古今	北京工商大学
384833	以匠心 续文脉——多语种推动非物质文化遗产"向云端"	北京第二外国语学院
385301	"希思交通"——推动一带一路建设的交通知识集成服务平台	北京交通大学
385340	"京彩万邦"助力北京国际交往中心：建设留学生的本地生活指南和文化交融平台	北京交通大学
385382	丝路雄狮：雄狮少年行天下	首都体育学院
385393	创新净水节能降耗先锋	北京交通大学
385516	武艺天下——在世界舞台讲好中国故事	首都体育学院

图 3.60 "挑战杯"首都大学生创业计划竞赛"青系四海"
国际交流交往专项赛北京市银奖

在推动文化自信自强的发展愿景下，中华文化面临"走出去"的时代课题。身为英语专业的学生，小组成员把自身专业和红色文化相结合，为推动中华文化走出去进行了一系列调研探索。在前期调研中，小组成员李天翊和穆宇轩以北大红楼为首个试验点，基于当前文化传播现状"国内火"而外宣相对弱的情况，运用跨文化交流手段制作宣传视频。通过自媒体账号、知识付费等盈利模式，在实现项目盈利的同时对外传播红色文化。在项目后续运行过程中，小组成员一起讨论拓宽宣传渠道，充分发展专业优势精进翻译表达，针对性设计课程教学方案，以求多方位保障项目

的长期稳定发展。项目旨在通过努力讲好中国故事，实现跨文化传播与商业盈利双赢，并期待未来能让国内外更多的人感受到中华文化的韧性之美，营造文化交流互鉴与精神欣欣相依的氛围。

案例2：2023 年北京高校红色"1+1"示范活动三等奖（参见图3.61）

在 2019 年和 2022 年 8 月的两封回信中，习近平总书记特别强调了翻译对人类文明进步产生的积极作用和促进人类文明交流的重要意义，要求外语工作者用融通中外的语言、优秀的翻译作品讲好中国故事。为深入贯彻落实总书记重要讲话精神，外国语学院与中央编译出版社深入开展"1+1"红色共建活动，将语言专业优势与对方行业特色相融合，通过理论讲座、译著合作、语料库建设、红色宣讲、志愿服务等形式，实现互补互鉴、共享共赢。

图 3.61　"1+1"红色共建活动荣获证书

译以载道：与共建单位合作举办"译读二十大"系列讲座，邀请党的二十大报告外文翻译组权威专家杨望平讲解"中国重要政治概念的翻译"；中国政府友谊奖获得者戴维力先生讲述"译好中国故事，树立桥梁意识"；原驻新西兰、瑞典大使陈明明分享翻译人如何担任中国文化国际传播使者；中央编译出版社副社长张远航以《共产党宣言》的翻译、出版和传播为切入点，思考和理解"新时代，翻译专业学生何为"。

译以传声：学院发挥语言专业优势和志愿服务经验，选派 30 余名党员参与共建单位书籍的首发仪式；在学院公众号上推出【译·颂经典】专栏，线上进行《共产党宣言》双语版等红色经典读物的诵读；参观马克思主义传播史展馆，感受历代翻译家严谨治学、传播真理的精神信仰；推荐优秀学生到中央编译出版社实习实践。

译以化人：深入参与重要政治文献双语语料库建设。在学院党委副书记、院长刘重霄的带领下，积极参与党的重要政治文献双语语料库建设活动；积极参与原著翻译工作，学院与中央编译出版社签订 *Why I Write* 等 4 本原版书籍的英译中工作，支部 9 名党员将在专业教师的带领下共同完成 35 万字的翻译任务。

(4) 国际素养——创建"中英双语译时政"栏目，拓宽全球信息输入渠道，增强国际意识；搭建实践平台，提升参与国际事务能力（服务国际交往中心）。

全球胜任力是一个持续的、终身学习的过程，它涉及在认知、人际与个人 3 个层面不断地探索发展 6 个核心素养，培养在国际与多元文化环境中有效学习、工作和与人相处的能力。这一概念不仅强调了沟通能力和批判性思维，还涉及跨文化交际能力、全球视野和问题解决能力等多个方面。培养具有全球胜任力的人才，首先要培养全球问题意识，了解当前的国际形势，明晰当代中国、当代世界的发展状况，而且要具备用双语有效传播发展信息、表达个人关于当代世界格局意见的能力。为此，本研究组建团队在公众号创建"中英双语译时政"栏目，每周推送（目前已经完成 20 期推送），在帮助学生进行自学的同时，也推荐给教师用于课堂教学，成为教学内容的一部分。

国际素养不仅要具有一定的专业技能、相关知识和信息，还要具备利用以上资源参与或处理国际事务的能力。为此，首都经济贸易大学开创实践项目，助力学生能力提升。项目依托学院与宋庆龄青少年科技文化交流中心成立的实习实践基地，积极参与宋庆龄青少年科技文化交流中心的国际交往活动，发挥语言专业优势，主要承担外事接待志愿者活动、文化讲座、对外传播等任务。2021年教师带领学生将实践案例制作成《非物质文化遗产双语手册》，完成语料收集、文稿撰写、翻译、出版等一系列工作，有力促进了中国特色文化对外传播，获得优秀志愿者团队称号。项目每年选派3~5名学生参加"一带一路"国际合作高峰论坛（参见图3.62），20余人次的师生参加中非民间商会的外事接待，3名学生参加"经贸汉语桥"活动。学生在利用专业优势助力国家和社会重要发展事项的同时，也提升了自身处理国际事务的能力。项目开设国才（国际人才）英语等课程，结合具体教学内容，组织师生到国际关系学院、北京体育大学国际体育组织学院等调研座谈，了解国际组织的运行和发展状况。

图3.62　为"一带一路"国际合作高峰论坛提供语言志愿服务

此外，项目还邀请了中国翻译协会常务副会长、中国翻译研究院副院长黄友义教授，中国外文局翻译院院长黄玉龙教授，拉丁美洲科学院院士、欧洲人文和自然科学院外籍院士、上海交通大学人文学院院长王宁教授开展国际意识培养方面的讲座，如"让世界读懂中国——国际传播思维与意识的养成""新时代中国国际传播实战""翻译与国家形象的建构与海外传播"等。

项目还鼓励学生参加"全国大学生国际英语能力挑战杯"大赛等有助于专业能力提升的学科竞赛。

案例："中英双语译时政"推送链接（部分）

【中英双语译时政】转发·王毅在第三届"一带一路"国际合作高峰论坛记者会上的致辞（上）

https://mp.weixin.qq.com/s/kdE4bbo4doxHkzNUrO6x5Q

【中英双语译时政】转发·王毅在第三届"一带一路"国际合作高峰论坛记者会上的致辞（下）

https://mp.weixin.qq.com/s/ticAi7rWhAT6KbHSeEACrw

【中英双语译时政】转发·共建"一带一路"倡议专题 多语对照

https://mp.weixin.qq.com/s/4w0yLIX2nOA3fdsy2uMbkQ

【中英双语译时政】转发·共建"一带一路"倡议专题 多语对照

https://mp.weixin.qq.com/s/bB4jrHRHcgRaEYTuLoi_5w

【中英双语译时政】转发·共建"一带一路"倡议专题 多语对照

https://mp.weixin.qq.com/s/wCsJeetx_nzJ-yxdR5MWEg

【中英双语译时政】习近平外交思想"十个坚持"

https://mp.weixin.qq.com/s/ypCoM6CiTzVag11zenszrg

【中英双语译时政】习近平主席"一带一路"国际合作高峰论坛开幕式演讲金句

https://mp.weixin.qq.com/s/0yExFchB2vXW0QOHJkIUyg

【中英双语译时政】习近平会见中越两国青年和友好人士代表时的讲话

https://mp.weixin.qq.com/s/bKL4YskkHkdvsxI4jrjffQ

【中英双语译时政】习近平总书记2024年新年贺词

https://mp.weixin.qq.com/s/IgUR9bO54nyfaZnbsr5UQQ

【中英双语译时政】政府工作报告

https：//mp. weixin. qq. com/s/LhBW6cYdUEQApeB0ihQkMQ

【中英双语译时政】《携手构建人类命运共同体：中国的倡议与行动》
白皮书

https：//mp. weixin. qq. com/s/7wJVkJobptFkyq5u0Ve3oQ

【中英双语译时政】《习近平关于中国式现代化论述摘编》重要术语
表述

https：//mp. weixin. qq. com/s/VmFZ4-Bzdn4lOPiOWEWUIQ

【中英双语译时政】《习近平谈治国理政》第四卷：坚持"一国两制"
和推进祖国统一

https：//mp. weixin. qq. com/s/00G5lT_czy2uoOvKyYnHzg

【中英双语译时政】《习近平谈治国理政》第四卷：以保障和改善民
生为重点加强社会建设

https：//mp. weixin. qq. com/s/qA_FeVuKCOBSB0z2ztE2UQ

【中英双语译时政】《习近平谈治国理政》第四卷：推动构建人类命
运共同体

https：//mp. weixin. qq. com/s/O-sLiKY-eUJaSDzvLd3FDA

【中英双语译时政】《习近平谈治国理政》第四卷：以伟大自我革命
引领伟大社会革命

https：//mp. weixin. qq. com/s/628CVD0NjAQAljf0gOX-VA

【中英双语译时政】习近平在匈牙利媒体发表署名文章

https：//mp. weixin. qq. com/s/ZLmMzCw0zOBuqgZkgJoPCw

【中英双语译时政】中法关于中东局势的联合声明

https：//mp. weixin. qq. com/s/obgBtQTVaAIBlX9ZL7XlmQ

【中英双语译时政】中华人民共和国和匈牙利关于建立新时代全天候
全面战略伙伴关系的联合声明

https：//mp. weixin. qq. com/s/U1-N887oUQPQsUm9mnr71w

【中英双语译时政】中华人民共和国和匈牙利关于建立新时代全天候

全面战略伙伴关系的联合声明

https://mp.weixin.qq.com/s/FFWkMUhLDPP5nFabqd6rkA

（二）打造全球胜任力培养的多元化实践路径

项目经过多年的研究论证、实践尝试和改革探索，提出、践行并验证了全球胜任力培养的多元化实践路径，基本形成了全球胜任力培养线下为主的国内课程教学（课程体系、师资体系、教材体系）、线上线下结合为辅的实践教学、线上为补的国际性课程学习的三向驱动模式。

1. 打造多元化课程、融合性师资、校本化教材的国内课程教学体系。

（1）创建基于认知、人际和公民维度的3+3+3多元化课程体系（3阶段+3类别+3个模块）。

根据全球胜任力的培养要求，基于前期的学生需求和社会需求调研，本项目以大学英语课程为载体，分3个阶段4个学期，开设17门选择性必修课程，分为线上、线下、实践3个类别，以及语言能力、中西文化对比、全球胜任力3个模块，旨在服务国家战略发展需要，发挥学校特色及优势，培养能在国际经贸组织中任职的具有全球胜任力的学生（参见图3.63）。这些课程虽然内容各异，授课形式各具特色，但都围绕全球胜任力建构这一主题，强调案例教学、项目教学和实践教学，注重应用能力的锻造，服务于国际化人才的培养。学生可以根据个人情况进行个性化选修学习。课程设置在提升学生英语技能及应用能力基础之上，强调全球财经内容的嵌入、多文化知识的融入、国际组织及规则的导入，特别是多语种沟通能力的培养。项目还开设托福、雅思等国际化考试类课程，对拟出国深造或进行学术交流的学生进行课程培训，提升了学生国际化考试的通过率。托福、雅思两门课程获得校级微课程建设立项。

新文科理念下基于国际经贸组织全球胜任力的公共外语教学模式建构与实践			
第一阶段 （6学分）	大学外语教学指南维度：基础阶段（基础英语+专门用途英语）		
	全球胜任力维度：认知（语言能力；世界文化与全球议题）		
	线下课程 （语言能力模块）	线上课程 （智慧平台线上课程群）	实践课程
第一学期 （4学分，必修）	综合英语	英语写作	国际交流活动
	英语视听说课程		国际语言文化节
第二学期 （2学分，必修）	英语应用文写作		应用文写作实务
第二阶段 （4学分）	大学外语教学指南维度：提高阶段（跨文化类课程）		
	全球胜任力维度：人际（开放与尊重；沟通与协作）		
	线下课程 （中西文化对比模块）	线上课程 （智慧平台线上课程群）	实践课程
第二学期 （2学分，必选修）	话说北京	英语演讲与辩论	中华文化国际传播案例分析
	中国传统文化		"中国之美"文化走出去活动
	英美国家概况		模拟国际会议
第三学期 （2学分，必修）	跨文化交际		模拟议会辩论
第三阶段 （4学分）	大学外语教学指南维度：发展阶段（经贸国际组织全球领导力类课程）		
	全球胜任力维度：公民/个人（道德与责任；自觉与自信）		
	线下课程 （全球胜任力模块）	线上课程 （智慧平台线上课程群）	实践课程
第三学期 （2学分，必选修）	国际经贸组织文献阅读	经贸口笔译类	模拟经贸论坛
	商务谈判		模拟商务谈判
	国际公文写作		
第四学期 （2学分，必选修）	国际组织与全球治理	雅思/托福类	模拟联合国Leading Global Discusions
	国际法		模拟法庭
	第二外语（日语、法语）		国际文化节

图 3.63　全球胜任力培养课程体系

　　全球胜任力培养的目标设定回答了教育应该"培养什么人"这一问题，教育需要解决的"为谁培养人""如何培养人"等问题又与"培养什么人"密不可分。中国情境下培养的全球胜任力人才，首先要服务于中国的建设和发展。因此，在回答"如何培养人"过程中，本研究积极推进《习近平谈治国理政》"三进"工程和"理解当代中国"系列教材的培训、使用和相关课程的开设,旨在将习近平新时代中国特色社会主义思想系统融入全球胜任力培养的各类课程之中,落实立德树人根本任务。项目结合"理解当代中国"系列教材的运用,深入探索外语课程思政的有效路径,帮助学生了解和把握中国特色话语体系,用中国理论指导中国实践,提高学生运用外语向国际社会讲好中国故事的能力,着力将学生培养成具有家国情怀、全球视野、专业本领的新时代国际化外语人才(参见表3.9)。

表3.9　参与"理解当代中国"课程建设情况

活动主题	活动时间
北京高校外语类专业"理解当代中国"系列教材教学研讨会	2022年8月
完成由教育部高等教育司组织,北京外国语大学、外语教学与研究出版社、全国高校教师网络培训中心实施的"理解当代中国"多语种系列教材任课教师培训	2022年8月
外国语学院召开"理解当代中国"系列课程建设与教材应用交流研讨会	2022年12月
"理解当代中国"系列课程建设校际调研	2023年5月
"理解当代中国"实验课程时政文献翻译、英语演讲与辩论、笔译理论与实践申报并获批校级思政课程建设立项	2023年7月

为了推进《习近平谈治国理政》"三进"工程和"理解当代中国"在育人中深入,项目开展了多项活动,"时政文献翻译""英语演讲与辩论""高级法语Ⅱ""笔译理论与实践"4门"理解当代中国"实验课程获批校级思政示范课程。

案例1:商务谈判课程教学设计

一、课程设置、安排与主要内容

本学期"商务谈判"课程共17周,实际授课16周(最后一周复习、检测),课程包括13次理论课(两次讨论)及3次模拟谈判实践课。

二、课程内容及教学目标

■ 教学内容纲要

Business Negotiation

Outline

Unit 1　Basic Theory of Negotiation

Section 1. General Understanding of Negotiations

Section 2. Purpose of Negotiations

Section 3. Three Elements of Negotiation

Section 4. Negotiating Value Chain

Section 5. Negotiators' dilemma: Deal and Well

Section 6. Joint Income

Section 7. Harvard Negotiation Principles

Unit 2　Preparation for Negotiation

Section 1. Zhi Ji Zhi Bi Bai Zhan Bu Dai

Section 2. Setting up Negotiation Team

Section 3. Develop a Negotiation Plan

Section 4. Strive for Home Court Advantage

Unit 3　General Skills in Negotiation

Section 1. How to Create A Favorable Beginning?

Section 2. The Essential Points of Bargaining

Section 3. The Art of Compromise

Section 4. Closing Skills

Unit 4　Threat and Deadlock

Threat in Negotiation

Section 1. The Effective Threats

Section 2. Correct Use of Threats

Section 3. Responding to and Resolving Threats

Deadlock in Negotiation

Section 4. How to View the Negotiation Deadlock

Section 5. Common Ways to Making Deadlocks

Section 6. Skills to Break the Deadlock

Unit 5   Dealing with Different Types of Negotiation

Section 1. Analysis of Differences in Negotiation Status

1. Negotiation Strategies in a Weak Position

2. Negotiation Strategies in a Dominant Position

Section 2. Dealing with Different Types of Negotiations

1. Strategy of Price Negotiation

2. Strategy of Dispute Negotiation

3. Strategy of Cooperation Negotiation

4. Strategy of Competition Negotiation

5. Strategy of Multilateral Negotiation

Section 3. Power Negotiator's Abilities

Unit 6   Negotiation Psychology

Section 1. Negotiators' Individual Differences

1. Different Motivations of Negotiators

2. Different Styles of Negotiators

Section 2. The Perception in Negotiation

1. First Impression may Become Permanent Impression

2. Stereotypes

3. Moon Halo Effect

4. Subjective Projection

5. Selectivity of Perception

Section 3. Psychological Frustration in Negotiation

Section 4. Positive Psychological Hint

Unit 7　Communication in Negotiation

Section 1. Characteristics of Communication in Negotiation

Section 2. Listen Carefully

Section 3. Persuade

Section 4. Asking Questions

Section 5. Repartee

Section 6. The Role of Non-verbal Communication in Negotiation

Unit 8　Cross-cultural Negotiation

Section 1. The Elements of Cultural Background Differences

Section 2. The Impact of Cultural Differences on Negotiation

Section 3. A Comparative Analysis of Negotiation Characteristics

Section 4. Principles for Cultural Differences

Section 5. Skills in Cross-cultural Negotiation

■ 主要内容

9月4日—9月19日，商务谈判基本理论和概念，包括谈判的定义、构成要素、特征、类型及环节，并引导学生思考以下问题：

1. 罗杰·道森曾经说过，"不想统统完蛋，就要有人谈判"。你怎样理解谈判在当今市场竞争中的作用？

2. 在协调经济利益时，什么前提下可以通过谈判解决问题？什么前提下不可以通过谈判解决问题？

3. 下列谈判各属于什么类型：合同索赔、公司并购、讨价还价、一揽子协议、强强联合、公关危机、劳资冲突、技术转让、产品推销、招商引资、采购、招投标、拍卖、知识产权纠纷？

4. 谈判破裂时怎样收场？谈判成功时怎样收场？

5. 谈判中没有妥协就不可能达成一致的协议，如何避免平庸的妥协？试用"帕累托最优化"理论描述何谓"双方利益最大化的妥协"。

6. 强硬派或温和派在谈判中各有什么利弊？你倾向于哪种风格？为

什么？

9月26日，讲授谈判前的准备以及如何制订谈判计划，在课下观摩首都经济贸易大学商务谈判队曾经外出比赛的谈判示范片并思考问题，课上每组派代表发言，教师点评。

10月10日，第一次模拟谈判：合作和纠纷型双边谈判。

谈判地点：慎思楼。

谈判要求：全班共分为4组，全程中文交流，谈判内容是加密U盘经销关系及其价格磋商——经销渠道内上下家之间的谈判。

谈判任务：①确立U盘经销合作关系，即由欣格公司负责供货、飞来公司负责销售；②确定欣格公司向飞来公司供货的价格以及其他相关条款；③签订《加密U盘经销协议》。（第一次模拟谈判现场参见图3.64）

图3.64　第一次模拟谈判

10月17日，讲授谈判技巧，包括如何拥有一个良好的开端；报价、讨价、还价、让步及收盘的规则与技巧，但技巧都是灵活的，以实际谈判过程为准。此外，对第一次模拟谈判进行总结点评，并提出改进建议。

10月24日，看观摩示范片并讨论问题，学生们上台发言。观摩片的内容是中法之间关于技术培训附件的谈判，中方要对法方提交的培训方案进行评估，并就中方实习生培训期间的生活待遇等问题与法国代表团协商。法国代表团要力争中国曙光公司认可培训方案的主要条款，才能顺利签下技术培训附件。此外，中方实习生培训期间的生活待遇等问题也需要双方合理分担。思考以下问题：①谈判过程异常艰难，双方出现了哪些分歧？②区区附件的谈判，双方几乎到了破裂的边缘，造成这些分歧的原因是什么？③谈判中哪些是无谓的争论，怎样避免这些无谓的争论？

教学目标：辨别分歧与无谓的争论概念，抓住谈判重点。

10月27日，威胁的定义、类型、特征等基本理论。

10月31日，如何应对并巧妙化解谈判过程中产生的威胁行为，自己在谈判过程中也可以运用技巧对他人制造威胁，并在第二节课进行第二次模拟的预谈判（预谈判开始后，小组成员可利用课下时间完成剩余谈判，并于11月28日进行终谈和签约）。

11月7日，讲授如何看待谈判中的僵局、制造僵局的要领以及常用技巧，如何能够打破僵局。

11月14日，不同类型的谈判对策，身处不同的谈判地位，该运用何种策略；面对不同的谈判目标，该如何进行谈判，以及一流的谈判者该具有的技能。通过观看《辛丑条约》中李鸿章的谈判短片进行思考。

11月21日，主要内容是谈判心理，根据谈判者的动机差异分为3种不同类型，并提出5种谈判者的特点和风格，强调知觉在谈判中的作用、谈判中的心理挫折和积极的心理暗示。

11月28日，第二次模拟谈判：果蔬进出口贸易竞争谈判。

谈判地点：博远楼天朗厅和视频会议室

谈判要求：谈判共分为四方（中、中、日、韩），进行两两谈判，中方和外方之间进行谈判，中方在课下谈判时可以选择和外方中的一方或者两方同时进行合作，终谈限时在20分钟以内，随即当场签约并合影留念，最后上交中英合同及历次谈判记录。要求着正装、全程英文交流。（第二次模拟谈判现场参见图3.65）

图 3.65　第二次模拟谈判

12月5日，如何在谈判中进行沟通，谈判沟通的特点及有效沟通的4个环节。

12月12日，强调笔和本等非语言在谈判过程中的作用，最后一章是关于跨文化谈判，举例说明不同文化差异对不同国家之间谈判产生的影响。

12月19日，对美、英、法、德、俄、日几种典型文化中的谈判特点进行比较，说明对待文化差异的原则及跨文化谈判的技巧。

12月26日，第三次模拟谈判。

背景主题：区域经济合作协议的谈判——孟中印缅经济走廊开发与建设四方谈判。

谈判地点：博远楼视频会议室和三号报告厅。

谈判内容：谈判共分为4个部分，即经济走廊基础设施建设、能源开发（孟加拉国天然油气、缅甸油气）、港口建设（缅甸皎漂港、孟加拉国吉大港）以及难民遣返（孟缅）。针对这4个部分，四方就各自的出资金额进行合作谈判。

谈判要求：着正装、全程英文交流，缅方作为主办方需派出一名主持人主持整个谈判过程，终谈时间为40分钟，当场签订合同，结束后到三号报告厅开记者发布会，每方需派出一名发言人并回答记者问题，还需派出一名打分人员对其他三国发言人的表现进行评分。（第三次模拟谈判现场参见图3.66）

图 3.66　第三次模拟谈判

案例 2：话说北京课程及教材

学生实践作品涉及北京的交通、小吃、美食、博物馆、建筑、公园、讲好中国故事、旅游等多方面话题。很多作品是学生实景拍摄，现场讲解录制，在课堂上进行交流展示，同时通过网络平台进行推送传播。作品以小组为单位完成，既体现专业性，又锻炼学生的协作、合作能力，提升他们对北京文化的认知。该课程出版了配套的教材《英语视听说教程——走进北京》（参见图 3.67）。学院召开话说北京课程研讨会和教材发布会。

图 3.67　话说北京课程及教材

（2）创建基于开放、交叉、互惠的 $1+n$ 融合性师资体系（专业外语教师+相关专业教师+外籍教师+本、硕、博学生助教+校外行业教师）。

基于全球胜任力培养目标和内容维度，本研究在新文科理念指导下，依托全校优质师资，打造一支多元化融合性师资队伍。教师年龄结构上，以青年教师为主、老中青教师相结合，平均年龄 40 岁左右，既有丰富的教学经验，又有充沛的精力和创新性思维；专业结构上，既有语言基本功扎实的传统语言类专业教育背景的教师，也有从海外留学归来、具有相关专业教育背景的教师，还有曾经在行业部门供职、具有实践经历背景的教师，师资团队搭配合理，优势互补；团队中既有中教，又有外教，有些课程根据课程性质采用中教和外教联合授课的教学模式，发挥各自的优势。此外，项目在全校范围内招募非英语专业的研究生作为助教，利用本、硕、博不同层级学生的语言和专业优势，打通学生的专业隔阂，实现专业交叉融合与不同层级学生间的融合与优势互补，以学生育学生，本、硕、博三位一体，打造学生协同并进共同体，形成人才自我培养的内生动力。

根据全球胜任力培养目标和相应的课程设置，项目打破专业界限，打造专业融合性师资队伍，以外国语学院外语专业教师为主，辅之以 5~8 名来自城市与公共管理学院、工商管理学院、信息管理学院、文化与传播学院等不同专业背景的教师，汲取各自的专业优势，形成多元协同的师资格局。以上相关专业教师，绝大部分都具有海外留学经历和丰富的国际人才培养经验，外语水平较高。例如，工商管理学院杨震老师几十年来担任国际谈判挑战赛 TNC、全国商务谈判大赛的评委和带队教师，带领学生到全球各地进行商务谈判大赛的实战与交流，理念前沿，实操经验丰富。

在此基础之上，在全校范围内招募外语基础良好的优秀硕士生、博士生作为授课教师的助教，全程参与教学。每年从金融、会计、经济、工商管理、法学、文化与传播、外语等专业招募 9 名左右的助教，以硕士生为主。助教既有提升自身外语水平和能力的需求，也有进行实践锻炼的意愿，在跟课听课的同时，为学生提供课后辅导答疑和实践活动安排。鉴于助教与学生年龄相仿、经历相近，相较于教师更容易融入学生群体。在完成阶段性助教任务后，项目为学生助教提供实习实践证明，根据其表现给予一定的学分认可。学生自身水平得到了提升，学院教学和人才培养工作也得以顺利进展，实现了"在学中做，在做中学"的双赢效果。项目开展以来，已经有27人次的助教参与本项目。

中教外教联合打造"话说北京""中国文化""综合英语""口译概论"4门线下课程和"英语辩论""财经英语看世界""专业导论"3门线上课程，合作开发建设《英语视听说教程——走进北京》《高级商务英语听说教程》《中国文化（英语）》3部教材，共同建设英语写作（研究）中心，每周四14：00—15：30和中教一起在学校明辨楼103室举办工作坊；每周三晚上7：00—8：30在慎思楼教室举办外语角，为学生全球胜任力提升搭建平台，创造环境。外教Cormac也取得了丰硕的教研成果，晋升副教授。

全球胜任力是一种开放性能力，全球胜任力的培养也一定需要开放的师资。项目在进行校内师资队伍建设的同时，努力打造以校友为主体、部分实习实践基地师资为辅的校外师资队伍。项目建立"校友讲堂"，采取"走出去，请进来"的方式，邀请40余名各行各业的校友回校介绍自己的就业单位、从事的行业、社会需要的人才及具体的知识、能力、思维和素养等；项目带领学生走进基地，通过参观、调研、参与真实的项目等活动，校外导师给予具体的指导和帮助，实现能力的提升。在中国文化背景下，校友对于自己的母校不仅具有深厚的感情，更有回报母校的强烈意愿，还便于与校内师资交流互动，形成"学长带学弟，社会带高校"，真正实现产教融合，科教融汇。

为了发挥教师的引领和示范作用，项目鼓励教师参加教学大赛，形成一种积极向上的氛围和联动效应。教师获得首届全国高等学校外语课程思政教学比赛一等奖、第十二届"外教社杯"全国高校外语教学大赛北京赛区特等奖、第四届北京高校教师教学创新大赛基础课程副高组三等奖，及首都经济贸易大学第三届教学新秀奖一等奖、二等奖、卓越奖等优异成绩，获评北京市高等教育教学成果奖二等奖2项，北京高校优质本科课程

1门，北京高校优质教案1部，北京市级教改立项3项，包括课堂教学效果奖在内的各类校级教学奖项数十项。教学科研相辅相成，在提升教学质量的同时，项目组教师积极投入科学研究和社会服务，项目组成员获批国家级、省部级等各类科研项目近10项，发表学术论文、出版各类著作数百篇（部）。项目积极发挥社会服务功能，以语言服务的形式支持北京2022冬奥会、"一带一路"国际合作高峰论坛、中国国际服务贸易交易会、京津冀协同发展、北京"两区"建设等国家重大战略及北京地方的社会发展。

外籍教师充分发挥语言和文化优势，在提高教学质量的同时，通过开设"英语角""法语角"等第二课堂教学，开展"国际文化节"，增强学校国际化氛围；走进北京博物馆、北京胡同、白塔寺等多家文化地标进行讲解宣传，为向世界讲好中国故事，传播中国声音，做出了积极的贡献。

（3）打造国家规划教材+自主开发数字化教材+线上教学资源库的立体化校本教材体系。

教材是教育教学的主要依据和立德树人的重要载体。教材融合了育人目标、教学内容、教学策略、学习方法、考核评价等要素，具有传达国家教育意志、保障基本教学质量、方便学生学习等作用。在某种程度上，教材质量直接影响到教育质量，教材体系的规划和设计决定了育人成效。

基于全球胜任力培养的课程设置和育人目标设定，本研究在基础教学阶段采用业界权威的规划教材《现代大学英语》《新视野大学英语视听说教程》《全新版大学进阶英语综合教程》等，保证教学内容的经典性、权威性和统一性；在提高阶段，根据具体的课程要求和教学改革规划，由任课教师自主开发纸质版和数字化教材，目前已经编写和出版《跨文化交际实训（双语）》《财经英语看世界》《翻译理论、技巧与实践》《当代西方文艺批评理论宣读》《外贸英语会话教程》《英语修辞与商务写作》《经贸翻译综合教程》《大学英语实用写作》《成人教育新时代综合英语教程(1-3)》《成人教育新时代综合英语教程教学手册（1-3)》《全国英语等

级考试考前强化训练第三级》《全新版大学英语综合教程学习导读》《现
编大学英语辞汇通》等 17 部教材和辅导性教材。在本项目的推动下，首
都经济贸易大学外国语学院联合对外经济贸易大学等十余所高校，共同开
发《技术写作与翻译简明教程》《数字经贸与人工智能》《财经英汉翻译
教程》《财经时政翻译教程》《经贸口译专业技能实训教程》《中国文化国
际传播》《文学翻译教程》7 部 "新时代高等学校财经翻译教程" 纸质版
和数字化系列教材。

此外，作为课程和教材建设的辅助，项目还开发了 "商务英语教学案
例库" "北京 2022 冬奥会语料资源库" "中国共产党党代会报告中英、中
法双语经贸语料库" "首都经济贸易大学校园网英文翻译语料库" 等数百
万字的线上教学和研究资源。

2. 创建遵循基础—提高—发展的模拟实践，在地国际性实践和国际化
项目实践教学体系（33 家基地+15 个项目+3 方考核方式）。

人才培养基地共建是校内外联动办学、"政产学研" 协同合作育人的
重要实践途径。新时代下如何加强行业、产业、高校的协同合作，共同培
育更多更好的国际化人才，是高等教育面临的重要议题。

全球胜任力的培养不能仅限于课堂教学的知识灌输，更需要实践和应
用能力的锻炼。遵循《大学英语教学指南》提出的基础、提高和发展 3 个
培养阶段，本研究提出了基于校内平台的模拟实践、基于区域内（北京）
平台的在地国际性实践和基于全球平台的国际化项目实践的递进性实践教
学体系，依托学校学院拓展渠道，搭建平台，聚拢资源，落地运行。以校
内全球胜任力工作坊为载体的 4 个学期 28 个项目、学术写作（研究）中
心为载体的 "青年教师国际学术发表" "一对一写作能力辅导" 2 个常规
项目为主体，辅之以 10 个专业性跨文化、外语类竞赛，创建学校国际化
环境，参与学生近 1 000 人次，增强了学生的跨文化意识和全球思维；借
助北京 "政治中心" "文化中心" "国际交往中心" 以及国际性大都市的
有利环境，聚焦财经特色，与中非民间商会、北京外交人员语言文化中

心、中央编译出版社、中国外文局翻译院、四达时代、腾讯公司、特大城
市研究院、ESG 研究院、北京自贸区语言服务研究中心等国际性组织，承
担国际交往任务的单位、跨国企业、国际性事务研究机构 22 家实践基地
和 11 家学术研究中心，建立实习实践、经贸翻译研究与实践基地（参见
表 3.10），承担了"北京 2022 冬奥会奥组委官网新闻翻译""中国共产党
十四大至二十大中英、中法双语经贸语料库""译读二十大""*Why I Write*
等四部原版著作翻译""大模型训练数据采标之英文 caption 改写项目"
"ESG 研究院相关著作翻译""《京津冀发展报告（蓝皮书）》英译"7 个实
践专项，和"《中国（北京）自由贸易试验区语言服务蓝皮书》""全球
胜任力实践工作坊""写作工作坊""译丰台""中非民间商会外事接待"
"中国（北京）国际服务贸易交易会语言服务""'一带一路'国际合作高
峰论坛语言服务""校园网翻译"等 8 个常规性实践项目，实施在地国际
性实践，参与学生 600 人次。

表 3.10　部分实践基地和学术研究中心

序号	实践基地	学术研究中心
1	中非民间商会	特大城市经济社会发展研究院
2	北京外交人员语言文化中心	北京市哲学社会科学 CBD 发展研究基地
3	中央编译出版社	中国 ESG 研究院
4	中国外文局翻译院	北京自贸区语言服务研究中心
5	China Daily	区域国别研究中心
6	四达时代集团	学术写作（研究）中心
7	腾讯公司	跨文化交际研究中心
8	Vmware 威睿	多语种教学研究中心
9	北京市丰台区商务局	语言学研究中心
10	北京市丰台区政府外事办	自然文学研究中心
11	策马翻译	课程思政研究中心
12	中国法国工商会	
13	法国高等教育署	

续表

序号	实践基地	学术研究中心
14	法国文化中心	
15	FESCO（北京外企人力资源有限公司）	
16	宋庆龄青少年科技文化有限公司	
17	新东方国际教育	
18	思必锐翻译有限责任公司	
19	《英语世界》杂志社	
20	中科凡语	
21	中译语通	
22	商鹊科技有限公司（试译宝）	

　　在上述实践基地中，中国外文局翻译院作为中国外文局直属事业单位，是汇聚整合全国翻译行业资源，推动翻译人才队伍建设和翻译事业发展的专业机构，在满足国家对外翻译的高端需要、服务国际传播事业、促进跨文化交流等方面发挥着引领性作用。北京市丰台区商务局是学校属地的重要政府工作部门，承担着研究本区内外贸易和对外经济合作的发展战略、推进本区流通产业结构调整、促进商贸服务业和社区商业发展、推动对外经济合作服务等重要职能。中非民间商会作为政府部门、私营部门、联合国机构的合作典范，积极引导和服务中国企业"走进非洲、融入非洲、建设非洲"，通过与国内外机构建立合作伙伴关系、搭建合作平台，以务实方式促进中非合作、南南合作。北京思必锐翻译有限责任公司是中国翻译协会 AAAA 级企业、中国翻译协会理事单位，拥有专业的翻译团队和丰富的项目管理经验，在外交政治、法律法规、金融商贸等多个领域拥有丰富的语言服务经验。北京外交人员语言文化中心以"讲好中国故事，助力大国外交"为目标，常年承办多项外事活动，对陪同翻译人员有着大量的需求，该中心还多次组织中国传统文化体验活动，提供不同形式的文化之旅，带领各国学员体验中国文化之美。

依托坐落于学校的教育部国际人才培养基地和学校各学院的海外合作资源，项目为学生联系和提供去国际组织实习交流的平台，鼓励学生到国际组织实习。目前学校搭建了 8 个海外国际组织实习平台，包括 International Security Association（ISA）、Policy Center for Roma and Minorities、斯里兰卡大使馆、Green Finance and Economic Cooperation（GFEC）、Institute of Euro-Asian Culture（IEAC）、联合国纽约总部、绿色和平组织、伦敦证券交易所集团以及碳中和国际化人才实训项目。据统计，包括本项目部分参与学生在内，共有 31 名学生参与实习实训项目，进入国际组织相关部门开展线上实习。项目参与教师李冰由首都经济贸易大学调入联合国纽约总部任职，姚佳慧、郭诗语、谭禄玥等参与学校层面国际组织人才培养项目的 5 名学生进入联合国纽约总部、绿色和平组织、伦敦证券交易所集团等国际组织任职（参见图 3.68）。

姓名	实习就业国际组织	学院
刘旭	国际劳工组织企业司就业政策和企业发展高级专家	劳动经济学院
姚佳慧	经济学国际化人才培养实验区被评为国家级人才培养模式创新实验区 联合国纽约总部	城市学院
郭诗语	绿色和平组织	城市学院
梁晓	联合国粮农组织	经济学院
王晓乐	亚洲开发银行	经济学院
姚峰	外交部	城市学院
朱宜清	商务部	城市学院
杨海帆	中联部	城市学院

图 3.68　部分参与学校项目的学生在国际组织实习情况

在实践过程中，项目指导教师、基地（实践基地或学术中心）负责人、学生三方进行评价，考核项目的实践效果。本研究努力搭建学术研究与实践平台，打造研、学、做一体化的国际人才培养模式；服务外事交流活动，传播中国优秀文化，将"培育具有国际视野、家国情怀和专业本领的新时代首都外语人才"的培养目标落地做实。

下面将介绍部分实践项目。

（1）实践工作坊。

外国语学院举办的"全球胜任力实践工作坊"系列活动，是学校"大学外语全球胜任力"教学改革的重要举措，也是外国语学院发挥专业优势服务首都"四个中心"建设，落实"培育具有国际视野、家国情怀和专业本领的新时代首都外语人才"培养目标的重要举措之一。以下为国际经贸组织全球胜任力工作坊实践活动安排。

第一学期实践工作坊：强调阅读能力、听力能力、语法知识和词汇基本知识。

- 阅读大赛
- 词汇大赛
- 听力大赛
- 我教留学生学汉语
- 各国服饰表演展示
- 讲述外国故事

第二学期实践工作坊：强调写作能力、口语能力、语法知识和词汇基本知识。

- 走近外交官
- 中外学生一堂课
- 国际化考试辅导
- "一带一路"小语种学习
- 外交口译工作坊
- 机器翻译工作坊
- 标识法语角
- 跨国企业家进课堂
- 北京高校青年人才国际胜任力大赛

第三学期实践工作坊：强调专业应用能力、外事处理能力的培养与应用。

- 英文影视欣赏与世界文化体验动
- 留学生进课堂，中外学生联谊
- 大使面对面
- 企业家面对面
- 外交语言服务活
- 商务谈判大赛
- "一带一路"模拟论坛

第四学期实践工作坊：强调专业国际传播能力、全球意识的培养。

- 模拟国际经贸组织
- 我在大使馆的工作经验访谈
- 笔译能力工作坊
- 讲好中国故事分享会
- 国际经贸组织知识竞赛
- 口译能力工作坊
- "全球胜任力"项目总结汇报会

学生参加90%及以上的活动，课程成绩优秀，由外国语学院颁发"国际经贸组织全球胜任力"结业证书。

下面以第二学期的实践工作坊为例进行活动内容展示说明。

本次活动由走近外交官、中外学生一堂课、国际化考试辅导、"一带一路"小语种学习、外交口译工作坊、机器翻译工作坊、相识法语角、跨国企业家进课堂8场活动和北京高校青年人才国际胜任力大赛组成，聚焦一周时间集中实践培训，让学生在短期内对"全球胜任力"概念有一个较为全面的体司、领悟、感受和把握，为日常的学习奠定基础（参见图3.69）。

图3.69　全球胜任力工作坊

①走近外交官。2023 年 5 月 11 日，首都经济贸易大学 6 名志愿者来到北京外交人员语言文化中心，参加以"走近外交官"为主题的语言服务国际经贸组织活动。此次活动邀请到了多国大使以及海外媒体。志愿者们为外宾讲解中国传统文化，邀请外宾参与到各项活动中，充分展现了东道主的热情。

本次活动共分为 3 个板块。一是茶艺课程。茶艺课程授课教师陈臣老师为外宾讲解了中国独有的茶文化。在讲解过程中，外宾从外观、气味等角度体验了不同品种茶的特色。讲解结束后，志愿者为外宾解答疑惑，帮助外宾进一步了解小小一杯茶中所容纳的中华传统文化。二是北京特色晚宴。中心特别邀请了紫光园的厨师，为外宾准备了极具北京特色的晚宴。同时，志愿者们也细致地为外宾们讲解了每道菜的做法和用料，向他们展现了中华美食的博大精深。三是欣赏武术表演和蒙古族音乐演出。其中，外宾和演奏家共同体验了蒙古族的呼麦式唱法。演奏结束后，外宾们意犹未尽，纷纷和演出团合影，现场氛围十分活跃。

②中外学生一堂课。2023 年 5 月 12 日，国际学院留学生代表在国际学院罗老师的带领下，来到外国语学院，进行为期一天的中外学生语言交流和文化互通活动。

本次同上一节课活动由留学生和本科大学英语特色班的同学一起完成。上午留学生们首先走进刘老师的课堂，刘老师以跨文化交流为主题，首先安排了"你画我猜"的破冰活动，让中国学生和留学生快速互相认识。结合课堂教学内容，老师组织各组同学完成有关"拒绝文化歧视"的海报绘画活动。

中午，外国语学院院长助理栾老师、外事秘书潘老师和 3 位研究生助教在外国语学院工会小家接待了留学生一行。大家一起参观了学院的中国风特色工会小家，留学生们对小家内的各种中国元素和设计展示了极大的兴趣，纷纷表示这样的设计温馨而又极具吸引力。参观之余，留学生和各位老师以及研究生助教进行了友好的交流。

下午，留学生们来到了王老师的课堂。本节课的主题是"Historic Commercial Area"。课堂上，王老师为大家介绍了北京地方的一些传统文化，以及一些有历史气息的商业区。同学们以小组形式学习，了解并相互介绍了大栅栏、王府井、798文化区等北京著名的商业区。随后留学生们走进了罗老师的课堂，课上老师带领中外学生一起进行阅读训练，通过文字来了解"The Power of McDonald"，随后还对文章中的句子进行句法分析，要求同学们仿写训练。

持续一天的交流活动时间虽然不长，但是内容充实且富有意义，来自不同国家的留学生和中国学生通过共同学习和友好交流，达到了跨文化和谐共处和融会贯通的目的。

③国际化考试辅导。作为未来的国际组织人才，需要具备在国际组织工作的资质，而通过国际化考试是获得该资质的必要途径之一。2023年5月13日，外国语学院举行了雅思、托福写作辅导。钟老师讲授了雅思、托福写作的评分等级、考核方式、组织规则及传统试题涉及的材料和内容，并当场给同学们布置作文进行模拟写作训练。老师从写作内容、思维逻辑、语言表达、标点符号的使用等方面，对同学们进行"一对一"指导，给同学们详细解读了写作能力提升的方法和策略，鼓励同学们坚持阅读英文原版材料，保证充分的语言输入，在此基础上开始模仿式写作，进行语言输出训练。

④"一带一路"小语种学习。2023年5月15日，外国语学院在明辨楼举办了"一带一路"小语种入门讲座。本次讲座邀请到了4名外国语学院的优秀教师为同学们介绍法语、日语、俄语和保加利亚语四门小语种的相关知识。

讲座中，法语栾老师通过知识小竞赛的方式跟同学们分享了法国的传统文化、文学以及一些法语的日常交流用语；日语陈老师结合当下流行的日语视频和日语歌曲，为同学们介绍了一些基础的日语词汇与其背后的相关知识；保加利亚语王老师分析了中国学生学习保加利亚语的优势，增强了同学们学习的信心，同时还向同学们介绍了近年来就业市场有关小语种的各种职业，充分地说明了"小语种加专业"在就业时的巨大优势；俄语徐老师带领同学们了解了俄罗斯套娃的传统文化，并带着同学们一起练习俄语里的弹舌。4位老师都从"一带一路"国际交流的背景出发，联系学习、旅行，为同学们提供了选择和学习小语种的思路。

外国语学院党委副书记、院长刘老师也深入到了此次讲座中，和同学们一起学习。他对4位优秀教师精彩的讲解表达了称赞，对各个学院同学们的到来表示了欢迎，并希望有越来越多的学生能加入小语种学习的队伍中去，提升小语种语言表达能力和国际传播力，为"一带一路"建设传播中国声音、讲好中国故事。

在场的同学们学习热情高涨，表达了对学习小语种的兴趣。同学们纷纷表示，参加此次讲座受益匪浅，激发了他们对小语种学习的好奇心，加深了对小语种的认知，拓宽了思维和视野，为将来继续深造和就业指出了一条新的道路。

⑤外交口译工作坊。2023年5月17日，外国语学院举办了题为"Interpretation Demystify"的外交口译工作坊，为学生们提供了一次深入了解口译行业、掌握口译技巧和进行口译实践的机会。

活动过程中，卢老师为同学们详细介绍了视译、交替口译、同声口译等不同的口译类别，以及它们在不同工作场景中的应用，讲述了如何获取口译行业中具有较高价值的口译证书。

卢老师为同学们讲授了口译需要掌握与提升的10种方法，分享了他多年的口译经验，建议同学们进行大量的口译实践，不断增加背景知识，提高语言灵活性等。讲座让同学们对如何成为一名优秀的口译员有了更清晰的认识。

为了巩固所学知识，卢老师还设置了一个以人口增长为主题内容的口译练习环节。练习不仅让同学们及时应用了所学的口译技巧，还帮助他们更好地理解了口译在真实场景中的应用，加深了他们对口译相关概念的理解。

通过参加活动，许多学生对口译行业产生了浓厚的兴趣和学习口语的欲望。他们认识到口译作为一项专业技能的重要性，以及在外交和国际交流领域中的巨大潜力。该讲座和实践活动为他们打开了通往广阔语言世界的大门。

⑥机器翻译工作坊。2023 年 5 月 18 日晚，外国语学院李老师为来自金融、会计以及外国语等学院的学子们分享了"AI 时代计算机辅助翻译技术与应用"专题报告。李老师首先介绍了国内外计算机辅助翻译技术发展态势，然后从案例入手，手把手教学生进行实践操作，包括 Word 宏、翻译检索（本地检索与网络检索）、语料库翻译以及机器翻译等，通过理论与实践深度结合，引领学生走进翻译技术的浩渺蓝海。

⑦相识法语角。2023 年 5 月 18 日，外国语学院在明辨楼 118 教室举办了本学期最后一次法语角活动。在本次活动中，中国学生和我校留学生积极参与，大家用英语、法语交流，不仅提高了英语、法语、汉语的口语表达水平，更促进了同学之间的友好交流和对不同国家与地域文化的认识。

参与活动的各位留学生首先分享了自己的国家印象，然后一些同学介绍了自己的名字及其背后的文化含义，分享了自己家乡的故事。在这个过程中，大家相互认识，互相了解了不同地区的语言文化和风土人情。才艺表演环节，留学生们一展歌喉，演唱了来自家乡本土的歌曲，气氛逐渐热烈后，中国学生也纷纷登台参与展示。在热烈的活动气氛中，同学们很快打破了语言和文化隔阂，成功破冰，完全融入这次交流活动中。在游戏环节，抢椅子和过障碍的游戏深受欢迎。同学们通过组建团队，积极参与到活动中。在游戏过程中，各位参与者加深了彼此间的了解，结识了新朋友，收获了新友谊（参见图 3.70）

在自由交谈环节，中国学生和留学生随机组成小组，用英语、法语进行话题讨论。在交流中，同学们分享了彼此的业余爱好和学习生活经历，以及不同国家和地区的文化，探讨了环境、生态、气候等全球性问题，并分享了各自的观点。

图 3.70　法语角活动现场

⑧跨国企业家进课堂。2023 年 5 月 23 日下午，外国语学院在慎思楼举办"跨国企业家进课堂"活动。本次活动邀请到了两位长期在国外工作的年轻老师进入课堂与同学们围绕留学、外企工作等问题展开互动交流。

两位老师先后走进不同的课堂现身说法。老师们结合自己在国外的工作经历，向同学们介绍了外企的工作节奏和组织管理特征、外企对工作者的素质能力要求等（参见图 3.71）。

图 3.71　跨国企业家进课堂教学现场

结合当前就业和升学的严峻形势，老师们分析了留学的优势，鼓励大家出国留学，以此开阔视野、丰富经历；针对大一同学的特点，结合英联邦地区留学现状，向同学们介绍了留学所需的学习成绩、实习经历、学费等问题，强调了取得好成绩、学好英语和实习经历的重要性，提醒大家在选择目标院校和专业时不要好高骛远。老师们从外企工作或留学对学生的素质要求出发，建议大家在保持优良成绩的同时，多利用课余时间参与校内外活动和实习，锻炼能力、积累经验。

在提问环节，同学们纷纷举手询问证书、专业和实践结合、外企工作的文化壁垒等问题。老师们结合个人经历、留学和外企工作的现状给大家提供了新鲜资讯和启发性建议，为同学们思考未来深造和就业提供了帮助。

⑨国际胜任力大赛。在本次工作坊系列活动举办期间，项目组还启动了"北京高校青年人才国际胜任力大赛"首经贸赛区选拔赛，以赛促学、以赛提能（参见图3.72）。

图 3.72 国际胜任力大赛

此外，为了增强学生的国际意识和提升学生的知识储备，外国语学院还举办了"国际经贸组织中英表达竞赛"等语言实践活动。

（2）学术英语写作工作坊。

全球胜任力是个体在全球化的环境中，有效地进行跨文化交流、解决问题和适应不同文化环境的能力。这种能力包括对不同文化背景的理解和欣赏、与不同文化背景的人进行有效沟通的能力，以及为集体福祉和可持续发展采取行动的能力。

写作能力是衡量个人全球胜任力的一个重要指标。在全球化的背景下，写作能力不仅关乎文字的表达和沟通，还包括对不同文化和观点的理解和表达。在跨文化交流中，写作能力能够帮助人们准确地传达信息，避免误解，同时也能展示出对不同文化和观点的理解和尊重。此外，全球胜任力的培养也涉及对修辞和话语构建的理解，这包括如何有效地使用语言来传达信息，以及如何通过修辞来增强表达的效果。这种理解有助于提高写作能力，更好地组织语言和表达思想，从而有效地影响读者。由此可见，良好的写作能力是全球胜任力的重要组成部分，它能够帮助个体更好地进行跨文化交流和沟通，从而在全球化的环境中更加自信和有效地行动。

基于此，本研究依托学校和学院力量，成立了学术写作（研究）中心，配合本研究的目标设定，通过定期的实践活动，提升学生的写作能力，进而全面提升全球胜任力的培养质量。自 2021 年学术写作（研究）中心成立以来，为提升教师国际论文发表数量，举办了 3 次青年教师学术写作沙龙活动；为提升学生写作能力，举办了数十次工作坊。以 2023—2024 年第二学期为例，从第二至第十五周，英语写作中心在明辨楼 103 教室为全校师生提供了约百人次的免费一对一写作辅导服务。同时，英语写作中心还特别关注学生海外交流访学的简历修改与完善，帮助两位 2022 级的同学成功修改并润色了个人陈述（Personal Statement），使其荣获加利福尼亚大学伯克利分校（UCB）交换生 offer。该中心的"多元互动环境下英语写作中心促进大学生写作能力的改革与实践”获批校级教改立项，“教师英文写作发表能力提升及英语学术写作中心建设研究”获批校级科研立项。此外，中心还与厦门大学、北京交通大学等高校学术写作中心联合举办研讨会，进行学术交流探讨。

图3.73展示了学术写作中心工作坊辅导现场。下面是学术写作（研究）中心的情况介绍。

图3.73　学术写作中心工作坊辅导现场

The CUEB English Writing and Research Center was established in November 2021 and is affiliated to the School of Foreign Chinese（SFS）.

The CUEB Writing and Research Center currently offers and focuses the following services：

One‐on‐one writing tutoring and editing for CUEB faculty and student focusing on publishing English academic papers, as well as other writing related tutoring and editing.

Special lectures, luncheons and thematic workshops based on English academic writing and presentation hosted by the faculty of CUEB and Research faculties from other universities.

Online writing resource sharing through the official CUEB English Writing and Research Center WeChat Group.

English Writing Center Team

The CUEB writing center includes both Chinese foreign staff, with the Chinese staff focusing on running the center, and the foreign staff focusing on writing center services including writing support, Dr. Chongxiao Liu-Director of the writing Center, Dr. Chang Liu-Executive Director of the Writing Center, Cormac Mooney-Foreign Tutor (American), Doug Rooney-Foreign Tutor (British).

Writing Center Hours and Location

Every Thursday Afternoon 1:30 to 3:30 at Mingbian Building Room 103.

3. 依托学校海外合作资源，鼓励学生创建适用于自主学习的个性化国际性课程体系。

基于资源共享的理念、合作开放育人的思维和借鸡生蛋的方式，本研究依托和借助学校获批的"高层次国际化人才培养创新实践项目"首批基地建设高校和教育部直属单位中国教育国际交流协会设立的"新青年全球胜任力人才培养计划"项目，推荐学生根据个人兴趣、未来职业发展规划和学业规划，自主选择、创建并参加学校国际合作交流处组织的、由剑桥大学等25所海外高校师资提供的30门全球治理类线上全英文课程（参见表3.11），由美国乔治梅森大学等3所海外高校师资开设的4门国际安全、全球经济贸易类等内容的线上全英文课程（参见表3.12）。作为补充性内容和辅助性课程，为参与项目师生推荐国际公务员职业生涯规划讲座27场次、全球胜任力讲座7次（参见图3.74）。此外，项目还为学生提供了全球一流高校开设的线上国际课程，便于学生进行自主性选择学习。

表3.11　全球治理类课程

序号	课程名称	授课教师	学校	职称
1	从贸易摩擦看世界贸易格局的重塑（Reshaping Global Trade: The Impact and Effects of the Trade War）	Bryan Mercurio	香港中文大学	教授

续表

序号	课程名称	授课教师	学校	职称
2	全球视角下的性别关系 （Global Gender Relations）	Dr. Conners	哈佛大学	讲师
3	全球化下的国际关系和国际政治：理解当代世界秩序 （International Relations or Global Politics：Understanding the Contemporary World Order）	Prof. Lang	圣安德鲁斯大学	教授
4	可持续发展目标与国际教育发展 （Sustainable Development Goals and International Education Development）	James H. Williams	乔治华盛顿大学	教授
5	大数据与公共健康管理 （Big Data and Public Health）	Ramin Ramezani	加州大学洛杉矶分校	客座副教授
6	东亚国际关系史：文化交流与冲突解决 （History of International Relations in East Asia：Cultural Exchange and Conflict Resolution）	Dr. Ren	宾夕法尼亚大学	讲师
7	国际合作与贸易组织：国际事务中的决策 （International Cooperation and Trade Organizations：Decision-making in International Affairs）	Prof. Baccini	麦吉尔大学	副教授
8	环境与公共卫生的可持续发展研究 （Sustainable Development of Environment and Public Health）	Talia Abbott Chalew	约翰霍普金斯大学	客座教授
9	基于联合国报告的全球可持续发展导论 （Introduction to Global Development Based on the UN Report）	Parfait Eloundou-Enyegue	康奈尔大学	教授
10	可持续发展目标下的新媒体产业 （New Media Industry under the Sustainable Development Goals）	Ananda Mitra	维克森林大学	教授
11	结构化面试技巧及实战指导 （Structured Interview Skills and Practical Guidance）	Colleen M. Keough	南加州大学	教授
12	跨文化艺术创意灵感挖掘 （What is Creativity？：A Cross-Cultural Perspective）	Alebna Yaneva	曼彻斯特大学	教授

续表

序号	课程名称	授课教师	学校	职称
13	粮食安全与农业可持续发展 (Food Security and Sustainable Agricultural Development)	Peer Schenk	昆士兰大学	教授
14	全球合作模式中的创新与创业 (Innovation and Entrepreneurship in Global Context)	David Ahlstrom	香港中文大学	教授
15	全球经济可持续发展理论与实践 (Economics and Sustainability: Theories and Applications)	Lorenzo Lotti	伦敦大学学院	副教授
16	全球气候变化与生态可持续发展 (Climate Change and Ecosystem Sustainable Development)	Kevin Njabo	加州大学 洛杉矶分校	助理教授
17	全球视角中的法律规范与社会现实 (Global Perspectives on Law)	Prof. Sampson	剑桥大学	助理教授
18	探索联合国及其可持续发展目标 (Understanding UN and the Sustainable Development Goals)	Laura Engel	乔治华盛顿大学	副教授
19	整合营销传播：独角兽企业的创建与市场推广 (Business, Entrepreneurship, and the Sustainable Development Goals)	Anya Cheng	西北大学	兼职讲师
20	性别关系与平等教育 (Gender Relations and Equality Education)	Laura Engel	乔治华盛顿大学	副教授
21	音乐康复治疗与情绪管理 (Music Therapy and Emotion Management)	Katrina Skewes Mc Ferran	墨尔本大学	教授
22	NGO 网页制作与 UI 设计 (NGO Webpage and UI Design)	Rabih Younes	杜克大学	助理教授
23	公共演讲与谈判 (Public Speaking and Negotiation)	Erik Seversen	加州大学 洛杉矶分校	客座讲师
24	可持续发展与社会心理健康 (Sustainable Development and Psychosocial Health)	Lyn Boyd-Judson	南加州大学	客座教授
25	商业、企业精神与可持续发展目标 [Business, Entrepreneurship, and the Sustainable Development Goals (SDGs)]	Kenneth Amaeshi	爱丁堡大学	教授

续表

序号	课程名称	授课教师	学校	职称
26	领导力与团队管理 （Leadership and Team Management）	Duysal Askun Celik	莱斯大学	讲师
27	报告和论文撰写中常用的研究方法与数据处理 （Research Methods and Data Processing Methods in Report and Paper Writing）	Talia Abbott Chalew	约翰霍普金斯大学	客座教授
28	全球化进程中的法律和经济增长与发展 （Law and Economic Growth and Development in the Process of Globalization）	Bryan Mercurio	香港中文大学	教授
29	可持续发展目标下的国际法与全球治理方针 ［International Law and Globalization under Sustainable Development Goals（SDGs）］	Veronica Ruiz Abou-Nigm	爱丁堡大学	高级讲师
30	探究可持续发展下法律对经济发展的影响 （Law And Economy Under the Framework of UN SDGs：the Longue Durée）	Phillip Liberman	范德比尔特大学	助理教授

图 3.74　跨文化与全球胜任力学术讲座

表 3.12　国际安全与全球经济贸易类课程

开课时间	课程名称	授课教师	学校	职称	授课形式
2021 年	国际安全（International Security）	Mahmut Cengiz	乔治梅森大学	副教授	全英文线上课程
	国际政治经济学（International Political Economy）	Miren Ivankovic	克莱姆森大学安德森大学	教授	全英文线上课程
2022 年	国际安全（International Security）	Mahmut Cengiz	乔治梅森大学	副教授	全英文线上课程
	国际政治经济学（International Political Economy）	Miren Ivankovic	克莱姆森大学安德森大学	教授	全英文线上课程
	全球贸易关系（Global Trade Relations）	Mark S. Langevin	乔治梅森大学	科研教授	全英文线上课程
2023 年	全球贸易关系（Global Trade Relations）	Mark S. Langevin	乔治梅森大学	科研教授	全英文线下课程
	全球经济中的新技术（New TechnologiesIn The Global Economy）	Yasin Ozcelik	费尔菲尔德大学	副教授	全英文线下课程

（三）构建全球胜任力培养的生态性保障机制

为了培养学生的全球胜任力，必须为学生营造一个国际化的交流环境，使学生在多元文化的交流和碰撞中深化对不同文化的理解和认同，拓展国际化视野。为了提升跨文化沟通交流能力，必须为学生搭建进行实践的平台，提供实践锻炼的机会。

1. 环境创建。

依托国家（中国）大环境，借力地区（北京）中环境，融入学校（首经贸）小环境，打造项目实环境。

（1）国家（中国）大环境。

随着全球治理的跨国性和国际性特点日益突出，国际组织成为各国参与国际事务和全球治理的重要平台。中国已经加入了联合国、世贸组织、亚太经合组织、国际货币基金组织等 21 个全球性国际组织，并依据自身特点，主导性提出了"一带一路"倡议、人类命运共同体理论，倡议建设了亚洲基础设施投资银行等国际组织。我国已与 152 个国家、32 个国际组织签署了 200 多份共建"一带一路"合作文件，覆盖我国 83% 的建交国。与此相适应，国家的教育政策明确提出要培养具有国际视野和跨文化交流能力的人才。《国家中长期教育改革和发展规划纲要（2010—2020 年)》中提出要培养出大批具有国际视野、通晓国际规则、能够参与国际事务和国际竞争的国际化人才。在此方针政策的支持与指引下，中国政府和高校高度重视国际胜任人才的培养，国际胜任人才培养体系得到进一步完善。

目前，清华大学、浙江大学、同济大学、中国人民大学等中国的高等教育机构，利用自身的教育资源优势，建构了以跨学科交叉融合、多语能力和国际组织任职必备的知识与素养为核心的培养模式，为中国全球胜任力培养做出了开创性尝试。

政府和高等教育机构也积极拓宽国际组织实习和就业渠道，为学生提供包括但不限于联合国教科文组织、联合国总部顶岗实习实践机会，通过高品质多层次的海外学习项目，如交换学习、公派留学、海外研修等，以及国际暑期课程、国际化课程等助力学生培养全球思维和国际化适应能力。全球胜任力培养的国家环境正在不断优化。

（2）地区（北京）中环境。

北京作为中国的首都，中国的政治中心、文化中心和国际交往中心，拥有丰富的资源。北京是国际组织聚集的重要城市之一，共有 113 家国际组织及其代表机构在京落户，涵盖了科技、经济、教育等多个领域。此外，北京举办了 2008 年夏季奥林匹克运动会、第 24 届冬季奥林匹克运动会、亚太经济合作组织（APEC）第二十二次领导人非正式会议等国际性重大活动，定期举办"一带一路"国际合作高峰论坛、中国（北京）国际服务贸易交易会等国际性重要活动。北京的国际化交流活动频繁，为学生提供了丰富的实践机会和与国际接轨的学习、交流平台，有助于培养学生的国际交流能力和跨文化沟通能力。北京大学、清华大学等多所国际性一流大学，为国际环境打造、国际学术交流和国际人才培养提供了丰富的课程资源、访学项目和活动平台。

（3）学校（首经贸）小环境。

为落实《关于加强和改进中外人文交流工作的若干意见》《关于高等学校加快"双一流"建设的指导意见》和全国教育大会、全国教育外事工作会议精神，根据教育部中外人文交流中心下发的《关于实施国际组织人才培养创新实践项目的通知》，我校经济学国际化人才培养实验区被评为国家级人才培养模式创新实验区，随后学校积极参与申报并于2020年8月获批成为"高层次国际化人才培养创新实践项目"首批基地建设高校；于2022年申报并获批教育部直属单位中国教育国际交流协会设立的"新青年全球胜任力人才培养计划"项目。学校以基地为依托，线上开展国际公务员职业生涯规划讲座、全球胜任力讲座、全球治理课程、国际组织课程、全球胜任力课程以及暑期课程等多类培训项目和活动。

学校设有国际学院、国际经济管理学院、华侨学院和数据科学学院等国际色彩较浓的教学和人才培养单位。国际学院已累计培养来自世界90多个国家和地区的2万余名各类国际学生。学院校友遍布世界，成为中外友好交流的桥梁，为国家"一带一路"建设、北京国际交往中心建设做出了贡献。国际经济管理学院90%以上的师资拥有美国、加拿大、英国、新加坡等国际知名大学博士学位。学院积极进行国际化教学实验，全部课程采用欧美教学方式进行全英文或双语授课，大部分毕业生被国外知名高校录取，如芝加哥大学、新加坡管理大学、哥伦比亚大学、波士顿大学、约翰霍普金斯大学、布里斯托大学、格拉斯哥大学、悉尼大学等。华侨学院前身为1984年成立的燕京华侨大学，重视对外交流与合作，与美国、英国、加拿大、澳大利亚等国家及中国香港、澳门近40所知名大学开展教师交流、学分互认、学生交换交流、境外实习。数据科学学院经过教育部批准，与美国亚利桑那大学进行中外合作办学。学院引进美国的优质教育资源和先进的教育理念，打造与国际接轨的课程体系。

（4）项目实环境。

依托国家大环境的政策和国际及环境优势，借力北京中环境的国际性交往和国际性重大活动平台，全方位融入学校的教学、科研、人才培养的国际化体系，并以此为基础，深入打造项目开展和实施的具体环境。具体分为硬性环境和软性环境。

■ 硬性环境。

①政策支持，出台系列配套改革文件。在数字经济、人工智能背景下，为了全面推动以全球胜任力培养为主要目标的大学外语教学改革，确保项目顺利开展，首都经济贸易大学外国语学院出台了《"全球视野、财经素养、数智理念、应用导向"首都经济贸易大学公共外语教学改革实施方案》（参见后文）。以制度性文件的形式确定了项目研究和改革实践的内容，保证了项目开展的长效性、延续性。除此之外，学院还出台了《实习实践管理办法》《第二课堂学分认定标准》《学科竞赛管理办法》《创新创业学分认定管理办法》等一系列规章制度和管理办法，为全球胜任力培养提供政策和制度上的保障。为了激励学生提高自主学习能力和利用语言服务社会的能力，本项目提出以下建议："学院成立经贸多语语料建设中心，对达到以下条件的学生开放：六级成绩 532 分以上的学生，可以在最后一学期申请 2 学分的免修不免考。免修学期的期末成绩构成为：平时成绩50%，期末考试成绩 50%。免修期间，必须参加一项经贸多语语料建设中心所提供的项目，该项目验收成绩即为该生的平时成绩。"该建议旨在鼓励外语成绩优秀的学生走出课堂，在语言应用实践中提高语言应用能力和跨文化交际水平。该实践的副产品又可以为外语语言服务学科建设提供语料资源，同时学生和学校还可以实现服务社会的价值功能。

②专项支持，获批教改项目，筹划社会资金。作为学校人才培养和教学改革的重要内容，项目成功申请并获批北京市级教改立项"新文科背景

下国际经贸组织全球胜任力校本培养的公共外语教学模式与体系研究"，以及与该主题内容相关的"语言治理视角下国际组织间的语言政策互动机制研究：以法语国家组织为例""中国传统文化对外传播研究"等多个省部级辅助性项目。

学校对于该研究给予了项目资金支持，通过与相关部门合作，项目也取得了部分社会性资金支持，从物质上保证了项目的顺利开展。

③人员支持，研究汇聚了社会各界人士，项目自身便成就了国际性社会组织，带有全球胜任力的内涵特征。本研究的整体团队成员，主体性及辅助性师资，问卷、调研、访谈中作为研究对象及样本的学生群体，项目合作的实践基地，各类会议、论坛、讲座等学术性活动的参与者，均来自社会不同领域、不同单位、不同行业、职业或专业，甚至不同的国家、民族和不同的文化背景，虽然年龄跨度大，地域跨度广，但均给予了本项目一定的支持和帮助。本项目自身便带有了国际性社会组织的特征，研究能够顺利进展，在某种程度上说明了全球胜任力不仅是一种社会个体能力，也是一种社会群体或社会组织可以具备的能力。

"全球视野、财经素养、数智理念、应用导向"
首都经济贸易大学公共外语教学改革实施方案

为贯彻落实习近平总书记关于教育的重要论述和全国本科教育大会精神，根据教育部关于深化本科教育教学改革，全面提高人才培养质量的要求，依照《大学英语教学指南（2020版）》，结合学校实际，制订本实施方案。

一、总体要求

1. 指导思想

以习近平新时代中国特色社会主义思想为指导，全面贯彻党的教育方针，坚持社会主义办学方向，以立德树人为根本，以社会主义核心价值观为引领，立足北京，服务首都，数字化和数智化赋能，突出财经高校办学发展定位和人才培养特色，强调与未来学业、职业相关的语言应用能力，培养致力于北京"四个中心"与国际化大都市建设、服务中国企业"走出去"战略、讲好中国财经故事的国际化人才。

2. 基本原则

思政引领。将课程思政作为公共外语落实立德树人根本任务的重要载体，探索公共外语与课程思政相结合的实践路径，以社会主义核心价值观为引领，以《习近平谈治国理政》"三进"工程为载体，强化中西优秀文化的融合吸收及国际性传播，帮助学生树立正确的民族观和全球观，增强文化自信。

财经特色。贯彻落实首都经济贸易大学第五次党代会精神，结合学校高水平研究型大学办学定位和财经类学科专业优势，从大水漫灌式教学转向精雕细琢型教学，在逐步提升大学外语四、六级和研究生入学外语考试通过率的基础上，以创新性研究为引领，教研结合，打造一批财经外语类课程，出版系列财经外语教材，开发大数据财经外语语料库，建设高质量国际经贸组织实践基地，将更多的财经内容和经贸实践融入公共外语课程教学，形成学校公共外语特色化品牌。

数智转型。在现代教育教学理念指导下，借助教育部教学科研一体化外语教学研究虚拟教研室成员单位的平台，提高教师的语言智能素养，改变教育方式方法，打造智能学伴和智能教师，人机共生，数字技术赋能课程教学创新，引进和开发适宜的教学软件，探索如混合式教学的多元化教学模式，构建课程体系新生态；充分整合教学内容，用智能技术推动大学外语教学与其他学科的深度融合，推动"AI+"课程发展，在实践中培养学生的实际应用能力与数字化素养。

3. 总体目标

响应国家战略发展提出的外语人才培养规划，贯彻首都经济贸易大学第五次党代会精神，通过深化课程思政建设、落实人才精细化分类培养、完善目标导向的课程内容体系、加强数字化教材和教学资源库建设、增加财经传播特色的实践性教学活动，以及增设学业、职业导向的外语考试训练项目，提升国际化教学环境，数字赋能育人全过程，进行公共外语精准化教学设计和数智化教学转型，进一步提升我校学生的外语综合应用能力、跨文化交际能力和全球胜任能力，提高学校公共外语教学水平和人才培养质量。

二、主要举措

围绕首都经济贸易大学第五次党代会提出的"六大工程"及数字经济交叉学科平台建设，提出公共外语"琢玉"育人举措：

1. 立德树人，推进公共外语课程思政建设

以参与国际事务、解决全球性问题、推进国家战略、融入地方发展和实现全人教育为公共外语的育人目标，以"公共外语＋专业外语＋相关专业"相融合的新文科理念为指导，以数智化技术为支撑，设计公共外语课程建设的框架、体系、模式和内容，将思政育人落地公共外语教学实践，润物无声。

（1）引进教材与平台。深入推进《习近平谈治国理政》"三进"工程，引进《理解当代中国》系列教材和《习近平谈治国理政》智能化多语教学与科研平台，助力实现公共外语教学与课程思政的有机融合。将平台的语料库、知识库、文献库直接应用于外语课堂教学，为公共外语阅读、写作和翻译进行项目式、案例式教学提供大量语言实例，并与教材有机结合、互为补充，增强学生国家情怀，提高师生的中国话语建构力、国际传播力和自主学习力。

（2）增加实践教学环节。结合劳育和美育，在课程设置中增加语言实践教学环节，作为必修内容，通过让学生在做中学、学中做，调研中国，理解中国，传播中国，建设中国。

2. 精准育人，建构分类、分段、分模块教学模式

依据产出导向法（POA）和成果导向教育（OBE）理念，以人为本，开展精准分类、分段、分模块教学。

（1）分类培养。基于需求分析和校本人才培养目标，以精准分级（依

据新生入学外语分级考试成绩和高考外语成绩进行精准分级分班）为参照，将公共外语分为四种教学类别：创新拔尖型（国际经贸组织全球胜任力培养）（A）、国际素养型（跨文化交际能力和国际学术思维培养）（B）、综合应用型（地方需求导向的外语综合应用能力培养）（C）和语言提升型（满足个性化需求的语言能力培养）（D），开展有针对性的教学内容设计和安排。

（2）分段教学。依托教育技术应用和校本资源开发，公共外语教学分为数智引领下基于全球视野和财经素养的综合性外语应用能力提高和以项目为载体讲好当代中国财经故事的专业性国际传播能力提升两个阶段。

（3）分模块指导。围绕公共外语育人目标，打造提升语言基本功的互动式外语教学第一课堂、提升语言应用和创新思维的语言实践第二课堂、提升专业性国际传播力的项目开发与建设第三课堂。

配合三种课堂建设，利用校内外优质慕课资源及短视频教学资源，调整公共外语课程的授课内容，增加有助于提升全球胜任力、国际化思维、跨文化意识和综合语言应用能力的数字化教学素材。利用生成式智慧语言技术，人机交互，改革教学模式，鼓励采用项目式、案例式、研讨式、辩论式等教学方法，在智慧教室开展基于翻转课堂的互动教学、线上线下混合式教学，以数智化手段提升学生自主学习能力。

3. 多元塑人，打造财经外语课程、教材、师资、实践、辅导、合作育人体系

（1）完善课程设置。依据不同的人才培养类别，以全球胜任力、国际传播力、学术话语建构力、北京素养语言服务力及综合外语应用力等提升为宗旨，课程设置中融入国际组织及全球性议题、中西优秀文化、当代中国成就、数字经贸发展、北京"四个中心"建设等内容，增加学术写作训练和国际传播实操课程教学环节，增强学生处理全球性事务、建构国际学术话语、服务地方经贸发展和自主创新的能力。

创新拔尖型教学开设语言能力、中西文化对比、全球胜任力3个方向

17门选择性课程，培养能在国际经贸组织任职的实战型能力；国际素养教学与相关专业相结合开设阅读、综合、文化三个模块的3门必修性课程和学术写作训练营选修课程，培养能在国际上创建学术话语的写作能力；综合应用教学开设语言能力提升和实践能力提高两大类别2门必修性课程和数字经济选修课程，培养利用外语和专业服务北京"四个中心"建设和地方经贸发展的语用能力；语言提升教学依据学生的个性化需求开设外语语音、语法、听说、阅读、写作等多类别必修或选修课程，满足对外语基本能力提升的需求。

不同教学类别根据实际情况，可以选择性将校本开发建设的《财经英语看世界》《英语辩论》《财经人才外语素养》《数字经贸北京》等线上课程融入各自的课程体系，凸显数智特征，推进数字化课程建设。

同时，采用"语言+"的课程设置模式，在现有公共外语模块课程基础上，增设语言能力测试专题课，为有需求的学生提供更为精细的个性化辅导。

（2）拓宽教材体系。在目前使用的公共外语教材基础上，引进《理解当代中国》系列教材；配合精准化教学和人才培养，编写并出版《高级商务英语听说》《中国技术传播教程》《财经英汉翻译教程》《财经口译实训教程》等财经外语教材，编写并出版《数字经贸北京国际传播》电子教材。

（3）打造融合师资。以新文科理念为指导，打破学科、专业界限，集国外合作院校和校本优质师资资源，打造中教与外教相融合、语言专业师资与相关专业师资相融合、校内师资和课程实践基地行业师资相融合、授课教师与学生助教相融合的四支复合型师资队伍，为新文科公共外语课程建设提供师资保证。

语言与数智相融合，开展基于语言智能的外语教学数智化培训，打造数智教师、数智学伴，为数智化公共外语教学改革提供师资保证。

（4）创新实践教学。抓住碎片化时间，进行外语读写实践。与教务处、学生处合作，在寄发新生入学通知书的同时，寄发学生外语学习书单及自学任务书，开学后进行读书汇报。同时，在寒、暑假期间布置外语学习任务，并在开学第一周开展读书报告会，检查任务完成情况。以此保证外语学习不断线，培养终身学习的意识和能力。

摈弃灌输式教学，在教学内容中融入外语话剧表演、影视字幕配音、写作、演讲、辩论，以及企业、社区语言社会服务等语言实践活动；与校内外学术机构协同，开展财经语料库开发和建设等与语言相关的创新性实践项目；在全校范围内开展雅思、托福、考研英语等工作坊，满足学生学业发展规划需求。

倡议学生开展外语晨读、朗读等活动，扎实学生语言基本功；进一步加大外语类竞赛的类别、规模和频次，为学生提供更多平台，提升外语实践能力。

（5）增设考试辅导项目。为了提高大学外语四、六级和研究生入学外语考试通过率，在大学外语第一、第二学期的日常教学过程中有针对性地增加专项训练及讲解，在课后布置匹配的学习任务。为学生提供相关的辅助性网络在线课程，鼓励学生进行自主学习。组织经验丰富、高水平教师打造研究生入学外语考试辅导项目。

（6）搭建国际、国内合作平台。以"一带一路"和中国企业扬帆出海战略为契机，与国外特别是共建"一带一路"国家高校建立合作关系，通过打造国内+国外一体化课堂，对未来企业海外人才进行先期语言文化意识培养。与中非民间商会、北京外交人员语言文化中心、北京外企人力资源服务有限公司、工信部中小企业局等单位合作，开发一批国际性实践项目，为提升学生的全球视野和国际胜任力搭建平台。与学校国际合作交流处和国际学院合作，开设外语角和国际文化节，增强校园国际文化氛围。

与其他高校、科研机构、企事业单位合作，联合开发开设《国才英语》等应用性较强的课程及项目，为学生未来职业发展进行知识能力储备，形成校企协同育人效应。

4. 数智助人，建构教研一体、学研一体的新型外语教学机制

分析数字化和数智化对公共外语教学形成的影响，充分把握和利用新教育技术为公共外语教学带来的机遇，从理念、内容和形式上改革传统的公共外语教学。

与相关单位合作，联合开发或购置朗读小程序、英语单词、句子通关打卡小程序及经贸语料库，将其应用于日常教学，提升学生的自主学习能力。继续使用线上课程平台、课程资源库、外语写作修改软件、机考系统等智能化平台，倡导人机交互学习模式，提高公共外语育人质量。

教研一体，提升公共外语教师的数智素质，鼓励教师将基于数智的教学实践转化为科研成果，提高教师的科学研究能力，进一步推动公共外语数字化建设和数智化转型。

三、条件保障

1. 组织保障

成立首都经济贸易大学公共外语教学改革领导小组，由教学主管副校长任组长，教务处处长、外国语学院院长任副组长，外国语学院院、系（部）相关领导等任组员，统筹学校公共外语教学改革整体工作，制定发展规划，提供组织保障。

2. 经费保障

将公共外语教学改革工作专项经费纳入学校经费预算，严格经费管理，实行专款专用。

3. 制度保障

加强公共外语教学改革的相关制度建设，以文件的形式明确改革内容和建设任务。

4. 环境保障

改造部分语言实验室，购置教学软件，改善教学软硬件设施。

■ 软性环境

本研究认为，环境和氛围是人才培养和成长的重要影响因素，在某种程度上，环境和氛围建设决定着人才培养的成败。特定人才的培养需要适宜和匹配的环境和氛围，全球胜任力和国际化人才的培养需要全球化环境和国际化氛围。为了增强全球胜任力培养的国际氛围，提升师生的全球胜任力和国际意识，本研究结合学校特色和专业方向，积极搭建平台，拓展和引进资源，开发、参与校内外环境打造和氛围营造。

①国际学术氛围（国际学术会议与中国学术话语权建构）。学术研究能力是全球胜任力的内容之一，也是国际化人才必备的素质要求。在国际学术话语体系中建构中国学术话语权，是当代青年的使命和职责。为了让师生有更多机会融入国际化学术环境，了解国际学术的前沿领域和国际会议的程序与规则，进而提升全球胜任力，争取中国学术话语权，占领学术研究高地，项目组积极创造机会，为项目参与师生收集与专业相关的各类线上线下国际性学术会议信息数百个，满足学生自主选择的要求；项目组和学院一起组织召开近 10 次国际性学术会议和论坛（参见表 3.13），鼓励师生参加会议整体的布置、安排、联系、协调等工作，并鼓励师生提交学术论文并进行会议发言。

表 3.13　国际学术会议

活动名称	参加人	活动时间
法语专业圆桌论坛	刘重霄等	2023 年 5 月
赴德参加第十六届国际认知语言学大会	王小溪博士	2023 年 8 月
"一带一路"商务语言文化与国际交流研讨会	李腾龙博士	2023 年 8 月
北京洪堡论坛	侯琦斌博士	2023 年 9 月
"新时代下的自然文学与生态批评"论坛	刘重霄等	2023 年 10 月
国际学术周	部分学生	2024 年 6 月

案例：莫诺尔（Philippe Monneret）教授讲座暨法语专业圆桌论坛成功举行

2023年5月19日上午，外国语学院邀请法国索邦大学语言学专家莫诺尔（Philippe Monneret）教授作为这次论坛的讲座嘉宾，讲座主题为"Origines et enjeux contemporains de la linguistique cognitive"（认知语言学的起源与当代的重要议题）。此次论坛由首都经济贸易大学外国语学院法语专业王小溪博士主持。参与此次论坛的校外专家及青年学者来自北京第二外国语学院、武汉理工大学、青岛大学、天津大学、外交学院、兰州交通大学、潍坊学院、南开大学、北京大学、北京语言大学和对外经济贸易大学。

②多元文化氛围（打造真实的国际化场景）。项目依托国际合作处的国际交流活动，以学院的区域国别研究中心为载体，聚焦共建"一带一路"国家、欧美国家，组织或提供了18场次来访、参观（参见表3.14）、调研等交流性活动或相关信息，打造多元文化的国际氛围，让师生感受不同文化交流有可能产生的碰撞与冲突，做出及时反应，给出解决问题的方法，以此拓展师生的知识面和眼界，培养学生的批判性思维和跨文化交际的意识与能力，增长见识。

表3.14 国际交流活动

序号	活动名称	时间
1	外籍教师举办了系列文化体验活动	2020年9月
2	调研法国葡萄酒贸易概况	2022年10月
3	美国亚利桑那大学到访	2023年2月
4	调研四达时代集团	2023年3月
5	美国天普大学到访	2023年4月
6	拜访中国法国工商会	2023年4月
7	国际组织工作经验分享会	2023年5月
8	美国亚利桑那大学到访	2023年6月

续表

序号	活动名称	时间
9	北京法国文化中心之旅：文化探索	2023 年 11 月
10	美国乔治梅森大学到访	2023 年 11 月
11	阿尔及利亚文化探访	2024 年 1 月
12	加利福尼亚大学伯克利分校到访	2024 年 2 月
13	意大利米兰 COLLEGIO BIANCONI 语言学校 26 名师生到访	
14	英国兰卡斯特大学到访	2024 年 3 月
15	英国东安格利亚大学到访	2024 年 4 月
16	爱尔兰都柏林城市大学到访	2024 年 4 月
17	巴黎第二大学到访	2024 年 5 月
18	美国亚利桑那大学到访	2024 年 6 月

学校和学院还开展了外语角、国际文化节、国外留学项目宣讲会等形式多样的校园活动，通过打造浓烈的国际文化氛围（参见表 3.15），组织学生积极参与和实践，进而培养和增强国际意识、提升全球胜任力。

表 3.15　国际文化氛围打造活动

活动名称	活动时间
英国留学项目说明会及展会活动	2020 年 10 月
首都经济贸易大学"经贸汉语桥"正式开班	2021 年 5 月
首都经济贸易大学外国语学院区域国别研究中心成立揭牌暨主题论坛	2022 年 4 月
法国昂西大学 2023—2024 学年秋季赴法交流会	2023 年 3 月
里昂二大国际交换生项目推介会	2023 年 3 月
首都经济贸易大学国际文化嘉年华	2023 年 11 月
法语专业学生与法国蔚蓝海岸大学学生进行线上交流	2024 年 3 月
触碰法甲：足球文化展览	2024 年 4 月
"英语角""法语角"数场活动	6~10 期/年
新年、中秋节、生日会、教师节等节目的中外教联欢、文化杂糅活动	5~7 次/年

③多语学习氛围（掌握多语交际技能）。语言能力是全球胜任力的基础能力。为了夯实学生的语言基本功，提升学生的语言表达能力和应用能

力，本研究提出并倡导晨读活动。让学生抓住碎片化时间，通过朗读训练，提升学生的语感。为学生提供多语学习的机会和平台，除了开设国际通用语言英语之外，还开设法语、日语等非通用语言作为学生的第二外语。此外，在全球胜任力工作坊，还为学生提供短期的塞尔维亚语、俄语、德语等语言学习培训，让学生学习复语、多语知识，了解语言背后的文化，同时提高复语、多语应用能力。鼓励语言基础好的学生通过线上语言课程进行多元学习和训练。

案例1："驼铃晨读"

"驼铃晨读"10分钟——第一阶段实施安排

第一阶段：外国语学院专业英语课程

时间安排：自5月8日（第十三周）至6月16日（第十八周），有第1~2节课的早7：50

具体要求：

1. 早7点45分前到达上课地点，做好晨读准备。

2. 根据任课老师要求，完成当日晨读任务。

3. 晨读内容与专业课成绩、考试内容相关。

4. 红色导师进行相关考勤。

各行政班早课安排如下：

2022级法语班：周一日语，周三综英。

2022级商英1班：周三视听说，周四阅读。

2022级商英2班：周三话说北京。

2022级商英3班：周三阅读。

2021级法语班：周一日语，周二综英。

2021级商英1班：周三视听说，周四国家概况。

2021级商英2班：周三综英，周五视听说。

2021 级商英 3 班：周一演讲与辩论，周二跨文化，周三国家概况，周四综英，周五文学导论。

2020 级法语班：周二经贸文章选读，周四英美文学史，周五影视法语。

2020 级商英 1 班：周二高级英语，周四二外。

2020 级商英 2 班：周一口译，周二英美文学。

2020 级商英 3 班：周二口译，周三高级英语。

2022 级学硕：周一文学翻译，周三英国诗歌，周五高级法语。

2022 级口译：周二翻译项目管理。

案例 2：中外教联谊交流——中秋诗会

9 月 27 日，在中秋团圆佳节和国庆节到来之际，外国语学院举办中外教联谊交流活动。外国语学院中外教聚集在一起，以中秋诗词为载体，以传统灯笼为媒介，寄托双节情思。

为了让中外教能更加直观、深刻地感受中秋之韵、中国传统文化之形，中外教分席而坐，进行了中秋中英文诗词赏析和传统灯笼的制作。老师们共同活动，相互讨论，思想在沟通中碰撞，文明在交流中互鉴，笑容在脸庞上传递。现场气氛热烈而又温馨。

本学期外国语学院共有英语外教 8 名，法语外教 2 名，外教团队在大学英语和英语专业教学、学科竞赛、中外教科研教学合作中都承担了相应的任务。在这一场别样的交流活动中，中外老师们体验了中华文化的魅力并加深了友谊。

案例 3：外国语学院首期"英语角"

2021 年 10 月 21 日晚 6 点，外国语学院在慎思楼举办本学期首期"英语角"活动，活动吸引了来自全校各个学院、各个专业的 40 多名英语爱好者共同参与。

本次英语角由学院外籍教研室主任 Cormac 老师主持，主题是介绍和讨论中国人在美国留学时可能面临的关于食物、教育、家庭生活、语言等的问题和情况。Cormac 首先从美国城市概念与中国城市的比较入手，让大家对美国国家和城市的概念有个宏观的了解。关于中外饮食，Cormac 老师给大家展示了在国外真实的中餐是怎样的，并指导想要出国生活学习的学生可以怎样在国外吃得舒心；关于家庭生活，Cormac 给大家展示了他家中的情况，在场的同学们也纷纷表达和分享了自己的家庭生活，通过现身说法，大家也能更加生动地了解到中美家庭生活习惯和家庭观念上的差异，但家庭始终不变的是"羁绊和爱"。最后，Cormac 进行了总结：我们应该多关注人与人之间的交流，在很大程度上，文化交流与三观的碰撞更为重要。

外国语学院本学期英语角持续 8 周，每周都会由不同的外教老师带来不同的主题。借此活动，外国语学院希望将自身的外教资源和语言优势分享给学校所有的语言爱好者，通过打造国际化语言和文化氛围，给大家一个共同提高的空间。

项目通过引进海外教育资源，为学生提供了更多体验异文化的机会；加强国际交流与合作，推进国际化合作办学，创建全球胜任力培养和国际化人才成长的环境，有利于优化人才培养模式。

案例 4：触碰法甲：足球文化展览

2024 年 4 月，首都经济贸易大学携手法甲联赛在博学楼一楼共同举办法甲文化展览（参见图 3.75）。展览以丰富多样的法甲联赛展品和互动活动为主，增进师生对法国足球文化的热情。展览活动的内容丰富多样。在展览区域，摆放着各种介绍法甲联赛的展板，大部分展品都是由法国漂洋过海来到首经贸的，给首经贸学子传递最原汁原味的法甲元素。

"触碰法甲"文化展不仅向同学们展示了法甲联赛的魅力，还激发了他们对足球的兴趣和热情。足球是一项全民运动，踢足球不仅可以锻炼身体，还可以培养团队合作精神，这符合全球胜任力的内涵特征。

图 3.75 "触碰法甲"文化展

2. 平台搭建：课程平台、学习资源平台、学术交流平台、实践平台。

（1）课程平台：三大课程群、60门线上线下课程。

基于全球胜任力培养，本研究建立了三大课程群，形成了全球胜任力培养的课程平台：17门专业性核心课程群、本项目开发的用于辅助性学习的9门相关课程群和用于自主性学习的34门线上国际性课程群。平台内课程数量众多，资源丰富。

（2）学习资源平台：两大类别、11个学习资源库。

该平台包括本项目自主开发的"国际商务英语资源库""北京2022冬奥会奥组委官网新闻翻译语料库""中国共产党十四大——二十大中英、中法双语经贸语料库""校园网站翻译资源库""中英双语译时政语料库""传播经贸中国中英双语资源库""'译丰台'语料库""文学翻译赏析案例库"八大学习资源库，外语教学与研究出版社、上海外语教育出版、作文批改网三大社会性学习资源库。

（3）学术交流平台：两个层次、11个学术研究中心。

为了便于项目开展，学校和学院给予了多方面的支持。在项目的推动下，学院成立了区域国别研究中心、跨文化交际研究中心、北京自贸区语言服务研究中心等 8 个学术研究机构，为项目开展理论研究、顶层设计和学术交流搭建了良好的平台；借助学院学术研究资源，与特大城市经济社会发展研究院、中国 ESG 研究院、北京市哲学社会科学 CBD 发展研究基地 3 家学术研究机构建立了合作关系。项目每年出版《中国（北京）自由贸易试验区语言服务蓝皮书》，作为学术交流的载体。

（4）实践平台：实践基地（33 家+8 家）、实践项目（15+n 个）、学科竞赛（16 个）。

①实践基地。在项目的推动下，学院与在京的 22 家校外企事业单位、政府机关，及 11 家学术研究机构建立了实践基地等合作关系，其中包括中非民间商会、法国在华工商会等经贸性质的在地国际组织和在华国际组织。与 8 个海外国际组织保持了各种形式的联系。项目发挥财经高校的学科优势和语言专业特色优势，与全球外国语大学联盟校长论坛、中非民间商会、北京外交人员语言文化中心等国际性组织密切合作，承担非洲企业、商会、大使等接待、翻译任务近 10 场，参与驻华外交官交流陪同翻译及相关志愿服务活动 3 次，开展中外留学生交流活动 8 次。

首都经济贸易大学是全球外国语大学联盟校长论坛这一国际高等教育联盟组织的成员单位，借助这一平台，项目积极参与联盟年会、联盟会刊组稿、联盟常规性活动，撰写学院特色性建设文字稿件近 1 万字，参加 2 次联名年会，并代表校长在会上发言；参与祝福北京 2022 冬奥会、摄影作品参展、特色文化活动介绍等 5 次活动，发挥了财经类院校的独特作用（参见表 3.16）。

表 3.16　参加全球外国语大学联盟校长论坛

活动名称	参加人
2019 年第二届全球外国语大学联盟校长论坛	刘重霄等
2021 年第三届全球外国语大学联盟校长论坛	王传生、刘重霄
2022 年全球外国语大学联盟成员大学代表录制祝福北京冬奥会视频	刘重霄

续表

活动名称	参加人
2023 年第四届全球外国语大学联盟校长论坛	刘重霄等
全球外国语大学联盟编写	刘重霄、潘曙光

案例 1：外国语学院率团参加第四届全球外国语大学联盟校长论坛

2023 年 9 月 13 日至 14 日，由上海外国语大学和北京外国语大学联合主办的第四届全球外国语大学联盟校长论坛在上海外国语大学松江校区举行。院长刘重霄、院长助理赵海永、区域国别研究中心主任侯琦斌代表我校出席此次论坛。

本次论坛以"人工智能时代外语学科与区域国别学的使命"为主题，来自国内外近 30 所高校的百余名专家学者围绕"外国语言文学学科的基础研究""人工智能时代的外国语言文学交叉学科研究""区域国别学的人才培养与学科建设""外国语大学在全球文明互鉴中的角色"等议题展开深入研讨。

13 日下午，院长刘重霄代表我校出席此次论坛理事会。会上达成了《2023—2025 全球外国语大学联盟合作共识》，未来联盟高校将紧密围绕联盟的发展宗旨和合作共识，成员单位一致表示对联盟发展、成员合作的支持，愿为推动成员间加强师资培训、教学资源流动、区域国别研究、开展实质合作、轮流主办论坛等贡献力量，共谋全球外国语大学联盟新发展。

14 日下午，在"区域国别学的人才培养与学科建设"分论坛，侯琦斌做了题为《外语专业教师在区域国别研究中的若干思考》的发言，并与参与此次分论坛的学者们进行了热烈的交流。

成立于 2017 年的全球外国语大学联盟（Global Alliance of Foreign Studies Universities，GAFSU）由来自 19 个国家的 37 所以外语教学研究及区域国别研究见长的高校自发组成。联盟理事会议及校长论坛每两年举办一次，由各成员单位轮流承办。

为了贯彻落实服务"一带一路"倡议，本研究与中非民间商会签订实习协议共建人才培养基地，鼓励学生积极参与中非民间商会组织的各类中非交流活动，在深入了解中非贸易的同时，为中非经贸交流合作提供语言服务。每年项目派出 20 余人次的学生非定期参与中非交流志愿服务，3~5 名学生每周 3 日定期实习，一名学生毕业后到该机构正式任职（参见表3.17）。

表 3. 17　参与中非民间商会活动

时间	活动
2023 年 10 月	首都经济贸易大学与中非民间商会合作洽谈
2023 年 11 月	校党委副书记孟波一行到中非民间商会调研交流
2023 年 11 月	首都经济贸易大学与中非民间商会签约实践基地
2023 年 11 月	首都经济贸易大学为中非民间商会接待南非商协会代表提供语言服务
2024 年 1 月	首都经济贸易大学为中非民间商会接待非洲大使团提供语言服务
2023—2024 年	首都经济贸易大学"全球胜任力"项目组为中非民间商会提供语言服务志愿者

案例 2：首都经济贸易大学"全球胜任力"项目组师生赴中非民间商会总部参观交流

2024 年 11 月 15 日下午，我校 20 余名学生至中非民间商会总部参观交流。

在此次活动中，学生们有机会与中非民间商会的领导和工作人员进行了深入的对话和交流。学生首先倾听了非洲国家概况与非洲地区国际组织的详细介绍，对非洲地区的政治环境与经济发展现状有了深入理解。商会领导还详细解释了新中国与非洲国家的交流史，包括中国与非洲国家的外交，中国在非洲国家的帮助下重返联合国，中国与非洲国家经贸往来状况等。在参观的最后部分，商会领导介绍了商会的历史、商会的成就、商会会员企业以及商会参与的公益项目。学生们对商会的实际运作和影响表现出了极大的兴趣。此外，学生们参观了商会的设施，更直观地了解商会的工作环境。在参观过程中，学生们还与来自喀麦隆的门杜博士就非洲问题进行了深入交流。

　　此次活动是我校"基于国际经贸组织全球胜任力人才培养项目"的一部分，该项目旨在拓宽学生的国际视野，让学生更深入地理解全球经济的运作，成长为国际经贸人才。此次参观提供了一个极好的平台，让学生们能够直接接触并了解中非经贸合作的实际情况和运作机制。参加此次活动的一位同学表示："这次参观活动是项目的重要组成部分，我希望通过这种方式，可以更深入地了解中非经贸合作的现状和未来趋势，为未来的职业生涯做好准备。"

　　此次参观活动还为学生们提供了宝贵的第一手资料，让学生更深入地理解了中非经贸合作的重要性和复杂性。这也会对学生未来的学术研究方向和职业生涯选择提供参考。

　　②实践项目。为了更好提升全球胜任力，本项目组织设计了一系列的专业性实践活动，包括：前文所提及的支持国家重大战略的规定性语言服务实践项目（"北京2022冬奥会奥组委官网新闻翻译""中国（北京）国际服务贸易交易会语言服务""'一带一路'国际合作高峰论坛语言服务""中非民间商会外事接待"），支持国家重大战略的自创性语言服务实践项目（"中国共产党十四大——二十大中英、中法双语经贸语料库""译读二十大""《京津冀发展报告（蓝皮书）》英译"），语言服务北京地方社会经济发展（《中国（北京）自由贸易试验区语言服务蓝皮书》"译丰台"），与实践基地合作性实践项目（"*Why I Write*等四部原版著作翻译""大模型训练数据采标之英文caption改写项目""ESG研究院相关著作翻译""校园网翻译"），项目自身开创的常规性语言服务实践项目（"全球胜任力实践工作坊""写作工作坊"）15个主要实践项目。每个项目还承载多个子项目。例如，全球胜任力工作坊开设有4个学期28个项目，以学术写作（研究）中心为载体开设"青年教师国际学术发表""一对一写作能力辅导"2个常规项目。此外，项目还鼓励学生参与学校和学院的大学

生创新创业训练计划等创新性项目。

③学科竞赛。为了提升学生的国际素养和外语应用能力，项目和学院组织开展了提升学生语感和朗读能力、跨文化交际能力、演讲能力、学术写作能力、外文阅读能力、翻译能力、商务谈判能力、商务实践能力、英语辩论能力、全球胜任力等能力和素养的 16 个专业竞赛项目，包括全球谈判挑战赛、全国大学生英语竞赛、"高教社"杯全国商务英语实践大赛、"学研智汇"杯全国高校商务外语综合能力大赛、全国口译大赛（英语）、"《英语世界》杯"翻译大赛、全国大学生外语能力大赛英语组阅读赛项、全国大学生外语能力大赛英语组写作赛项、全国大学生外语能力大赛英语演讲赛项、"外教社杯"全国高校学生跨文化能力大赛、"外教社·词达人杯"全国大学生英语词汇能力大赛、北京市大学生英语演讲比赛、北京高校青年人才国际胜任力大赛、首都高校英文电影配音大赛、用外语讲好中国故事竞赛、朗读大赛。配合竞赛项目，为了提升学生在未来国际交往活动中的演讲能力，项目组邀请原驻新西兰、库克群岛、瑞典的大使陈明明等专家开展数十场讲座；为了提升学生的口译能力，项目组利用学校召开全球数字经济大会数据要素与新质生产力专题论坛等各类会议的机会，让学生进行现场翻译演练；学院创造机会承办"高教社"杯全国商务英语实践大赛等专业性竞赛，学生不仅作为参赛选手，还作为组织者真实体验竞赛的各个环节和流程，提升其组织能力和应急处理能力。

案例：朗读大赛

为加强专业建设和学风建设，强化英语系学生的口语能力和综合素养，展示和巩固开学以来的晨读效果，外国语学院英语系组织大一和大二学生开展了朗读比赛活动。经过班级初赛后，选拔出 6 支班级队伍，参加了 2023 年 12 月 6 日举办的朗读大赛决赛。

介绍完毕后，各参赛小组按照线上抽签的顺序有序进行展示。每个小组的每一位同学都做了充足的准备，在台下准备的时候依旧在努力找准发音，提高自身朗读流畅度。有些小组还为朗读准备了优美的配乐。朗读过程中，大家都努力做到声音洪亮，语音语调标准，感情饱满。

本次英语朗读大赛为同学们搭建了一个展现自我英语风采的舞台，营造了良好的学习氛围，在我系学生中产生了积极的效应。同学们以本次比赛为契机，保持对英语学习的热情，不断提升自身的英语水平。

五、研究的推广应用效果

（1）教育发展：建构了新型的教学模式，推动了教学改革，促进了学科和专业发展。创建了全球胜任力培养的完整体系（内容体系、实践模式与保障机制），创新了人才培养形式，完善了全球胜任力培养模式；建设了线上线下三大课程群、立体化教材体系和学习资源库，作为资源用于社会分享；基于项目成果，获批商务英语国家级一流专业建设点和法语北京市一流专业建设点，提升了专业建设水平；在项目推动下，增加了翻译和国际传播方向的研究和实践成果，加快了翻译专业博士点的申报；完善了文学学科的内容架构。

（2）人才培养：培养了具有全球胜任力的国际组织人才，服务国家战略和地方发展的国际化人才。近700名学生直接参与本项目的培养实践，完成了项目所有设计内容，基本达到了全球胜任力的培养目标。80名左右的学生通过不同方式参与了国际组织实践。3名学生（2名英语专业、1名法语专业）任职于在地国际组织北京外交人员语言文化中心，1名学生任职于中非民间商会。1 000余名学生参与了项目设计的服务国家战略和地方发展的各类项目，体验了全球胜任力培养过程，拓宽了国际视野，提升了跨文化交际能力和批判性思维，具备了国际化人才的潜质和素养。

（3）教师成长。通过直接或间接参与项目，我院教师荣获北京市教学成果奖2项；获评北京高校优质课程1门、优质课件1个、优秀教学管理人员1名，北京市级及以上教学竞赛奖近10项；获批北京市教改立项3项，国家社科项目1项，省部级科研项目7项；出版专著9部，发表相关学术论文 30 余篇。1 位教师任职于联合国纽约总部。

（4）社会服务：项目将研究与实践相结合，利用语言优势服务于北京 2022 冬奥会、"一带一路"国际合作高峰论坛等国家重大战略，及北京 "两区"建设、北京市丰台区和朝阳区等地方发展，每年定期出版《中国 （北京）自由贸易试验区语言服务蓝皮书》，优化"译丰台"项目，在促进国家建设和推动地区发展方面做出了重要贡献。

（5）社会影响：首都经济贸易大学官网、北京市高等教育学会大学英语研究分会的宣传刊物、南开大学"赋权增能"公众号等对本项目取得的经验和成果进行了报道。在北京高校外语教学与语言数据应用论坛、北京大研会学术年会、财经院校外语学科发展高端论坛等会议上，对本项目的研究成果进行了宣传介绍。教师还到武汉大学等 30 余所高校交流改革经验，推广成果。中非民间商会、北京市丰台区外事办公室对本项目提供的语言服务发来感谢信。

参考文献

［1］ ARMANDO FOX，DAVID A. PATTERRSON. Software Engineering Curriculum Technology Transfer：Lessons Learned from MOOCs and SPOCs ［EB/OL］. ［2024-05-05］. http://www. eecs. berkeley. edu/Pubs/TechRpts/2014/EECS-2014-17. html.

［2］ EDWARDS，VIRGINIAa. Teaching for Global Competence in a Rapidly Changing World ［J］. Paris：OECD/Asia Society，2018.

［3］ JONASSEN D，HNNING P. Mental Models：Knowledge in the Head and Knowledge in the World ［J］. Educational Knowledge，1999（5/6）：37-41.

［4］ MARTON F，SALJO R. On Qualitative Differences in Learning：I-Out Come and Process ［J］. British Journal of Educational Psychology，1976（46）：4-11.

［5］ OECD. Preparing Our Youth for an Inclusive and Sustainable World：The OECD PISA Global Competence Framework ［R］. Paris：OECD，2018.

［6］ SMITH T W，COLBY S A. Teaching for Deep Learning ［J］. The Clearing House，2007（5）：205-211.

［7］ UNESCO. UNESCO Universal Declaration on Cultural Diversity ［R］. Paris：UNESCO，2001.

［8］ 蔡基刚. 英语能力明显弱于他国　我国高校外语教学必须转型 ［N］. 光明日报，2015-02-03（014）.

［9］ 常辉. 新文科背景下上海交通大学英语专业改革与人才培养探索

[J].当代外语研究，2021（4）：92-96.

[10] 陈静.全球胜任力视域中大学英语选修课教学探析［J］.现代交际，2021（20）：67-69.

[11] 成镇权.工具性与人文性的和谐统一［J］.山东外语教学，2008（5）：9-12.

[12] 邓联健.大学英语课程的核心竞争力［J］.现代大学教育，2015（6）：80-83.

[13] 杜清媛.新文科背景下大学英语教学中跨文化能力的培养［J］.湖北开放职业学院学报，2022（11）：183-184.

[14] 樊丽明."新文科"：时代需求与建设重点［J］.中国大学教学，2020（5）：4-8.

[15] 房雯，等.清华大学—西点军校全球胜任力培养双向交流项目的经验与启示［J］.黑龙江高等教育，2018（12）：22-26.

[16] 郭博涵.基于全球素养导向的英语学科教学探索［J］.教育观察，2021（19）：29-31.

[17] 郭庆，焦黎.基于全球素养的外语课程设置探索［J］.海外英语，2021（24）：12-14.

[18] 洪岗.基于人类命运共同体理念的外语院校人才全球素养培养［J］.外语教学，2019（4）：50-55.

[19] 胡伟华，张睿.新文科背景下特色工科院校学科交叉英语专业人才培养路径研究：以纺织服装类特色工科院校为例［J］.中国外语，2022（5）：18-23.

[20] 教育部高等学校大学外语教学指导委员会.大学英语教学指南［M］.北京：高等教育出版社，2020.

[21] 姜建瓴，周成海.培养全球胜任力：国外的经验及启示［J］.基础教育参考，2020（8）：10-14.

[22] 蒋梦娇，邹霞.基于MOOCs环境的深度学习研究［J］.软件导

刊，2014（7）：37-39.

　　[23] 李国娟. 课程思政建设必须牢牢把握五个关键环节 [J]. 中国高等教育，2017（增刊3）：28-29.

　　[24] 李景萱. "全球胜任力"在语言智慧习得中的培养模式研究 [J]. 现代交际，2019（2）：18-19.

　　[25] 李娜，刘宝存. 国际比较视野下的全球素养评价：维度、方式与工具 [J]. 现代教育管理，2022（8）：111-119.

　　[26] 李新. 学生的全球胜任力：内涵、结构及其培养 [J]. 教育导刊，2019（4）：5-10.

　　[27] 孟庆楠，罗卫华，曾罡. 新文科背景下国家级一流英语本科专业建设的探索与实践：以大连海事大学海事特色复合型外语人才培养模式为例 [J]. 中国外语，2022（5）：4-12.

　　[28] 乔连全，卢文英，"人类命运共同体"背景下新工科人才全球胜任力培养：以国内10所高水平工科高校为例 [J]. 高等理科教育，2022（4）：58-66.

　　[29] 邱伟光. 课程思政的价值意蕴与生成路径 [J]. 思想理论教育，2017（7）：10-14.

　　[30] 曲炜. 全球素养、跨界创新、融合发展培养具备全球胜任力的国际化人才：记清华大学社会科学学院全球治理人才培育项目 [J]. 国际人才交流，2018（10）：14-16.

　　[31] 沈骑. "一带一路"倡议下国家外语能力建设的战略转型 [J]. 云南师范大学学报（哲学社会科学版），2017（5）：9-13.

　　[32] 沈骑. 中国国家外语能力建设40年回顾与前瞻（1978—2018）[J]. 中国外语，2019（4）：43-49.

　　[33] 束定芳，陈素燕. 宁波诺丁汉大学英语教学的成功经验对我国大学英语教学改革的启发 [J]. 外语界，2009（6）：23-29.

　　[34] 束定芳. 对接国家发展战略培养国际化人才 [J]. 外语学刊，

2013（6）：90-96.

　　[35] 司显柱．基于建构主义视域的大学英语教学模式创新［J］．外国语文，2010（6）：123-126.

　　[36] 宋辉．人文教育视阈下的大学英语教师专业发展研究［J］．长江大学学报（社会科学版），2013（10）：152-154.

　　[37] 谭卿玲．全球化背景下学生全球胜任力研究综述［J］．重庆文理学院学报（社会科学版），2021（3）：127-140.

　　[38] 屠莉娅．批判性思维培养的全球聚焦：走向课程与教学的实践场域［J］．上海教育，2022（8）．

　　[39] 王守仁，王海啸．我国高校大学英语教学现状调查及大学英语教学改革与发展方向［J］．中国外语，2011（5）：4-11.

　　[40] 王守仁．坚持科学的大学英语教学改革观［J］．外语界，2013（6）：9-13.

　　[41] 王守仁．全面、准确贯彻《大学英语课程教学要求》深化大学英语教学改革［J］．中国外语，2010（2）：4-7，20.

　　[42] 王银泉．从国家战略高度审视我国外语教育的若干问题［J］．中国外语，2013（2）：13-24.

　　[43] 文秋芳．大学英语面临的挑战与对策：课程论视角［J］．外语教学与研究（外国语文双月刊），2012（2）：283-292.

　　[44] 伍雅清．大学英语教学这壶水为什么烧不开？［J］．现代大学教育，2015（6）：77-80.

　　[45] 吴秀娟，张浩，倪厂清．基于反思的深度学习：内涵与过程［J］．电化教育研究，2014（12）：23-28.

　　[46] 吴岩．积势蓄势谋势　识变应变求变：全面推进新文科建设［J］．新文科教育研究，2021（1）：5-11.

　　[47] 熊万曦．PISA2018全球素养的内涵及实践意义［J］．教师教育研究，2017（5）：89-95.

［48］徐辉，陈琴．人类命运共同体视域下全球胜任力教育的价值取向与实践路径［J］．比较教育研究，2020（7）：3-11.

［49］徐瑾，石娟．大数据时代爱国主义教育传播"微"检视［J］．学校党建与思政教育，2020（24）：17-19.

［50］徐锦芬．我国大学英语教学的问题与对策［J］．当代外语研究，2011（10）：26-31.

［51］徐星．美国全球胜任力培养指标体系［J］．上海教育，2016（29）：44-47.

［52］杨枫，孙凌．关于大学英语教学 ESP 论的一点思考［J］．外语教学理论与实践，2013（3）：1-5.

［53］于桂花．"课程思政"教学实践路径探析［J］．教育理论与实践，2020（15）：27-29.

［54］周晓玲．模块化、个性化、动态化和协作化：基于人本主义和建构主义的大学英语教学平台［J］．解放军外国语学院学报，2010（5）：51-54.

［55］曾明星，李桂平，周清平，等．从 MOOC 到 SPOC：一种深度学习建构［J］．中国电化教育，2015（11）：28-35.

［56］张静．学习科学视域中面向深度学习的信息化教学方式变革［J］．中国电化教育，2013（4）：20-24.

［57］张蓉，畅立丹．国内全球胜任力研究综述［J］．教育与教学研究，2019，33（3）：1-10.

［58］钟周，张传杰．立足本地、参与全球：全球胜任力美国国家教育战略探析［J］．清华大学教育研究，2018（2）：60-68.

［59］祝珣．基于学习者需求分析的大学英语课程设置［J］．河北师范大学学报（社会科学版），2015（1）：97-103.

［60］关于加快建设高水平本科教育　全面提高人才培养能力的意见［EB/OL］．http://www.gov.cn/zhengce/2018-10/18/content_5332027.htm.

［61］关于加强和改进新形势下高校思想政治工作的意见［EB/OL］.
http：//www. bjdcfy. com/qita/dxxjyjxjy/2017-3/893158. html.

［62］《高等学校商务英语专业本科教学质量国家标准》及其指南
［EB/OL］. http：//www. docin. com/p-1879524157. html.

［63］教育部. 关于全面提高高等教育质量的若干意见［EB/OL］.
http：//db. hut. edu. cn/show. asp？id＝735.

［64］教育部. 国家中长期教育改革和发展规划纲要（2010—2020
年）［EB/OL］. http：//www. moe. edu. cn/publicfiles/business/htmlfiles/moe/
moe_838/201008/93704. html.

［65］《首都经济贸易大学本科生公共英语改革方案》及实施细则［EB/
OL］.［2024－11－10］. https：//jwc. cueb. edu. cn/docs/20181101105456972258.
pdf.